王更生編著

唐宋八大家叢刊

蘇軾散文研讀

文史哲出版社印行

國家圖書館出版品預行編目資料

蘇軾散文研讀 / 王更生編著. -- 初版 -- 臺北市：文史哲, 民 90
面；公分（唐宋八大家叢刊 ;4）
參考書目；頁
ISBN 978-957-549-347-9（平裝）

1.(宋)蘇軾－作品研究 2. (宋)蘇軾－傳記

845.16 90002563

唐宋八大家叢刊 4

蘇軾散文研讀

編著者：王更生
出版者：文史哲出版社
http:// www.lapen.com.tw
e-mail：lapen@ms74.hinet.net
登記證字號：行政院新聞局版臺業字五三三七號
發行人：彭正雄
發行所：文史哲出版社
印刷者：文史哲出版社
臺北市羅斯福路一段七十二巷四號
郵政劃撥帳號：一六一八〇一七五
電話886-2-23511028・傳真886-2-23965656
實價新臺幣四二〇元

二〇〇一年（民九十年）二月初版

ISBN 978-957-549-347-9 88504

蘇軾散文研讀　目次

壹、書影

伍、附錄

壹、書　影

圖一：蘇軾畫像　傳宋李公麟原畫
清　朱野雲臨摹　翁方綱題款

圖二：蘇文忠公策杖圖
（故宮博物院藏）

圖三：蘇　　軾
——從南薰殿舊藏“聖賢畫册”

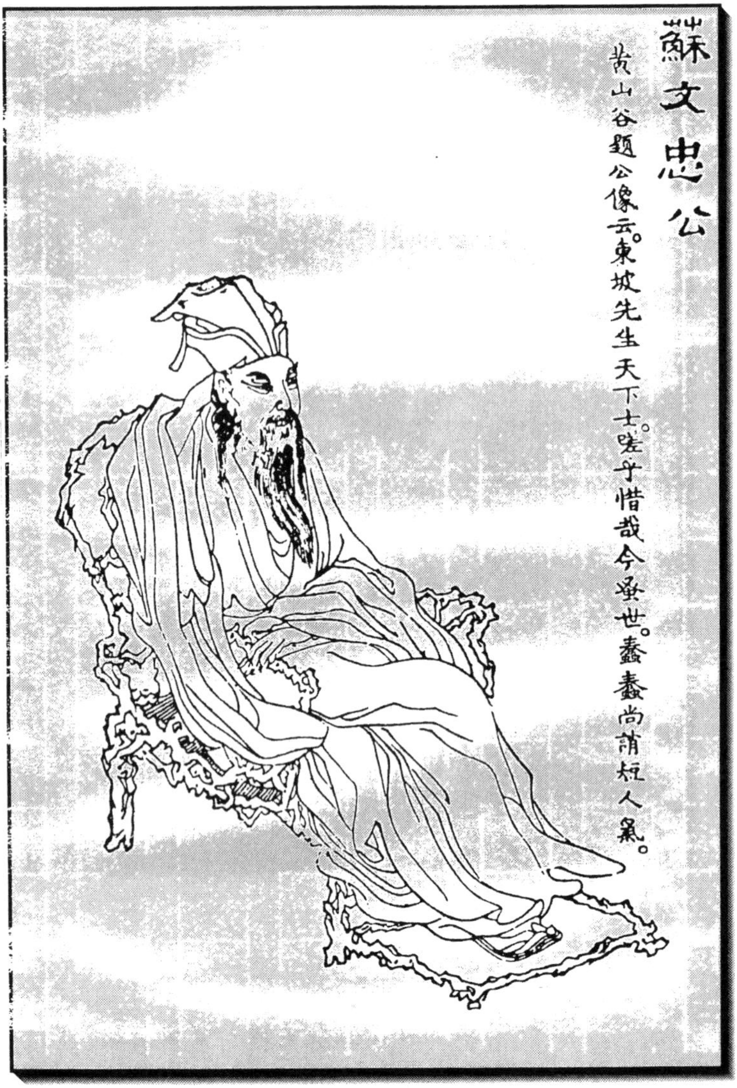
蘇文忠公
黃山谷題公像云。東坡先生天下士。嗟予惜哉今蚤世。蠢蠢尚請短人氣。

圖四：蘇文忠公像（清上官周《晚笑堂畫傳》）

圖五：儋州東坡書院坡仙笠屐圖

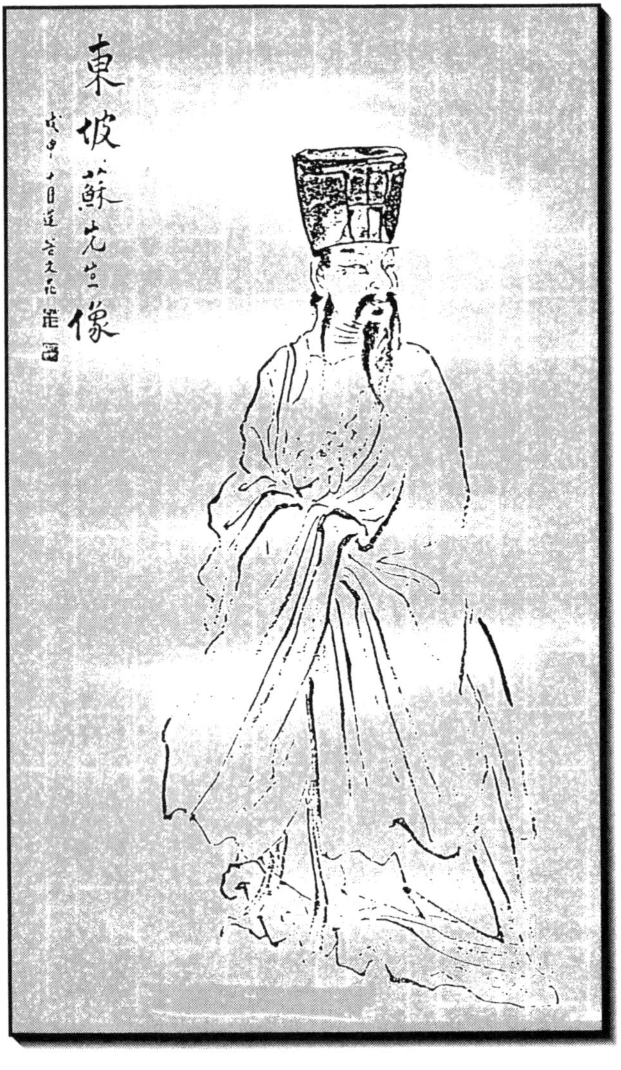

圖六：東坡蘇先生像（谷文晁）

圖七：蘇文忠公真像（王文誥摹刻）

圖八：蘇　東　坡　像（孫多慈教授繪）

四川眉州　三蘇祠

圖九：眉州三蘇祠東坡塑像

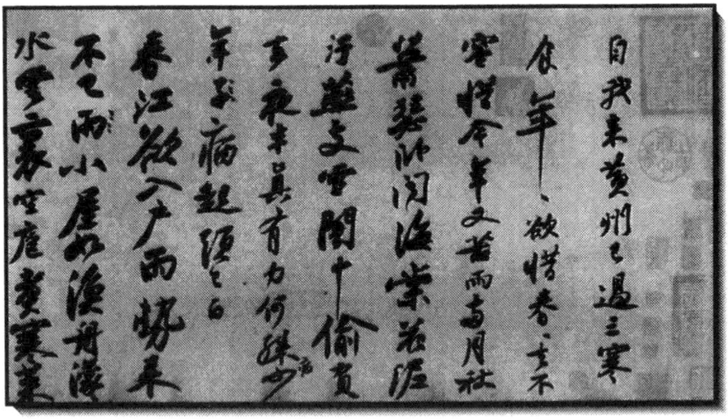

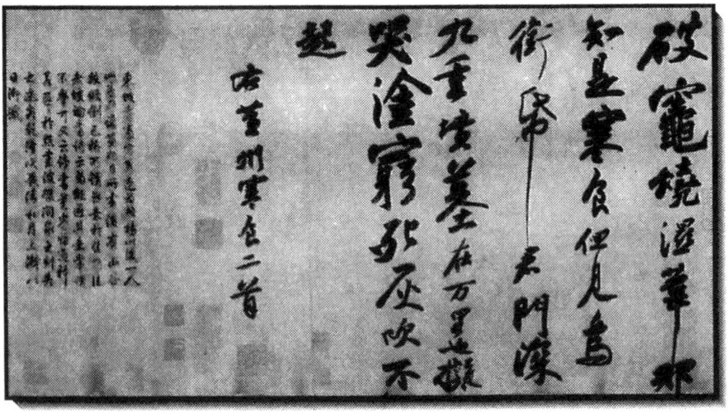

圖十：蘇軾黃州寒食詩

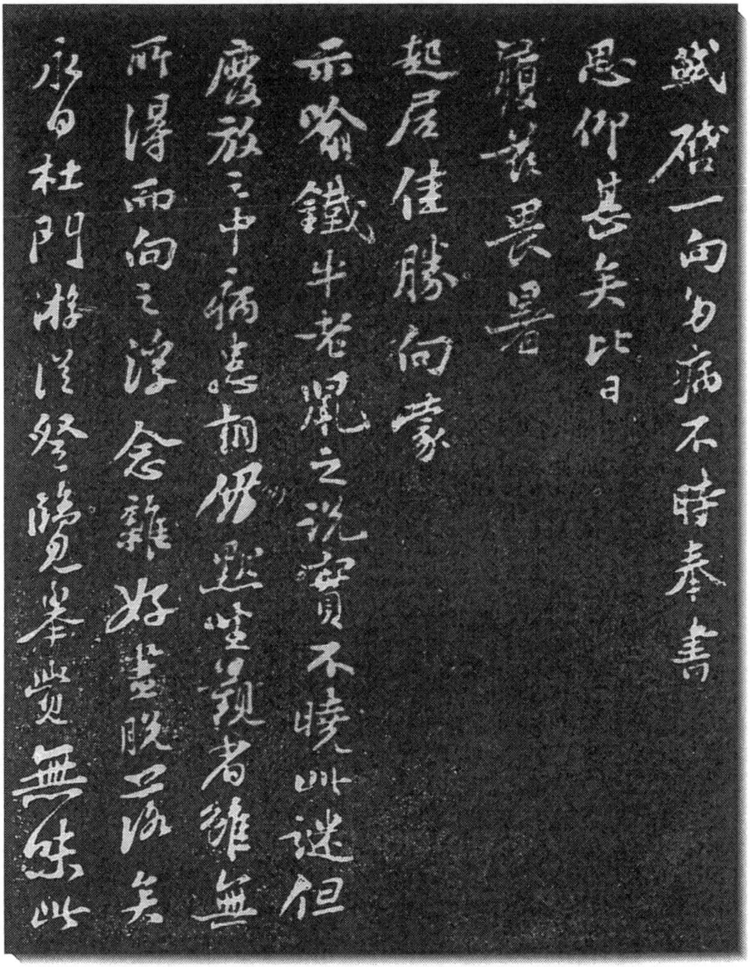

圖十一：宋　蘇軾　《與張天覺書》(1)
（見文物商店藏西樓帖）

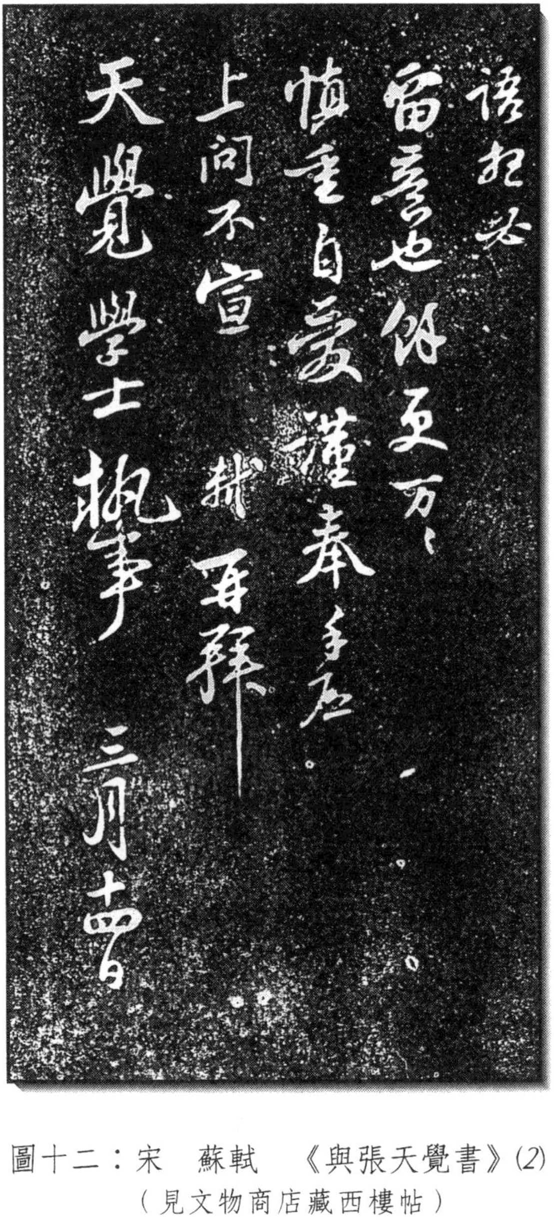

圖十二：宋　蘇軾　《與張天覺書》(2)
（見文物商店藏西樓帖）

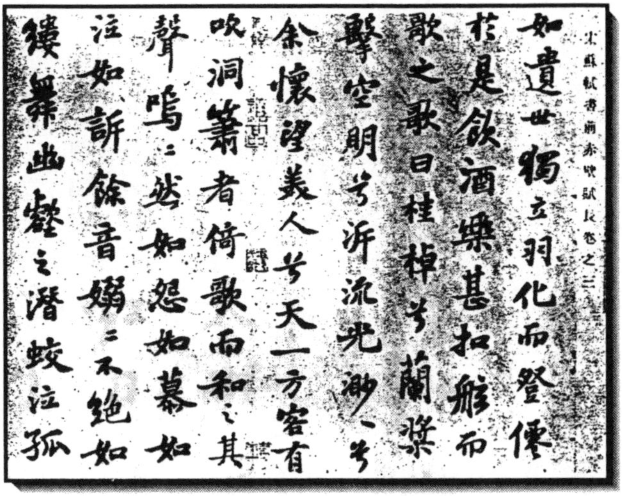

圖十三：蘇軾書前赤壁賦長卷

（故宮博物院藏）

圖十四：宋　蘇軾　答謝民師論文帖卷

（部分）

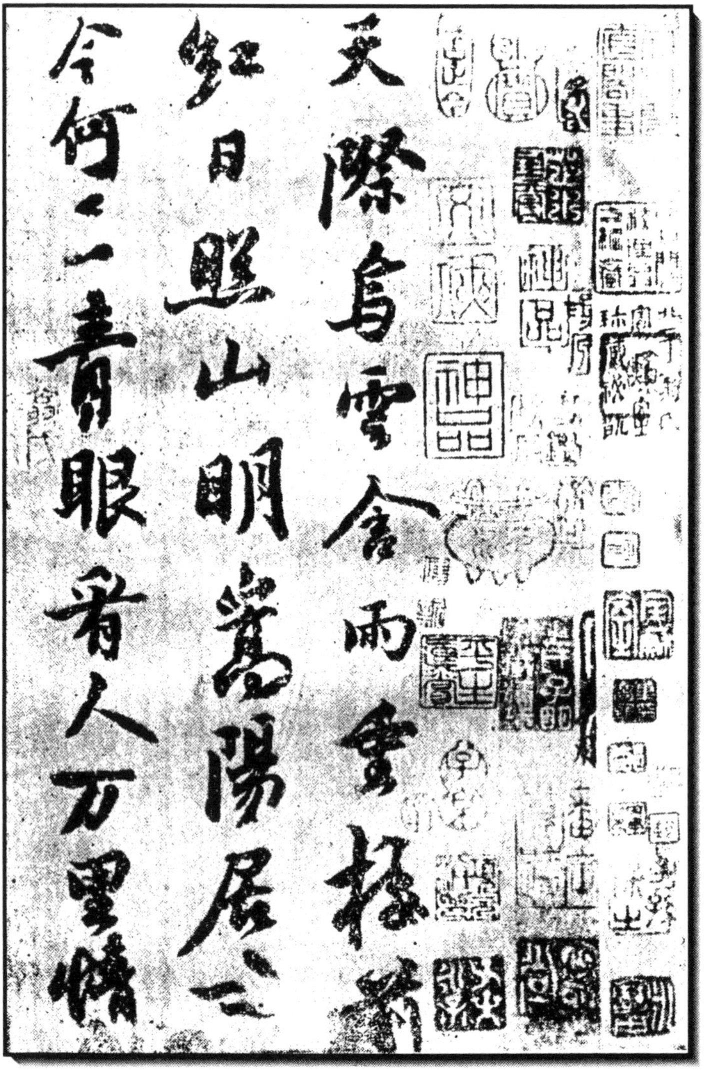

圖十五：蘇軾墨蹟：《天際烏雲帖》
（一稱《嵩陽帖》）

御製文忠蘇軾文集贊 井序
成一代之文章必能立天下之大節立天
下之大節非其氣足以高天下者未之能
焉孔子曰臨大節而不可奪君子人歟孟
子曰我善養吾浩然之氣以直養而無害
則塞乎天地之間蓋存之於身謂之氣見
之於事謂之節節也氣也合而言之道也
以是成文剛而無餒故能參天地之化關

圖十六：宋刊《東坡集》卷首

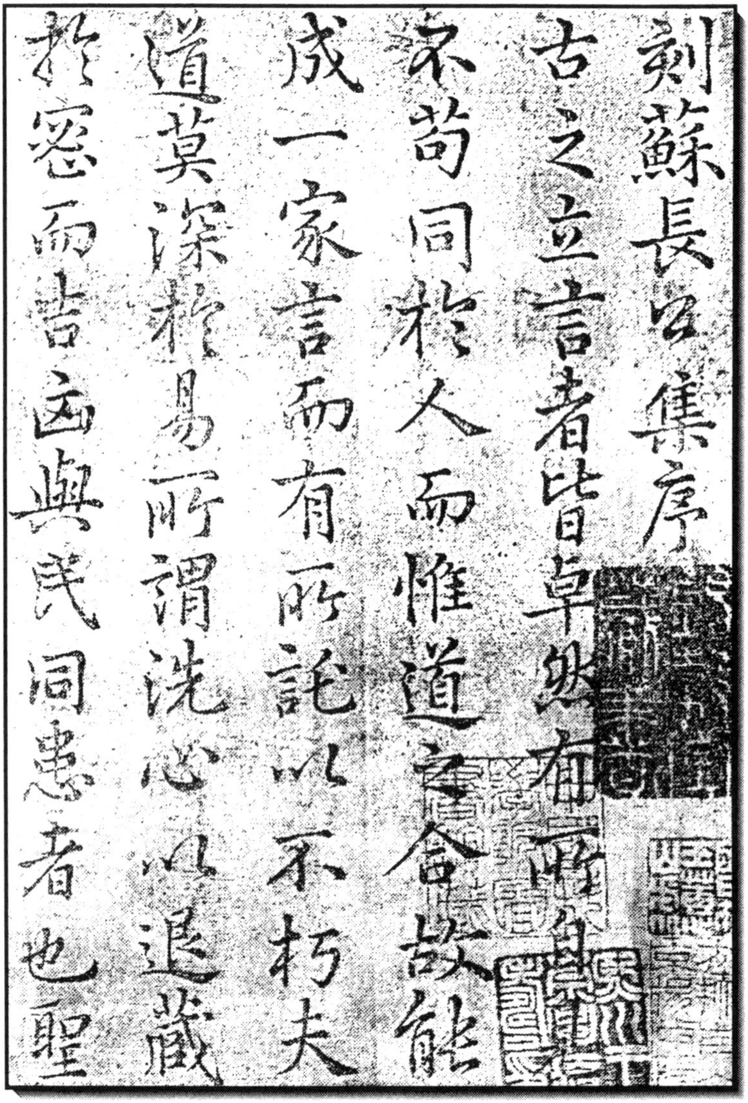

刻蘇長公集序
古之立言者皆卓然有所自
不苟同於人而惟道之合故能
成一家言而有所託以不朽夫
道莫深於易所謂洗心以退藏
於密而吉凶與民同患者也聖

圖十七：明萬曆間茅維編《蘇文忠公全集》書影

貳、序 例

一、唐宋八大散文家中，蘇軾可謂特立獨行。其性格豪邁，樂觀詼諧；居順境常思憂患，處林下咀嚼文義。故意趣所向，往往言足以達其有猷，行足以遂其有爲。而文章之雄雋，議論之卓犖，無不超邁時流，開一代風氣。

二、蘇軾所以知名度高，受到國內外學術界的重視，是由於他對中國文化有極其豐碩的建樹：從學術上看，他不但在經學、在醫學、在養生、在書法、在繪畫，各方面均自開戶牖，佔一席之地；就文學而言，於詩、於詞、於散文、於辭賦、於寓言，亦無不碩果纍纍，成就卓越。像他這樣一位偉大的學者，正應該從各方面做深入有效的研究。

三、蘇軾流傳至今的散文約一千四百多篇。他建立了自己平易自然，婉轉通暢的風格。鎔說理、敘事、抒情於一爐，創新各種文體藝術；緬懷既往，洞察今後，蘇軾散文的成就，永遠是我們秉筆的楷模，灑翰的金科。

四、本書的編輯旨趣：爲發揚中國古典散文藝術，因應當前各級學校，和社會上熱愛蘇軾散文，而又對坊間類似助讀的作品，不盡滿意的教師、學生，以及有志進修人士的需要而編著。

五、本書的整體布局：蘇軾的散文，在中國文壇上具有舉足輕重的地位。本書爲配合研讀需要，其整體布局，先出〈書影〉，次列〈序例〉，再次〈導言〉和〈選讀〉，最後殿以〈附錄〉。綱舉目張，次第清晰，展卷閱覽，有會心應手之快。

六、本書的書影：共輯得十七幀。前八幀爲畫像，九、十兩幀爲四川眉州三蘇祠，十一至十五各幀爲書法，末二幀乃蘇軾文集書影。至於繪畫，因爲得眞不易，爲免魚目，特予省略。所錄大多轉引各方，出處皆有說明。讀者如因睹影而思文，因恩文而知人，正與孟軻氏讀書知人之意相合。

七、本書的導言：此與「選讀」配套。主要在爲進一步研究蘇軾散文藝術者，提供基本資源和導向。所謂時運交移，質文代變，古今情理，有可言者，不外作者的〈生平著述的介紹〉，〈文學主張的分析〉，〈與北宋詩文革新運動的關係〉，〈散文創作的藝術〉，以及〈在中國散文史上的地位和影響〉。文中引證說明因受篇幅所限，或有欠詳密，但對初學而欲問津蘇文者，當有小補。

八、本書的選讀：蘇軾散文的傳世名作甚多，一一選讀，勢不可能，今特就其家喻戶曉，膾炙人口者，加以分類編選。計辭賦二篇、議論文六篇、雜記文六篇、書札題跋四篇、碑傳哀祭三篇，共二十一篇。讀者如能以此爲基礎，下深探敏求工夫，則行千里者始於足下，久而久之，必能達到以少總多的心願。

九、本書的附錄：按照由人及文的原則，先是〈蘇軾史傳、年譜〉，次爲〈蘇軾墓誌、祭文〉，三是〈蘇軾文集敘錄〉，最後爲〈研究蘇軾散文參考資料類列〉。敘錄部分選自明代以前，清朝以降，因有《四庫全書總目提要》，及今人王友勝編著的《蘇軾研究史稿》可供參考。故在此略而不錄。

十、本書爲《唐宋八大家研讀》叢書之一。依照計劃早在兩年前即應出版。由於公私瑣務的羈絆，以致時停時續，遷延至今始清稿交印。又承學弟呂武志先生率諸生勘誤，拾遺補闕，多有助益。當此發行可待之際，特致謝忱，並希讀者諸君匡我不及。

王更生　書於民國九十年農曆新正後五日，大陸來臺之第五十一年也。

參、導　言

一、蘇軾生平事蹟

蘇軾一生歷經仁宗、英宗、神宗、哲宗、徽宗五帝，北宋已從繁盛走向衰亡，國弱民貧，外患頻仍。遼、金、西夏相繼內侵，尤其徽宗以後，金兵南下，國將不國，如何擺脫「積弱積貧」的困境，實為當時最迫切期待而亟須解決的問題。可是從范仲淹的慶曆新政，到王安石的熙寧變法，都因既得利益者的反對，以致積重難返，造成功敗垂成的結果。北宋政局也因而病入膏肓，無力回天了。

蘇軾在文學上的傑出成就，正反映此一時期知識分子對國事興革的熱望與期待；以及遭到反對者打擊後的苦悶心情，和對社會人生的失望與追求；同時也沈痛地說明民間勞苦大眾的苦難。在兩宋文壇，蘇軾有其特殊地位：他不僅在文壇上領袖一代，更繼續歐陽修所開創的詩文革新運動，擴大其規模，充實其內涵，恢弘其氣度，充分完成了歷史交付的使命。

蘇軾在創作上，代表了北宋文學的最高成就：散文，是唐宋八大家之一；詞，開豪放派的先河；詩，以散文入詩，以議論入詩，創發了新的風格。至於藝術方面：於書，為北宋四大書法家之一；於畫，又是湖州畫派的代表。其造詣之高，足可與散文、詩、詞並駕。在政治上雖然屢遭貶謫，但他臨大事、決大計，光明正大，剛正不阿，不避利害，直言極諫的作風，千古以下，尤可視爲官場的典範。由於他主張改革，關心民瘼，以己飢己溺之心，爲人民獻心獻力；所以在他去世之後，知與不知，皆相互哭告。

蘇軾性格豪邁，樂觀詼諧，居順境常思憂患，處林下咀嚼文義，故意之所向，言足以達其有猷，行足以遂其有爲。故《宋史》本傳以爲：「（蘇軾）器識之閎偉，議論之卓犖，文章之雄儁，政事之精明，四者皆能以特立之志爲之主，而以邁往之氣輔之。」是以爲其生平行事之跡，以見蘇軾平生功業，殆非偶然也！

㈠早年生活

蜿蜒回顧山有情，平鋪十里江無聲。
孕奇蓄秀當此地，郁然千載詩書城。

陸游〈眉州披風榭拜東坡先生遺像〉

蘇軾生於宋仁宗景祐三年（西元一〇三六年）十二月十九日，卒於徽宗建中靖國元年（西元一一〇一年）七月二十八日，字子瞻，一字仲和，號東坡居士，亦號大蘇或二蘇（按：蘇洵長子景早卒）。眉州眉山（今四川省眉山縣）人，北宋著名的政治家、文學家、詩人、詞宗、畫家、書家。又唐宋古文八大家之一。所謂「一門父子三詞客，千古文章四大家」。蘇軾便是其中之一。

四川向稱天府之國，眉山更是名勝之區，西南有雄偉的峨嵋山，岷江縱貫全境，山川壯麗，物產豐隆，正如陸游的詩句：「孕奇蓄秀當此地，郁然千載詩書城。」在這天時、地利、山奇、水秀的孕育下，降生了這位享譽文壇，千載不衰的蘇軾。

蘇軾的祖父蘇序，爲名揚當代的詩人，兩位伯父蘇澹、蘇渙皆以文學舉進士，父親蘇洵，更是爲人聰敏，辨智過人；雖二十七歲後，始發憤讀書，閉門謝客，而科舉一途，卻屢試不中。也許有鑒於「時過然後學，則勤苦而難成」，故在蘇軾少年時代，就對他進行精心的培育。

蘇軾是蘇洵夫婦的第五子。姐姐、長兄皆早卒，么姐八娘出嫁後憂鬱而死。所以在蘇軾的少年時代，因父親遊學京師，先由其母程氏授以書；其後以母親篤信道教，命其拜天慶觀道士張易簡爲師。軾聰敏力學，進步極快，史稱：「聞古今成敗，輒能語其要。」他自己也嘗言：「我昔家居斷往還，著書不復窺園葵。」足見其好學深思爲如何了。十歲時，其母教以《後漢書》，至〈范滂傳〉，慨然而嘆，蘇軾問說：「兒若爲滂，母肯否？」母說：「兒能爲滂，我豈能不爲滂母？」足見良好的母教，對兒童心理之影響。後至城西壽昌院，從劉徽之學。劉嘗作〈鷺鷥詩〉，末聯有「漁人忽驚起，雪片逐風斜。」頗爲得意。而軾卻以爲「逐風斜」未能寫出「鷺鷥」的歸宿。不如「雪片落蒹葭」爲尙。使徽之有「吾非若師」，自愧不如之嘆！

蘇軾的少年時代，主要活動是讀書學習，他居家「師先君」，在外從名師。經過嚴格訓練後，對經、史、子、集早就博觀約取，揮筆成文。他那橫溢的才華，漸漸露出鋒芒。其於詩，以李杜爲尊；於文，則以孟子、韓愈，做爲學習對象。賈誼、陸贄的文章，一直爲他所激賞。後來研讀《莊子》，更十分驚嘆；以爲「吾昔有見，口未能言；今見是書，得吾心矣！」於是在他的思想裡，便自然烙印上莊子的色彩。使他日後能養成「逆來順受」、「超然物外」的高尚胸襟，和「不忮不求」、「勿怨勿嗟」的曠達情操。

至和元年（西元一〇五四年），蘇軾十九歲，與鄰縣青神鄉貢進士王方之女王弗成婚。比蘇軾小三歲，溫良嫻淑，聰穎沈靜，陪伴蘇軾讀書，終日不去，又能吟詩為文，夫妻感情甚篤，不幸於二十七歲時病逝了。十年後，蘇軾寫下了有名的〈江城子〉一詞。所謂「料得年年腸斷處，明月夜，短松岡。」對亡妻寄以深切的哀痛和悼念，悽婉感人！

㈡功名事業

人生到處知何似？應似飛鴻踏雪泥。
泥上偶然留指爪，鴻飛那復計東西。

蘇軾〈和子由澠池懷舊〉

東坡早就有「奮勵當世」之志，又好「賈誼、陸贄書，論古代治亂，不為空言」，同時對北宋積弱積貧的局面十分不滿，頗有改革的企圖。因而有封侯拜相，揚名邦國的心願。惟恨眉山偏僻，發展不易；此時蘇洵便領著兩個兒子走訪成都張方平。張初見東坡兄弟文章，大為驚訝，說「此奇才也，薦與別人何足以為輕重，須舉薦與當今第一人，方不相負。」此時文章宗主，便是在朝的歐陽修。張方平寫了一封推薦書給歐陽修，對東坡兄弟推崇備至，從此二人文名大噪，傳遍京師。

嘉祐元年（西元一〇五六年），蘇軾二十一歲，蘇轍十八歲，隨父由旱路赴京應試。他們經閬中，出褒斜谷，過橫渠鎮，入鳳翔，歷長安，沿黃河東至開封，開始走上求仕之途。當時進士考試過程繁複，先經過舉人考試，禮部考試，復試及皇帝殿試等多次篩選。同年九月，蘇軾順利通過舉人考試，次年二月，參加禮部考試。正值主考官歐陽修正力倡古文以救時弊，看到蘇軾六百餘字的〈刑賞忠厚之至論〉一文，驚爲天下奇才。梅聖俞贊其文章有「孟軻之風」，歐陽修更「驚喜以爲異人」。遂置曾鞏第一，蘇軾第二。蘇軾復以「春秋對義」居第一。三月仁宗殿試中乙科。歐陽且曾說：「讀軾書不覺汗出，快哉！快哉！吾當避此人出一頭地。」

當蘇軾正陶醉在金榜題名的歡樂氣氛時，卻驚傳母親程夫人身患重病去世的消息。於是父子三人懷著沈痛欲絕的心情，返家奔喪。直到兩年除喪後，父子三人再度告別故鄉，從水路搭船出三峽，到江陵，然後轉陸路進京。一路上，聽長江的水聲，舟子的高歌，江心的明月，清碧的水色，以及瞻仰先賢遺跡，這些均給蘇軾帶來無限的神思。於是引筆鋪墨，完成了一百多篇詩文，編爲《江行唱和集》。此書已佚，只有蘇軾爲這個集子寫的序言〈江行唱和集敘〉，還一直流傳至今。他們在嘉祐四年（西元一〇五九年）離開四川，到次年開春才到達京師。

到京不久，蘇軾被任命爲河南府福昌縣主簿，這雖是蘇軾初入仕途的第一個官職，但他並未赴任。在歐陽修的推薦下，又參加了秘閣舉辦的制科考試。所謂「制科」，乃皇帝因應時勢需求，特別下詔舉行的臨時性考試。蘇軾參加的是「直言極諫科」，在這次考試前後，蘇軾撰寫了《進策》二十五篇、《進論》二十五篇、《禮以養人爲本論》六論，以及皇帝御試的《御試制科策》一篇。以彰顯他在政治上的卓識與理論，也因而獲得極大成功，列爲「三等」。於是就在第二年，即嘉祐六年（西元一〇六一年），被授予大理評事鳳翔府簽判，從此，就開始走入了仕宦之途。

蘇軾出任鳳翔府簽書判官，是以京官身分去州府做掌管文書的輔佐官。鳳翔與西夏接近，為邊防重鎮。他在鳳翔三年，主持了當地的獄政、稅收、賦役等事務，努力緩解人民的痛苦，人民稱之為「蘇賢良」。但蘇軾卻覺得去致君堯舜的理想尚遠，而匆匆歲月，自己已年邁三十了。所謂：「人行猶可復，歲行那可追？」「明年豈無年，心事恐蹉跎」。使蘇軾頗有「從宦無功漫去鄉」的後悔之意了。

蘇軾在鳳翔府簽書判官任內，寫了不少的詩文名作，如詩作中的〈鳳翔八觀〉、〈石鼓〉以及〈和子由澠池懷舊〉，尤其最後一首更是藝術上的精品：

> 人生到處知何似？應似飛鴻踏雪泥。泥上偶然留指爪，鴻飛那復計東西。老僧已死成新塔，壞壁無由見舊題。往日崎嶇還記否？路長人困蹇驢嘶。

全詩流動圓轉，首句比喻貼切。「雪泥鴻爪」已為時下成語。詩人善於捕捉生活中的點滴感想，並把它上升到哲理的高度。然後再用形象的語言加以表述。全詩圍繞著人生道路的偶然性這一中心出發，並緊扣人生「應似飛鴻踏雪泥」展開，老僧已死，寺壁已壞，舊題不存，曾幾何時？表現對人生旅途之不可預期，前途之吉凶禍福難以掌握的思想。在散文方面，此時他也寫了不少家喻戶曉的名篇：如〈鳳鳴驛記〉、〈喜雨亭記〉、〈中和勝相院記〉、〈凌虛台記〉。此時，他的文章已具備「不擇地而出」，如「行雲流水，姿態橫生」的特色了。

治平二年（西元一〇六五）蘇軾三十歲，蘇軾於鳳翔任滿返京，此時仁宗已崩，英宗繼統。英宗素仰蘇軾文名，授予直史館的職務。不幸，於同年其妻王弗在汴京逝世，年二十有七。弗冰雪聰明，嫺淑多才，蘇軾對她的去世十分悲痛。次年四月，其父蘇洵又與世長辭，蘇軾兄弟遂扶柩由水路回蜀，同時也將王弗遷葬於祖塋。神宗元年（西元一〇六八），蘇軾兄弟服喪期滿，不久便與前妻的堂妹王閏之成婚。十二月，又偕弟離鄉進京，從此便如水面的飄萍，宦游南北，再也沒有返回故鄉了。

神宗熙寧二年初（西元一〇六九），蘇軾回京任職官誥院，負責頒發官吏的憑證文書事務，正遇上所謂「王安石的變法」。他反對變法，指出新法實行中的弊端，揭發了一些變法官吏的醜行，由於意見未被採納，請求外調，先到開封府做推官。

熙寧四年（西元一〇七一），蘇軾離京赴杭州，他沿潁水南下，到陳州（今河南省淮陽縣），當時蘇轍任陳州教授。蘇轍送哥哥到潁州（今安徽省阜陽縣）時，一起去謁見歐陽修。此時歐陽公已致仕在家，六十五歲高齡，第二年歐陽公就辭世了，這是蘇軾最後一次見到他。他們在一起歡快宴飲，寫詩唱和，蘇軾除了插花起舞，祝老師長壽外，還寫了一首長詩〈歐陽少師令賦所蓄石屏〉，其中有句云：

何人遺公石屏風，上有水墨希微蹤。
不畫長林與巨植，獨畫峨嵋山西雪嶺上萬歲不老之孤松。

作者把含憤苦悶的靈魂，宣洩在大理石中，形成孤傲的青松，想像大膽而奇特。蘇軾離開潁州前，歐陽修希望他能堅守「文與道俱」，不可「見利思遷」的決心。熙寧五年（西元一〇七二）歐陽修逝世，蘇軾在杭州哭祭了老師，以後，他無論是在地方或在朝廷任官，始終堅持古文運動的方向，並且像歐陽修那樣獎掖後進，培養析秀，在北宋的古文運動中，負起了承先啓後的使命。

蘇軾三十六歲離開汴京，從熙寧四年（西元一〇七一）到元豐二年（西元一〇七九），八年之中，先後在杭州、密州、徐州、湖州擔任地方官，這也是他創作生命中的豐收時期。

通判杭州時期：熙寧四年（西元一〇七一）年底到杭州任通判。他體恤民生疾苦，救災救荒，發展生產，整治水患，因爲「因法便民」，政績卓著，深得人民的擁護。在杭州三年，這一時期，他的思想可用〈立秋日禱雨宿靈隱寺同周徐二令〉中的詩句，來加以概括：

崎嶇世味嘗應遍，寂寞山棲老漸便。
惟有憫農心尚在，起占雲漢更茫然。

他對朝廷感到茫然，對仕途灰心，理想幻滅，但他對人民苦難的同情，始終沒有改變，這正是蘇軾的可愛處。江南的許多名勝如金山、孤山、徑山、寶山、風水洞、虎跑泉、甘露寺、靈隱寺、天竺觀音院、普照寺、洞霄宮等，都是他足跡所到之處。他尤愛西湖，常在望湖樓眺望西湖景色。熙寧五年（西元一〇七二）六月廿七日作〈望湖樓醉書五絕〉。茲錄其第一首云：

黑雲翻墨未遮山，白雨跳珠亂入船。
卷地風來忽吹散，望湖樓下水如天。

他謳歌西湖的詩很多，而傳爲千古絕唱的當推〈飲湖上初晴後雨〉：

水光瀲灩晴方好，山色空濛雨亦奇。
欲把西湖比西子，淡粧濃抹總相宜。

以它新穎的比喻，深刻的哲理，給讀者留下了難忘的印象。蘇軾在杭州也寫了許多詞，他的詞充滿詩意，俊麗清新，眞摯動人。如〈虞美人・有美堂贈述古〉、〈南鄉子・送述古〉、〈江城子・鳳凰山下雨初晴〉等。此一時期，蘇軾生活比較安定，他與杭州太守陳述古的友情很深，同時也結交了詞人張先、僧人惠思，他們經常詩酒唱和，互訴衷曲。

出守密州時期：熙寧七年（西元一〇七四）蘇軾杭州任滿，調任密州知州。此時蘇轍在濟南掌書記，而密州位於山東東部沿海地區，古稱東武，密州州治在山東諸城。本年十一月，蘇軾到達密州。這一年密州嚴重蝗災，又加旱災，從秋到冬，沒有下過透雨，冬麥不能播種，可謂連年災荒，災民均以草根樹皮充飢，餓莩遍野，被拋棄的小兒沿街皆是。蘇軾親自參加捕蝗救災工作，這時期，他的詩詞中經常出現陰暗雨雪的描寫，把天氣的變化和農事，以及個人的感懷聯繫在一起。密州是個窮鄉僻壤，一方面它離政治中心的汴京很遠，另一方面它不像杭州有許多可供遊賞的處所，他確有寂寞之感，時常懷念親人、故友。這時期，他寫了許多懷人的優秀作品。熙寧八年（西元一〇七五）正月，他的前妻王弗去世十周年，他懷著無限深情，寫了〈江城子〉詞一闋：

十年生死兩茫茫，不思量，自難忘。千里孤墳，無處話淒涼。縱使相逢應不識，塵滿面，鬢如霜。

夜來幽夢忽還鄉，小軒窗，正梳妝。相顧無言，惟有淚千行。料得年年腸斷處，明月夜，短松岡。

作者以長短不同的句式，抑揚頓挫的音節，充分表達了悲痛的感情。他以白描的手法，樸實的語言，創造出纏綿悱惻，濃摯悲涼的意境，在當時流行的淺斟低唱的詞風中，確實是別樹一幟！熙寧九年（西元一〇七六）中秋，蘇軾在「超然臺」飲酒賞月，當時他與蘇轍已經五年不見了，兄弟別離和政治上的失意，使他面對明月，對個人前途和國家的命運產生了茫然不知所措之感，遂寫下了這首中秋絕唱〈水調歌頭〉。其詞曰：

明月幾時有？把酒問青天。不知天上宮闕，今夕是何年？我欲乘風歸去，唯恐瓊樓玉宇，高處不勝寒。起舞弄清影，何似在人間！　轉朱閣，低綺戶，照無眠。不應有恨，何事長向別時圓？人有悲歡離合，月有陰晴圓缺，此事古難全。但願人長久，千里共嬋娟。

這闋揮灑自如的詞，一氣呵成。美麗的想像，細膩的抒情，深刻的哲理，融合而為一體，是一首家喻戶曉的傑作。這個時期，蘇軾也寫了許多散文，重要的如〈超然台記〉、〈蓋公堂記〉、〈書劉庭式事〉等。其中尤以〈超然台記〉一文，寫他面對逆境，政治上的冷遇，採取超然物外，不計榮辱的態度，故能始終保持開朗豁達，自得其樂的心情。這種樂觀奮鬥的心胸是可取的。蘇軾（西元一〇七六年）離開了密州，臨行時他還念念不忘密州人民的災難與痛苦。

徐州知州時期：熙寧九年（西元一〇蘇軾七六）蘇軾任滿奉調河中府（今山西省永濟縣），年底告別密州，登程赴任。行至山東鄄城一帶，與從汴京來迎接他的蘇轍相遇，他們弟兄七年未見，這次相逢，格外親熱。同時，蘇軾又接到改派徐州的命令，於是兄弟二人齊赴徐州。蘇轍在徐州盤桓了一百餘日才離去，蘇軾賦詩送別，有「別期漸近不堪聞，風雨瀟瀟已斷魂。」（宿逍遙堂追感前約二首），足見手足情誼之深。

徐州位於黃河下游，熙寧十年（西元一〇七七）秋，黃河決口，淹沒四十五個縣、毀田三十萬頃，八月下旬，洪峰淹至徐州城下，水深二丈八尺，形勢十分危急，蘇軾動員軍民築堤，加固城牆，積極搶險，親自住在城牆上，身披蓑衣，日夜巡視，在他的領導下，徐州人民戰勝了洪水。十月初，洪水消退，徐州城得以保全。蘇軾在徐州，經常到城南雲龍山人的放鶴亭上飲酒觀山，他與山人結下深厚友誼，他的〈放鶴亭記〉，不僅記敘了放鶴亭周圍的景色，也表達出對隱逸生活的讚美。這個時期，蘇軾在文壇上影響更大了，知識分子均以結識蘇軾爲榮，秦觀曾說：「我獨不願萬戶侯，唯願一識蘇徐州。」（別子瞻）。聚集蘇門的文學家，除秦觀外，還有黃庭堅、張耒、晁無咎，人稱蘇門四學士。再加上陳師道、李方叔，就是蘇門六君子。他們均受到蘇軾的關心、愛護和尊重。他們也以蘇軾爲中心，繼承歐陽修開闢的詩文革新運動的大道，使宋代文學的發揚走向巔峰。

元豐二年（西元一〇七九）三月，蘇軾又調任湖州（今江蘇省吳興縣）知州。他離開徐州時，萬民夾道相送，甚而有的吏民割斷馬鐙，拉住馬韁，眞摯地挽留他，最後終於揮淚告別，事見〈罷徐州往南京馬上走筆寄子由〉詩。得到人民如此衷心愛戴，衡之古今，在歷史上也是不多見的。

湖州三月期間：元豐二年（西元一〇七九）四月，蘇軾來到湖州，這裡風景優美，蘇軾常偕友人或子侄登山覽勝，臨江賦詩。蘇軾被朝廷外放已經十年了。十年來，他對官場的黑暗，人民的苦難，了解得很多。在湖州時，他寫了許多詩文悼念他的表兄文與可。文與可元豐二年病逝陳州，他曾任湖州太守，又稱文湖州。他創立了湖州畫派。蘇軾在文與可去世後，寫了〈篔簹谷偃竹記〉一文。這篇文章總結了文與可的創作經驗，提出「胸有成竹」說。是指「畫竹必先得成竹于胸中，執筆熟視，乃見其所欲畫者。急起從之，振筆直遂，以追其所見。」作者如能「成竹在胸」，然後才能進入靈感狀態，這時揮筆創作，才能成功。這篇別緻的追悼文字，不僅表現了作者對亡友的沈痛悼念與追思，同時，也總結了湖州畫派的創作經驗，是一篇卓越的畫論，也是一篇最好的文論。蘇軾就在到湖州上任的第三個月，發生了「烏臺詩案」，使他的命運有了翻天覆地的改變。

㈢烏臺詩案

長恨此身非我有，何時忘卻營營！夜闌風靜縠紋平。小舟從此逝，江海寄餘生。

蘇軾〈臨江仙夜歸臨皋〉下半闋

烏臺是御史臺的別稱，蘇軾因寫詩被御史臺彈劾爲諷刺新法，逮捕入獄，這就是有名的「烏臺詩案」。此案發生在元豐二年（西元一〇七九）蘇軾四十歲。這時王安石罷相，呂惠卿爭權被貶，御史臺李定、舒亶、何正臣等製造了此一案件，所以蘇軾只做了三個月的湖州太守就被捕了。烏臺詩案的導火線是元豐二年蘇軾寫的一篇〈湖州謝上表〉，表中流露些個人的情緒，如「法令具存，雖勤何補？」「知其愚不適時，難以追陪新進，察其老不生事，或能牧養小民。」御史們抓住這一點，彈劾他「妄自尊大」，「愚弄朝廷。」李定等又從別的《蘇子瞻學士錢塘全册》中摘錄片言隻字，彈劾蘇軾對新法「肆意詆毀，無所顧忌。」對皇上「包藏禍心，怨望其上，訕謗謾罵，無人臣之節。」搜羅了三十幾條罪狀，經過四十多天的審訊，始終找不到蘇軾謀反的罪證，最後只得判個「譏諷政事」的罪名，貶蘇軾爲黃州團練副使，不得簽署公事。「烏臺詩案」牽連很多人，如畫家王詵、詩人王鞏被貶，司馬光被處罰金。這是以詩定罪的文字獄，爲北宋以後殘酷的政黨之爭，開了一個很壞的惡例。

黃州貶謫時期：蘇軾於元豐三年（西元一〇八〇）正月離開汴京赴黃州，直至元豐七年（西元一〇八四）一直生活在貶地黃州。蘇軾在黃州生活艱苦，收入減少，又無積蓄，實難支撐一家十口的用度。這時對自己才華的浪費，命運的坎坷，興起無限悲痛。〈卜算子・黃州定惠院寓居作〉，也是蘇軾到黃州不久寫的一闋詞。如云：

> **缺月挂疏桐，漏斷人初靜。誰見幽人獨往來，縹渺孤鴻影。　驚起卻回頭，有恨無人省。揀盡寒枝不肯棲，寂寞沙洲冷。**

詞中刻畫的孤鴻，正是作者幽居的形象，在清冷死寂的茫茫深夜裡，這隻孤鴻不知飛向何方？充分反映出作者受迫害後的孤獨、憂憤、驚懼的心理，和自視極高，不願向惡勢力低頭的性格。蘇軾的老友馬正卿，向郡中申請數十畝舊營地，讓他耕種，以便維持生活。地在黃岡之東山坡下，所以命此坡曰「東坡」，同時也以「東坡」作自己的別號。蘇軾逐漸從「烏臺詩案」的陰影下解脫出來。他總結了人生經驗，從個人得失中解脫出來，從苦悶徬徨中掙扎出來，他對生活充滿了信心。〈定風波〉一詞就反映了他這時的心情。

> **莫聽穿林打葉聲，何妨吟嘯且徐行。竹杖芒鞋輕勝馬，誰怕？一蓑煙雨任平生。　料峭春風吹酒醒，微冷，山頭斜照卻相迎。回首向來蕭瑟處，歸去，也無風雨也無晴。**

元豐五年（西元一〇八二）三月七日，蘇軾到黃州東南的沙湖，途中遇雨。同行之人皆狼狽不堪，只有蘇軾從容不迫，且行且吟，不久放晴。從這闋詞中，充分表現出他勇敢無畏，豁達樂觀的精神，以及超越寵辱得失的恬淡的人生哲學。同年七月，蘇軾泛舟遊於黃岡赤壁，憑弔三國古跡時，想到歷史上的英雄豪傑，心情十分激動，唱出了一首雄壯豪邁的壯曲〈念奴嬌・赤壁懷古〉。這首千古絕唱，是宋代豪放詞最具代表性的篇章。它英雄主義的精神，它壯闊豪邁的氣概，是中國詩歌史上的獨步之作。其詞內容是：

大江東去，浪淘盡，千古風流人物。故壘西邊，人道是，三國周郎赤壁。亂石崩雲，驚濤裂岸，捲起千堆雪。江山如畫，一時多少豪傑！

遙想公瑾當年，小喬初嫁了，雄姿英發。羽扇綸巾，談笑間，強虜灰飛煙滅。故國神遊，多情應笑我，早生華髮。人生如夢，一樽還酹江月。

與此同時，蘇軾還寫了兩篇膾炙人口的散文，即前後〈赤壁賦〉。贏得「千古風流人物」的美名。

蘇軾謫居黃州期間，閉戶讀書，完成了許多著述，如《東坡題跋》、《易傳》九卷、《論語》五卷、詩、詞、散文等。他的詩文，較之以前，更深邃而博大。元豐六年（西元一〇八三）張偓佺（張懷民，一字夢得）謫貶黃州，在住宅西邊臨江處築亭，由蘇軾命名「快哉亭」，蘇轍撰文，即〈黃州快哉亭記〉一文。這時，蘇軾創作了許多膾炙人口的散文、隨筆、雜記、書簡、詩話等，體現了蘇文揮灑自如，隨地而出的特點。如〈方山子傳〉、〈答秦太虛書〉，皆娓娓道來，親切有味。元豐七年（西元一〇八四），蘇軾奉命移汝州（河南臨汝），仍以待罪安置。路上，蘇軾先到筠州看蘇轍，然後回程經過九江，遊廬山，寫了著名的一首題壁詩，即〈題西林壁〉云：

橫看成嶺側成峰，遠近高低各不同。
不識廬山眞面目，只緣身在此山中。

同年六月蘇軾送長子邁到德興縣赴任，途經湖口，遊覽石鐘山，寫了一篇著名的散文〈石鐘山記〉。七月到金陵（南京），這時王安石隱居於金陵蔣山，王安石親自騎驢到江邊相迎，二人相處多日，儘管彼此政見不合，但均以胸襟的開闊，論詩談佛，十分融洽。蘇軾離開金陵，繼續北上，一路上拜訪了許多舊交，十二月到達泗州，在半年多的旅途中，蘇軾對人生進行了深度的思考、比較、選擇，他回顧了這四十九年的歷程，他很想以陶淵明的淡泊或白居易的隱逸，來安排自己的晚年。就在元豐八年（西元一〇八五）春天三月，神宗皇帝駕崩了，政治形勢發生了巨變，蘇軾的遊宦生活，起了更大的轉折。

元祐時期：宋神宗駕崩後，哲宗繼位，改元元祐，當時哲宗年僅十歲，由神宗母親高氏執政，尊爲太皇太后。高太后是保守派人士，反對變法，於是請保守派領袖司馬光任參知政事，大批起用被貶謫之官員，這年五月，蘇軾被任命爲登州知州。登州治所在蓬萊，管轄蓬萊、文登、黃縣、牟平四縣。這裡背山面海，風光秀麗。蘇軾在登州只住了五天，就被召還朝任禮部員外郎。元祐元年（西元一〇八六）蘇軾還朝，升爲起居舍人，三月後，升爲中書舍人，不久，又升爲翰林學士知制誥，負責起草皇帝的誥命。蘇轍也被召還朝，擔任右司諫，兄弟二人均爲朝廷重臣，蘇軾更是一年之間連升三級。蘇軾與司馬光私交甚篤，但政治觀點不同，引起了激烈的論爭。因朝廷多司馬光的門生故舊，蘇軾十分孤立。司馬光因病去世後，蘇軾又被捲入蜀（蘇軾是蜀人）洛（程頤是洛陽人）之爭，他感到前途險惡而無意義，多次請求離京外放，都沒有被朝廷批准。

在京城任官兩年多，蘇軾在北宋文學藝術方面，發揮了很大作用。隨著政治地位的提高，蘇軾成爲文壇上首屈一指的人物。他獎勵文士，協助文學藝術事業的發展。此時黃庭堅、秦觀都供職朝廷，張耒、陳師道、李方叔也都常侍左右，他還結交了很多畫家如王晉卿、李公麟等。蘇軾又是書法家，他與北宋大書法家米芾有深厚的交誼。蘇軾周圍的詩人、文章家、藝術家、書法家都是北宋一流的。他們的創作，代表了北宋文學藝術的頂峰，使北宋文學藝術的創作理論，達到了空前未有的水準，從而推動了文學藝術的發展。

蘇軾連續上書請求外放，終於在元祐四年（西元一〇八九）三月被任命爲杭州知州。當時距離他以前任杭州通判的時光，已經十五年了。這時期，蘇軾描繪杭州及西湖景物的詩、詞、文，清新婉麗，內容深沈，較前期的杭州作品有更多的人生感慨和寄託。元祐六年（西元一〇九一），蘇軾被召回京，任翰林學士知制誥，洛黨政敵賈易等仇視蘇軾，揑造事端，重演「烏臺詩案」手法，誣告蘇軾在神宗逝世時，有欣幸之感。在這種刻意地陷害下，蘇軾無意留在京師，所以不久就任潁州知州。蘇軾在潁州只做了半年多的知州，元祐七年三月又改知揚州。對於這種頻繁的調動，他十分厭倦。所謂「兩年閱三州」，筋力均疲於道路之上，人生還有甚麼作爲？揚州通判晁無咎是蘇軾的門生，親自迎接蘇軾到郡。蘇軾在揚州任期更短，元祐七年（西元一〇九二）八月，蘇軾又以兵部尙書回京。此時，蘇軾已經五十七歲了。政治上已無雄心，只希望能早日歸老田園。元祐八年八月，蘇軾的繼室王季章去世，王季章是蘇軾前妻王弗的堂妹，逝世時，年僅四十七歲，蘇軾內心非常悲痛。同年九月，高太后駕崩，蘇軾感到政治必有變化，高太后一死，哲宗便起用變法派人士，恢復新法，打擊元祐時期的大臣，蘇軾改知定州（今河北定縣）。當他離京赴任時，已預感形勢不好，心情十分沈重。

(四)晚年流放

參橫斗轉欲三更，苦雨終風也解晴。
雲散月明誰點綴？天容海色本澄清。
空餘魯叟乘桴意，粗識軒轅奏樂聲。
九死南荒吾不恨，茲游奇絕冠平生。

蘇軾〈六月二十日夜渡海〉。

晚年流放時期：哲宗繼位，改元紹聖，變法派掌握了大權，紹聖元年（西元一〇九四），他們又以「誹謗先帝」的罪名，再貶蘇軾到英州（廣東省英德縣），這時蘇軾已經五十九歲了。就在蘇軾赴英州途中，朝廷卻三傳貶謫令，一直把他貶為寧遠軍節度副使，在惠州安置（廣東省惠陽縣），蘇軾只好讓長子蘇邁把家小帶回常州陽羨田莊上，自己和幼子蘇過、侍妾朝雲踏上了漫漫征途。從河北、河南、安徽、江蘇、浙江、江西到廣東，越過千山萬水，才抵貶所惠州。嶺南因為氣候溫和，疫病流行，朝廷所以把元祐政敵流放嶺南，就是採用借瘴癘之氣，奪人性命的手段。蘇軾到惠州後，由於心情達觀，不以貶謫為憂，不僅未被瘴癘打倒，反而獲得了創作上的豐收。

蘇軾熱愛百姓，百姓也同情遭受迫害的蘇軾，他不僅與地方官如惠州太守、循州太守時相往還，同時，使他安慰的是他的侍妾朝雲一直陪伴著他，成為他晚年貶謫生活中的忠實伴侶。朝雲善歌，她最喜愛唱的是蘇軾〈蝶戀花〉詞，內容是：

花褪殘紅青杏小，燕子飛時，綠水人家繞。枝上柳綿吹又少，天涯何處無芳草！

牆裡鞦韆牆外道。牆外行人，牆裡佳人笑。笑漸不聞聲漸悄，多情卻被無情惱。

本篇寫作時間不詳。這是一闋傷春的小詞。上闋寫暮春景色，下闋寫牆外遊子的情思。風格清新，婉約多情而無豔語。據說朝雲每次唱到「枝上柳綿吹又少，天涯何處無芳草」就泣不成聲。這也許是勾起了她對蘇軾和自己悲苦命運的感傷吧！朝雲體質很弱，不能適應嶺南的氣候和生活，到惠州三年就過世了，只活了三十四歲。蘇軾做了終老惠州的打算，但在紹聖四年二月，他又接到貶官海南儋州（今海南儋縣）的命令。六月十一日，蘇軾又告別了前來送行的親友，六月廿日夜與幼子蘇過漂流過海，寫下了「九死南荒吾不恨，茲游奇絕冠平生」的詩句。

經過不可名狀的海上漂流與顛簸，蘇軾到了海南，他看到「四州環一島，百洞蟠其中」的情景，想到今生定是曝屍南海，難回中原了，心情十分悲痛，然而當他看到海洋的廣闊無際，卻又心胸開朗起來。海南對蘇軾而言，是個陌生世界，這是黎族聚居之所，黎族人對蘇軾十分親切，許多學子慕名前來，從蘇軾問學，其中有黎子雲兄弟、符秀才、王霄等，還有瓊州的姜唐佐、潮州的吳子野。蘇軾與學生關係融洽，經常席地飲酒，即興賦詩。他們在黎氏兄弟住宅附近，集資修建了一座「載酒堂」，作爲聚會之所，同時也是蘇軾編寫教材，從事教學，和著書立說所在。

蘇軾在惠州、儋州共七年，在這七年中，不僅詩文寫作的數量多，內容也倍加豐富。此外，他還對以往在黃州著的《易傳》、《論論語》進行修訂。又著述了《書傳》十三卷、《志林》五卷。他並全力以赴地進行文學創作。其〈絕句〉有謂：「不羨千金買歌舞，一篇珠玉是生涯。」這時他的作品更臻純熟、圓融、清新、綺麗，呈現瑰麗多姿的風貌。根據《海外集》統計，蘇軾謫儋期間，共寫詩一百七十四首，散文一百二十九篇，賦五篇，頌十八篇，銘四篇。平均每兩天寫出一篇，更何況是在飢寒交迫，紙缺墨乏的惡劣環境下完成的。所謂「秀句出寒餓，身窮詩乃亨。」這眞令人無限地感奮與崇敬。

元符三年（西元一一〇〇）正月，哲宗死，徽宗繼位，大赦天下，蘇軾量移（即移近貶所之意）廉州（廣西合浦）。五年底，他離開儋州，七月四日到達廉州，八月改授舒州（安徽安慶）團練副使，在永州（湖南零陵）安置。蘇軾在北歸途中至廣州，廣州推官謝民師以詩文向蘇軾請益，蘇軾對謝氏作品很欣賞，並給謝寫了一篇著名的〈答謝民師書〉，信中蘇軾提出寫文章的要訣，是：

大略如行雲流水，初無定質，但常行于所當行，常止于所不可不止。文理自然，姿態橫生。

北歸途中，由於數月之間，均生活在船上，旅途的勞頓，瘴癘的折磨，他的僕役死去六人。他已是六十五歲的老人了，當他由南海回到內地，深知朝政混亂，政局不穩時，內心的悲痛，難以言喻。元符三年十一月，正當他北歸途經英州時，得旨又改授朝奉郎，提舉成都玉觀局，這是安置老年官員而設的虛職，但經過反覆考慮，他決定卜居常州。建中靖國元年（西元一一〇一）五月，到達常州，先借住孫姓家宅，準備自己買房，做終老打算，這時蘇軾已重病在身，腹瀉加高燒，病情凶險，但他精神振奮，病中還寫了不少的詩和書信。同年七月二十八日，蘇軾病重，兒子邁、迨、過三人奉侍在側，東坡說：「吾生無惡，死必不墜。」邁問後世，不答。這位憂勞終身，風流一世的文豪蘇軾，闔上雙眼過世了。享年六十六歲。有識之士，朝野官民等紛紛爲他弔唁，太學生舉行祭奠儀式。一個被政敵攻擊誣蔑無所不用其極的人，卻贏得了全國人民衷心愛戴！南宋孝宗乾道中追謚文忠，贈太師，葬於汝州郟城縣（今河南郟縣）。

㈤結　語

心似已灰之木，身如不繫之舟。
問汝平生功業，黃州惠州儋州。

蘇軾〈自題金山畫像〉

蘇軾在元符三年（西元一一〇〇年）正月，因哲宗駕崩，端王趙佶嗣位，是爲徽宗，大赦天下，奉命移廉州（今廣西合浦）。六月二十日夜渡海北上，七月四日到廉州貶所。兩天後，改遷舒州團練副使，永州（今湖南零陵）居住。赴任途中，又接獲提舉成都玉觀局，復朝奉郎，在外州軍任便居住。在建中靖國元年（西元一一〇一年），他回到鎭江，遊金山寺，寫了一首自題畫像的六言詩。他所以把黃州、惠州、儋州列爲平生功業所在，誠因在那個詩酒風流的時代，他處多屬官場應酬，送往迎來，人事雖然繁華，但觸犯當道，有志難伸；惟有在黃、惠、儋三個貶所，因同情生黎，揭露社會黑暗，寫了不少傳世名作。且以個人能力所及，爲當地人民做了不少有益的工作，至今仍爲各地人民所樂道。

蘇軾一生寫了二千七百多首詩，三百多闋詞，還有大量的散文、書信、雜記等。他的詩文反映了民生疾苦、政治黑暗，還刻畫了如董傳、方山子、吳子野、郭忠恕等失意才子們的群像。尤其在散文方面：文理自然、姿態橫生、揮灑自如，他的文章都是信手拈來，自然成文。他寫作不拘題材、不拘形式，有感而發。他的散文富於變化，內容章法奇特，波瀾起伏，反覆跌宕，意趣不凡，引人入勝。另外，他的散文也富於哲理，描寫事物生動傳神，行文如流水，氣勢磅礡。他的論文，論辯滔滔，說理透闢，語言平易。蘇軾是我國文學史上對後代影響最大的作家之一。他完全可以和屈原、李白、杜甫以及韓愈、柳宗元、歐陽修相提並論。他的文學作品，永遠是我國文學寶庫中的珍品。

二、蘇軾著作簡介

蘇軾是有宋一代才華橫溢，知名度極高的偉大作家之一。其創作成就之多，古來沒有一位作家能和他相提並論，清末王國維把他列爲中國四大名詩人之一，即屈原、陶淵明、杜甫、蘇軾。今人朱靖華於所著《蘇軾新傳》第二十頁，引當今英國某大學中國研究所，曾列中國歷史上四大名人：即秦始皇、康熙、毛澤東、蘇東坡。其中兩個皇帝，一個革命領袖，僅有一位是作家，就是蘇軾。可見蘇軾的聲望之高和創作影響之大。

蘇軾之所以知名度高，是由於他對中國傳統文化有著豐富的建樹，把文學當作不朽的事業，並傾注畢生精力，在各方面均取得了卓越成就。東坡著作，北宋已有刊本，且傳至遼國、日本。雖中遭禁燬，但流傳不衰。南宋之後，刊本猥雜，選注者尤多，茲根據史傳及後賢研究所得，整理歸納，舉其重要者分項說明如下：

《蘇軾易傳》九卷

《四庫全書總目提要·經部·易類》二卷錄有《東坡易傳》九卷，云：「是書一名《毘陵易傳》。陸游《老學菴筆記》謂其書初遭元祐黨禁，不敢顯題軾名，故稱毘陵先生。以軾終於常州故也。蘇籀《欒城遺言》，記蘇洵作《易傳》，未成而卒，屬二子述其志。軾書先成，轍乃送所解於軾，今蒙卦猶是轍解。則此書實蘇氏父子兄弟合力爲之，題曰『軾撰』，要其成耳。」蘇轍〈亡兄子瞻端明墓誌銘〉曰：「先君晚歲讀《易》，玩其爻象，得其剛柔遠近喜怒逆順之情，以觀其詞，皆迎刃而解，作《易傳》；未完，疾革。命公述其志，公泣受命，卒以成書。然後千載之微言，煥然可知也。」《宋史・藝文志》錄有《蘇軾易傳》九卷。世有《津逮祕書本》、《學津討原本》、明烏程閔齊伋有朱墨套印本。

《東坡書傳》十三卷

蘇軾〈與鄭靖老書〉曰：「草得《書傳》十三卷，甚賴公兩借書籍檢閱也。」蘇轍〈亡兄子瞻端明墓誌銘〉曰：「最後居海南，作《書傳》。推明上古之絕學，多先儒所未達。」《宋史・藝文志》錄有《蘇軾書傳》十三卷。《四庫全書總目提要・經部・書類》錄有《東坡書傳》十三卷，云：「是書《宋志》作十三卷，與今本同，《萬卷堂書目》作二十卷，疑其傳寫誤也。晁公武《讀書志》，稱熙寧以後，專用王氏之說，進退多士，此書駁異其說爲多，今《新經尙書義》不傳，不能盡考其同異，但就其書而論，則軾究心經世之學，明於事勢，又長於議論，於治亂興亡，披抉明暢，較他經獨爲擅長。……洛閩諸儒，以程子之故，與蘇氏如水火，惟於此書有取焉。則其書可知矣。」世傳有《學津討原本》、明烏程閔氏刊朱墨套印本。

《論語說》四卷

蘇軾〈黃州上文潞公書〉曰：「……到黃州，無所用心，輒復覃思於《易》、《論語》。端居深念，若有所得；遂因先子之學，作《易傳》九卷，又自以意作《論語說》五卷。窮苦多難，壽命不可期；恐此書一旦復淪沒不傳，意欲寫數本留人間。念新以文字得罪，人必以爲凶衰不祥之書，莫肯收藏；

又自非一代偉人，不足託以必傳者，莫若獻之明公。而《易傳》文多，未有力裝寫，獨致《論語說》五卷。公退閒暇，一爲讀之，就使無取，亦足見其窮不忘道，老而能學也。……」蘇轍〈亡兄子瞻端明墓誌銘〉曰：「……復作《論語說》，時發孔氏之秘。」此書已佚。蘇轍有《論語拾遺》一卷，根據《四庫全書總目提要》：「是書前有自序，稱少年爲《論語略解》，其兄軾謫黃州時撰《論語說》，取所解十之二三，大觀丁亥，閒居潁川，與其孫籀等講《論語》，因取軾說之未安者，重爲此書。軾書《宋志》作四卷，《文獻通考》作十卷，今未見傳本，莫詳孰是。……」

《東坡志林》

蘇軾於元符三年（西元一一〇〇年）〈與鄭靖老書〉曰：「《志林》竟未成。」陳振孫《直齋書錄解題》著錄《東坡手澤》三卷，注曰：「今俗本《大全集》中所謂《志林》者也。」直謂一書二名。劉尚榮《蘇軾著作版本論叢》云：「大約在東坡死後，有人將以上兩部分文字匯同另外一些蘇軾的筆記、雜談，合編一書，取名爲《東坡志林》或《東坡手澤》。」張海鵬跋云：「《志林》五卷，皆東坡先生記元豐至元符二十餘年中身歷之事。明湯雲孫手錄，刻未竟而卒。趙清常踵之，分類編輯，與毛氏所刻及百川、學海、稗海諸本稍異。余以坡公風流文翰，散見於他帙者，如華嚴法界，無量無邊。是編所收止於此，嘗憾其隘；然其間經緯陰陽，俯仰今古，旁及山川風物，幽冥夢幻，道果仙緣，或莊或俳，隨手牽綴，具有名理，而其在邦在家之達，出世入世之心，眞如丈六金身，見者無不合掌讚誦也，亦何憾乎隘哉！爰即舊本，略加校訂，而付諸梓。知芥子中亦納須彌云爾。」可見此書在流傳過程中，又時有增刪，形成今存版本繁複的混亂情形。居今可見的傳本有一卷本、五卷本、十二卷本，以及五卷與十二卷之合訂本。其他還有《說郛》本、明鈔本等。又有所謂《蘇米志林》二卷者，係明東吳毛鳳、苞子晉輯，虞山毛氏錄君亭刊本，三卷六册，中有《蘇子瞻志林》。《四庫全書總目提要》史部傳記類爲「存目」。

《仇池筆記》

此書非蘇軾手定，而爲宋人所輯。《四庫全書總目提要》曰：「舊本題宋蘇軾撰。今勘驗其文，疑好事者集其雜帖爲之，未必出軾之手著，如下卷〈杜甫詩〉一條云：『杜甫詩固無敵，然自「致遠」以下句甚村陋也。』絕不標其本題，又不舉其全句，其爲偶閱杜詩，批於『致遠終恐泥』句上之語，顯然無疑。他可以類推矣。又如〈蒸豚詩〉一條，記醉僧事，及〈解杜鵑詩〉一條，解杜鵑有無義，亦皆不類軾語。疑併有所附會竄入。然相傳引用已久，亦間可以備考證也。」或以爲今傳《仇池筆記》源出南宋曾慥《類說》，明趙開美即據此刊刻。

《東坡文談錄》一卷

《學海類編》本不分卷，題元四明陳秀民編。《四庫全書總目提要》曰：「《東坡文談錄》一卷，元陳秀民編。秀民字庶子，四明人，初官武岡城步巡檢，擢知常熟州，後爲張士城參軍。歷浙江行中書省參知政事、翰林學士。是編雜採諸家評論蘇文之語，大抵諸書所習見。」

《東坡詩話》三卷

《學海類編》有上中下三卷本，題元陳秀民編。《四庫全書總目提要》曰：「秀民既作《東坡文談錄》，復雜採諸家論蘇詩者，裒爲此書。其排纂後先，既不以本詩之事類爲次第，又不以原書之年代爲次第，殊無體例。」

《東坡樂府箋》三卷

北宋詞大多集外單行，此即一例。陳振孫《直齋書餘解題》著錄《東坡詞》二卷，但今存東坡詞的最早刻本爲元延祐七年（西元一三二〇年）。近年大陸出版的《東坡樂府》二卷，係採葉曾雲間南阜草堂刻本。東坡詞的最早注本，是宋人傅幹的《注坡詞》。最早爲東坡詞編年的是近人朱彊村的《東坡樂府》三卷。最早把傅幹和朱彊村編年合爲一書的，是龍榆生的《東坡樂府箋》。收東坡詞最多的是唐圭璋《全宋詞》，書中共收蘇軾詞三百五十首。目前在台最完備的蘇軾詞，當推華正書局於民國八十二年八月初版的唐玲玲、石聲淮二人的《東坡樂府編年箋注》，書中除前言、後記外，在附錄中錄有毛晉《宋六十名家詞・東坡詞》跋、《四庫全書總目提要》〈東坡詞〉、宋・傅共〈傅幹注東坡詞序〉、元祐七年刊本《東坡樂府》黃丕烈跋、元祐刊本〈趙萬里跋〉、馮煦〈東坡樂府序〉、朱祖謀《彊村叢書》本〈東坡樂府凡例〉、鄭文焯〈東坡詞跋〉、龍榆生〈東坡樂府箋序論〉、夏敬觀〈東坡樂府序〉、夏承燾〈東坡樂府箋序〉、龍榆生〈東坡樂府後記〉、唐圭璋〈東坡樂府箋補〉等。

《東坡尺牘》二卷

明陳繼儒從《東坡全集》中選出一百四十六篇，釐爲二卷，經海陽黃嘉惠校定，收入《蘇黃小品》刊行。明朱睦㮮《萬卷堂書目》著錄的《東坡尺牘》二十卷，與《蘇長公二妙集》所收《尺牘》卷數同，或係同出一源。即將全集本東坡尺牘抽出單行。清《鐵琴銅劍樓藏書目錄》收《東坡先生翰墨尺牘》提要云：「此書與全集尺牘類頗有出入，乃單刊別行本，猶《山谷集》外之有《刀筆》也。」

《東坡題跋》六卷

明茅維刊《東坡全集》七十五卷中，收東坡各種題跋將近六百篇。明毛晉汲古閣《津逮祕書》本有《東坡題跋》六卷。收文近六百篇，其他尚有《范氏天一閣書目》著錄的《東坡題跋》四卷本。此即所謂《蘇黃小品》本，明海陽黃嘉惠校刊者。

《東坡禪喜集》十四卷

《四庫全書總目提要・別集類》將此書列爲存目。《提要》云：「明凌濛初編，濛初有《聖門傳詩嫡冢》已著錄。先是徐長孺嘗取蘇軾談禪之文，彙集成編，唐文獻序而刊之。濛初以其未備，更爲增訂，萬曆癸卯，濛初與馮夢禎游吳閶，攜是書舟中，各加評語於上方，至天啓辛酉，與《山谷禪喜集》，並付之梓。濛初喜取前人小品，以套版刻之，剞劂頗工，而無裨藝苑，此亦其一種也。」所謂「評語」主要採自王聖俞、李卓吾、袁石公、陳眉公、茅鹿門、錢鹿屏等人的評選本，而又頗有變更。

《東坡養生集》十二卷

清初王如錫編。如錫，字武工，江寧（今江蘇南京）人。是編前有王思任序，則當成於明末，然又有康熙甲辰邱象升序，由此觀之，則書可能成於崇禎中葉，批點行世，則出於象升之手。《四庫全書總目提要》云：「其書取蘇軾詩文雜著有關於閒適頤養者，分飲食、方藥、居止、游覽、服御、翰墨、妙理、調攝、利濟，述古、志異十二門。軾以文章氣節雄視百代，其游戲諸作，大抵患難中有托而逃。如錫乃惟錄其小品，所謂『飛鴻翔於寥廓，而弋者索之藪澤也。』使軾僅以此見長，則軾亦一明季山人而已矣，何足以為軾乎！」今有明崇禎八年（西元一六三五年）刊本，存大陸北京大學圖書館及日本內閣文庫。

《東坡守膠西集》四卷

明閻士選編。士選，字立吾，綏德州（今陝西綏德縣）人，萬曆庚辰進士，官至山東按察使。《四庫全書總目提要》云：「是編乃士選為萊州府知府時，採蘇軾在膠西詩文，刻為一帙，以尚有挂漏，及官按察使時補完之。其王宗稷《年譜》，亦僅摘錄熙寧八年（西元一〇七五年）乙卯軾到密州，及十年丁巳自密移知河中府，復改知徐州一段，蓋借軾以重膠西也。」據劉尚榮《蘇軾著作版本論叢》記載，此書近世未見傳本，惟大陸北京大學圖書館有原刻本。

《蘇公寓黃集》二卷，附錄一卷

此書為明文部郎陸志孝謫官黃州時，囑文學王行父搜輯蘇東坡元豐三年至七年（西元一〇八〇年至一〇八四年）謫居黃州團練副使期間所著詩文匯編一集。正文收詞賦、樂府、古今體詩、記、序、傳、表、銘、偈、祭文、書啓等約一百五十餘篇。附錄為「先生得謗謫黃時事」、「先生遺事」、「先生詩文本事」、「諸公詩文」、「先生年譜節錄」等五種。材料大多採自《宋史》、本集、筆記、詩話等。據劉尚榮《蘇軾著作版本論叢》之考訂，以為「該書對研究貶黃期間的蘇軾思想與創作，有一定之參考價值。」大陸北京大學圖書館及台灣國立台灣師範大學東北大學藏書，各有原版一帙。

《蘇文忠公寓惠集》十卷

此書是明方介卿編，又名《寓惠錄》，輯錄東坡在惠州期間所作的詩文而成。蘇軾於宋紹聖元年（西元一〇九四年）甲戌六月二十五日行抵當塗時，誥下，落左承議郎，責授建昌軍司馬，惠州安置。十月二日到惠州貶所。紹聖四年（西元一〇九七年）丁丑四月十七日出誥身，責授瓊州別駕，昌化軍安置（在儋州）。前後在惠州謫居四年。在以地望為標誌的東坡選本中，此書是較好的一部。內容包括賦、表、啓、書牘、文、記、頌、說、贊、銘、疏、雜著、戲筆、墓誌銘、祭文等。

《蘇文忠公居儋錄》五卷

明陳榮選輯。萬曆三十三年（西元一五九五年）陳氏自刻，清順治十八年（西元一六六一年）王昌嗣又補版重新修訂。全書五卷，卷一爲東坡年譜；概述蘇軾生平行事，撰者不詳，另有同蘇軾有關的古蹟簡介八條，東坡在儋耳言行錄十六條。卷二爲表二首，書二十九首，記、銘、說、歌、賦各兩篇，卷三收詩四十五首，卷四收詩四十六首，卷五爲附錄，收〈東坡祠記〉和〈載酒堂記〉，以及名人詠坡詩十四家約三十首。此外於卷首錄有胡桂芳序，王昌嗣序，於卷末有陳榮的題跋。胡序云：「儋故有公《遺思錄》，然編次失倫，漁採太濫，覽者病之。」後經陳榮選輯，並重加校理，「記公當時言行與所為詩文，垂之海外，以風百世，更其名曰《居儋錄》，重紀實也。」

《蘇沈良方》八卷

根據《宋史・藝文志》醫書類有沈括《良方》十卷。又有《蘇沈良方》十五卷。注云：「蘇軾、沈括所著。」陳振孫《直齋書錄解題》只錄《蘇沈良方》，無單行的沈括《良方》。晁公武《郡齋讀書志》有沈存中《良方》，注云：「或以蘇子瞻論醫藥雜說附之。」又於《蘇沈良方》下注云：「括輯得效方成一書，後人附益以蘇軾醫學雜說。」《四庫全書總目提要》云：「宋沈括所集方書，而後人又以蘇軾之說附之者也。考《宋史・藝文志》有括《靈苑方》二十卷，《良方》十卷，而別出《蘇沈良方》十五卷，注云：『沈括、蘇軾所著。』」蓋晁氏所載《良方》，即括之原本。其云「或以蘇子瞻論醫藥雜說附之者，即指《蘇沈良方》。由其書初尚並行，故晁氏兩載。其後附蘇說者盛行，原本遂微，故尤氏、陳氏遂不載其原本。」「史稱括於醫藥卜算，無所不通，皆有所論著。今所傳括《夢溪筆談》，末爲〈藥議〉一卷，於形狀、性味、眞僞、同異，辨別尤精。軾雜著時言醫理，於是事亦頗究心。蓋方藥之事，術家能習其技，而不能知其所以然，儒者能明其理，而又往往未經試驗。此書以經效之方，而集於博通物理者之手，固宜非他方所能及矣。」

《東坡全集》一百十卷

內容爲《東坡集》四十卷，《後集》二十卷，《奏議集》十五卷，《內制集》十卷，《外制集附樂語》三卷，《應詔集》十卷，《續集》十二卷，合爲七集。其源出於蘇門定本，而略有增益。較蘇轍所作《東坡墓志》所記，增出者爲《應詔集》與《續集》。今有明成化四年吉安知府程宗刊本；《四庫全書別集》七，據清蔡士英刊本鈔錄，亦源出此本。清光緒三十四年至宣統元年端方寶華盦用成化本（江南圖書館所藏）景印，附繆荃孫所作《東坡集校記》二卷。上海中華書局《四部備要》本《東坡全集》，民國五十三年臺北世界書局印斷句本《蘇東坡七集》，均與此爲同一系統。卷首有宋南海王宗稷所編《東坡年譜》，及孝宗序贊誥詞。

《增刊校正王狀元集註分類東坡先生詩》二十五卷

商務印書館涵芬樓，借南海潘氏宋建安虞平齋務本堂刊本景印。此書係南宋書賈所編，託之於王十朋，分詩為七十八類，首為王十朋及趙夔序，所採列名者黃庭堅以下凡九十六人，又有傅氏編《東坡紀年錄》。元人加以劉辰翁批點，有元盧陵書坊刊本，明成化間汪氏誠意齋集書堂刊本（國家圖書館有此兩種本）。明萬曆間有吳興茅維刊本，崇禎間梁溪王氏刊本，清康熙三十七年有新安朱從延重刊本。王氏刊本題《東坡詩集注》三十二卷，王十朋撰，《四庫全書》據以著錄。《提要》卷一五四，以為王十朋序不見《梅溪集》，顯屬依託，西蜀趙夔（堯卿）序稱曾見蘇過，時代舛誤，疑亦屬偽造。陸游序施元之注在寧宗嘉泰二年（一二〇二），時在王十朋卒後三十一年，未言及此書。《文獻通考》未著錄，可見馬端臨不重視。清邵長蘅摘其體例三失，而云「中間援引詳明，展卷瞭如者，僅僅及半，則疏陋者不過十之五，未可全廢。其於施注所闕十二卷，亦云參酌王注，徵引群書以補之，則未嘗不於此注取材。大抵創始者難工……存是書亦足資讀蘇詩者之旁參也。」

《經進東坡文集事略》六十卷

宋郎曄撰，商務印書館涵芬樓，借烏程張氏藏上半部，及南海潘氏藏下半部宋刊本景印，收入《四部叢刊初集》。民國九年上海蟫隱廬據宋本排印，附以羅振常撰《考異》四卷。此係《四庫》未收，阮元書目未見之古本。民國四十九年十一月臺北世界書局有互校斷句本。

《東坡集選》五十卷附《外紀》二卷《外紀逸編》一卷

明陳夢槐選，有明刊本，民國四十四年臺北新興書局重印本，改名為《蘇東坡全集》。陳繼儒序謂：

「拈其短而雋異者置前，其論策封事多至數萬言，爲經生之所恒誦習者，稍後之。」自箋謂：「以小言雜文簡跋類列於前，次贊銘頌偈，俱一首不遺，再次記傳諸文，然後殿之以大文字，併選詩雋雅者。」首本傳年譜，王世貞所編《蘇長公外紀》。各類目錄前輯宋人劉辰翁、呂祖謙等，明人王世貞、袁宏道等評論。明人喜選評東坡詩文，李贄、崔邦亮、王聖俞、錢士鰲、袁宏道、譚元春、鍾惺、閔爾容、凌濛初、吳京等，均各自有書。其鑑賞，大率通於八股文，偏於消閒。陳夢槐之書，可以爲此類書代表。

《施註蘇詩》四十二卷，前附《王註正譌》一卷，《蘇詩續補遺》二卷

宋施元之注，清邵長蘅、李必恒補，馮景續注。清康熙間商邱宋氏委宛堂刊本，乾隆初古香齋袖珍十種本，民國間上海文瑞樓影印本。民國五十三年七月臺北廣文書局景印古香齋本。施元之字德初，南宋初吳興人，曾官司諫，發願注蘇詩，吳郡顧禧（字景繁）助之。元之子宿（字武子）增補並撰年譜，嘉泰二年（一二〇二年）淮東倉司刊本。陸游序謂施以絕識博學名天下，且用功深，歷歲久，顧君亦該洽，於東坡之意，蓋可以無憾。（《陸放翁全集》卷十五）施宿以是書刊版，遭論罷，故傳世頗稀。清康熙中宋犖官江蘇巡撫得殘本，使武進邵長蘅補其缺卷。長蘅撰《王註正譌》一卷，又訂正王宗稷《年譜》一卷，冠於集首，註則僅補八卷，以病未能卒業。更倩高郵李必恒續成四卷。犖又摭拾遺詩爲施氏所未收者，得四百餘首，別屬錢塘馮景注之，重爲刊版。元之原本註在各句下，長蘅病其間隔，乃彙注於篇末。於原注亦有所刊削。此書《四庫別集七》已著錄，提要見卷一四五。

《補註東坡編年詩》五十卷

清查愼行撰，清乾隆二十六年香雨齋刊本，又有廣雅書局翻印本。《四庫全書總目提要》一五四謂：「是編凡長蘅等所竄亂者，並勘驗原書，一一釐正。又於施注所未及者，悉蒐採諸書以補之。其間編年錯亂，及以他詩溷入者，悉考訂重編……考核地理，訂正年月，引據時事，原原本本，無不具有條理。非惟邵注新本所不及，即施註原本，亦出其下。」沈欽韓有《蘇詩查注補正》四卷，清光緒十四年有《心矩齋叢書》本，廣雅書局本。沈書爲馮應榴、王文誥所未見。

《蘇文忠詩合註》五十卷

清馮應榴撰，清乾隆五十八年桐卿馮氏踵息齋刊本，同治九年馮寶圻補刊本。應榴字星實，桐鄉人，乾隆進士，歷官江西布政使，鴻臚寺卿。父浩，曾注李商隱詩文；弟集梧，曾注杜牧詩，均以博雅篤學著。應榴此書自序謂：「取王、施、查三本之注，各披閱一過，見其體例互異，卷帙不同，無以取便讀者，爰爲合而訂之，意不過擇精要、刪複出焉耳。及尋繹再四，乃知所注各有舛訛，因援證群書，並得諸舊注本，參稽辨補，朝夕不輟者，凡七年而粗就。」錢大昕序謂：「王本長於徵引故實，施本長於臧否人倫，查本詳於考證地理。先生則彙三家之長，而於古典之沿譌者正之，唱酬之失考者補之，輿圖之名同實異者覈之……立言愈愼，考古愈精……是書出，而讀蘇詩者可以得所折衷矣。」卷首有吳錫麟序，舊註辨訂，舊有序跋。合王宗稷《年譜》、傅藻《紀年錄》爲一編，並詳加考案，檢閱最便。

《蘇詩補注》八卷

清翁方綱撰，翁氏《蘇齋叢書》第十九種，《粤雅堂叢書》第六集有之。民國十三年上海博古齋景印原刊本。民國五十三年七月臺北廣文書局景印《施注蘇詩》附刊本。此書補查愼行注之闕，附錄宋顧禧著《志道集》一卷。顧曾注蘇詩者。

《蘇文忠公詩編註集成》四十六卷，《總案》四十五卷，《諸家雜綴酌存》一卷，《蘇海識餘》四卷

清王文誥撰，清嘉慶二十四年仁和王氏韻山堂刊本，光緒十四年浙江書局重刊本。文誥字見大，浙江仁和人，生乾隆二十九年，工山水，能詩，客粤三十年，著有《韻山樓集》。王書考覈事蹟，排次年月，更加密而或失之鑿，序游談臆說，偏於論詩。卷首有韓葑、梁同書、阮元序。阮序謂「其涉歷諸家，精校博考，然後能集諸家之成，而發其所未及。王君蓋謂：變法改法之不明，則由於史陋；朔黨洛黨之不辨，則由於史諱；紀時紀事之不當，則由於注誣；改編補編之不確，則由於注淆……爰創立總案，以統各詩，復訂正誌傳，以統各案，而補所不備於《蘇海識餘》中。於是擊空踐實，而裁爲具體，意向畢達。……旁搜遠紹，氣類源流，通感分合，本末明晰，泰然大同，是皆確有所據，足補前注之所未達矣。」雖屬溢美之詞，可見其書一斑。

《四庫》存目中，記名東坡之作，小說有《漁樵閒話》二卷，《東坡問答錄》一卷，淺陋猥褻，《四庫全書總目提要》以爲委巷小人所爲。雜家存目有《格物麤談》（一名《物類相感志》），多言治療禁忌，元范梈已以爲假託。

東坡法書眞蹟，台灣故宮博物院藏有蘇書《歸去來辭》，《次韻三舍人省上詩》，《南軒夢語》，《致主簿曹君尺牘》卷子。册子有《宋蘇氏一門法書》，《宋眉山蘇氏三世遺翰》，《宋四家墨寶》，《宋四家眞蹟》，《宋四家集册》，《宋十二名家法書》，《宋諸名家墨寶》，《宋賢書翰》、《宋賢牋牘》，《宋人法書》等，均有東坡手蹟，詳見台灣《故宮書畫錄》一、二、三卷。日本平凡社印《書道全集》（昭和五年版，共二十七册蘇書在第十八卷；昭和二十九年版，蘇書碑拓在第十五卷），河出書房印《定本書道全集》（昭和二十九年版，蘇氏法書碑拓在第十卷），興文社印《支那墨蹟大成》（昭和十三年印十卷）中，均有東坡法書景印本。日本興文社印《南畫大成》（昭和十年印本十六卷）收有東坡畫墨竹。文星書局印《中國古代書畫》中收有東坡《萬竿煙雨》。清翁方綱舊藏蘇書《天際烏雲帖》眞蹟，有商務景印本。宋汪應辰集鐫上石，《西樓帖》，上海文明書局有景印本六册，據匋齋舊藏《西樓蘇帖東坡書髓》十卷本印。

其他尚有《歷代地理指掌圖》、《調謔篇》、《艾子雜說》、《雜纂二續》等，舊題蘇軾撰，眞僞不可考。

蘇軾之所以知名度高，受到國內外學術界的注目，是由於他是一位寡二少雙的全能學者，對中國傳統文化有極其豐碩的建樹。從學術成就上看，他不但在經學、在醫學、在養生、在書法、在繪畫等方面均擅勝場，佔有一席之地；在文學方面，於詩、於詞、於散文、於辭賦、於寓言，無一不碩果纍纍，成就卓越。就拿他的文學作品而言，留給後世的詩有二千七百多首，詞三百四十多闋，散文更是卷帙浩翰，難以指數；寓言，其《艾子雜說》，爲中國寓言發展史上第一部獨立編集的專著；辭賦，更是賦史上「變賦」的創始人，中國文學史上「駢、散融匯的開拓者」。這樣一位曠世無兩的偉大文學家、藝術家、學術家，是我國傳統文化史上的一塊豐碑；我們在引爲驕傲、榮耀之餘，更應該進一步從各方面做深入而有效的研究。

三、蘇軾文學主張

一個人思想觀念或某種主張的形成，大多受個人學養與家庭環境之支配，社會風氣之薰染，時代背景之限制，前代學者之影響，師長朋友之陶冶，不斷力行之經驗，人生的際遇，和自我之懷抱，由以上種種因素之相激相盪，然後決定了一個人的思想觀念或某種主張之形態。蘇軾自幼承受母親的啓蒙，既長，與弟轍受試於禮部，同登高第。熙寧以後，王安石執政，欲行新法，蘇軾因與其所見多不合，遂請求外放，先後在杭州、密州、徐州、湖州擔任地方官。不幸被奸人羅織，發生「烏臺詩案」，貶謫黃州，元祐初年，遊宦生活雖有變化，但不久又受到變法派的排擠，再貶寧遠軍節度副使，在惠州安置。三年之後，又流放儋州，到宋徽宗建中靖國五年（西元一一〇一年），他六十六歲，自海外回到常州，準備做終老打算時，因重病去世。

蘇軾不僅有過人之才，更有爲常人所不及的高風亮節。他有經世濟民之壯志，有獨立不群之政治見解；但他生活於黨爭激烈，朝政反復無常的時代，既不見容於新黨，又不得志於舊派，屢遭奸人摧殘，一生浮沉不定。歷盡艱難險巇，其仕途坎坷波折之多，可謂古今無兩，「文章憎命達，魑魅喜人過。」蘇軾政治上的不幸，帶來了他文學上的大幸，政治上的失敗，帶來了他文學上的成功。貶謫生活的磨礪，使他在思想上，除孔、孟、荀、賈誼、陸贄、韓愈、柳宗元、歐陽修之外，對莊列思想、神仙小說、佛釋精神及林泉生活，均有深入體悟。他又親炙到各地山川美景的陶冶，汲取基層勞苦大衆的生活經驗，使他在文學藝術的許多領域，取得了卓越成就，成爲一代文壇的領袖和北宋傑出的文學家。

蘇軾在經學、文學以及書法、藝術、醫學、養生等方面，均爲一代名家，又由於他根據自己豐富的創作實績，在文學理論上更有卓越的建樹。何況蘇軾的文學主張是深得創作三昧的經驗之談，是觸及到文學特質的眞知灼見。因此，了解蘇軾的文學主張，確實有助於我們研究他的創作成就，和借鑑此一古代優秀的文論，作爲我們當前從事創作時攻錯的需要。

㈠重視作品的文學性

蘇軾以爲文章是反映現實的工具，表達感情的手段。而北宋文壇一直受到五代餘風和道學家的影響，所謂「五代餘風」即「西崑體」，一味崇尚詞藻，使辭浮於情。而「道學家」則鄙視文詞，大講爲文害道，貶稱「文詞」爲「藝焉而已」。蘇軾的主張，異於此二者。歐陽修認爲「文字是本職」，「事信言文，乃能表現於後世。」要想做到「言文」，就必須講究創作法則和技巧。蘇軾繼承了此一主張，並有新的發展。他在〈書李伯時山莊圖後〉說：

> 有道有藝，有道而不藝，則物雖形於心，不形於手。

所以爲文應「技道兩進」。由此觀之，蘇軾對「文」、「道」關係的處理，和他人不同處，是他在堅持「文道統一」的同時，更重視「文章的文學性」。雖然他曾在〈戲子由〉詩裡說過：

> 文章小伎安足程？先生別駕舊齊名。

如今衰老俱無用，付與時人分重輕。

元祐初年在京〈和駙馬都尉王晉卿〉詩，亦云：

文章何足云，執技等醫卜。

細玩其寫作背景，這只是一時的牢騷而已。其實，他把文章看作不朽的事業，並爲之傾注了畢生精力。他不止一次地強調：「文章如精金美玉」，「文章爲金玉珠貝」。文要明道，但文與道不可混同。秉筆爲文，光有理論不行，還得講創作規律和技巧。所以蘇軾把「能道意所欲言」，作爲寫文章的最高境界，足見他對「文章的文學性」，給予前所未有的重視。正由於此，他對創作理論有過多方面的探討。孔子曾有「辭達而已矣」的說法，蘇軾拈出「辭達」的概念，注入了自己的體驗和新詮。他在〈答虔倅兪括奉議書〉中說：

物固有是理，患不知之，知之，患不能達之於口與手。所謂文者，能達是而已。

在〈答謝民師書〉裡，他又說：

求物之妙，如繫風捕影，能使是物了然於心者，蓋千萬人而不一遇也；而況能使了然於口與手者乎？是之謂「辭達」。

這兩段話都說明文章須高度重視技巧，突出散文的形象性，追求散文的文學色彩，這是蘇軾對「文道統一」理論的解放，對散文創作的重要主張。

㈡重視文學的社會功能

蘇軾非常重視文學的社會功能，反對形式主義文風。相傳有人問蘇軾「作文之法」，他回答說：

作文先有意，則經史皆爲我用。

他提出以意爲主，較前人文在「明道」、「載道」之說更爲明確。所以蘇軾在此講的「意」，有兩個特點：一是心得，一是實用。合起來講，即要求作者爲文要發揮社會功能，有自己獨到見解。所以蘇軾於〈亡兄子瞻端明墓誌銘〉云：「初好賈誼、陸贄書，論古今治亂，不爲空言。」正是此一主張的體現。朱熹《語錄》嫌蘇軾文章「議論有不正當處」，其實，這正是蘇軾之所以爲蘇軾。假如蘇軾的話和周公、孔子的話一樣，那就無所謂自成一家的「蘇文」了。

蘇軾既以爲文章要有益濟世之用，不能爲文而文。所以他在〈答虔倅俞括奉議書〉中，特別肯定其文能：

酌古以馭今，有意於濟世之用，而不志於耳目之觀美。

在〈鳧繹先生詩集敘〉中，他更明確地指出：

先生之詩文皆有爲而作，精悍確苦，言必中當世之過，鑿鑿乎如五穀必可以療飢，斷斷乎如藥石必可以伐病。

強調文章針砭時弊的實用價值。在他的〈策總敍〉中，對漢、唐以來某些學者，打著孔孟的旗號，因襲聖人之言而不務實際的情況深表不滿。他說：

自漢以來，世之儒者，忘己以徇人，務射策決科之學，其言雖不叛於聖人，而皆泛濫於辭章，不適於用。

同時他也大膽地批評當代學者「多空言而少實用。」在〈答喬舍人啓〉中，蘇軾特別強調：

文章以華采爲末，而以體用爲本。

強調文章的社會功能，必定反對五代以來相沿成習的貴華賤實的文風。蘇軾在〈謝歐陽內翰書〉中既批評了五代餘風的「文教衰落，風俗靡靡」，又否定了當時「浮巧輕媚叢錯采繡之文」。還在〈金門寺中見李西台與二錢唱和四絕句，戲用其韻跋之〉裡，對「西崑體」的纖豔進行了諷刺，詩云：

五季文章墮劫灰，升平格力未全回。
故知前輩宗徐庾，數首風流似玉臺。

反對貴華賤實，爲文而文的形式主義，自然要倡導言之有物，華實相副的社會功能論。蘇軾固不排斥文章內容要寄託儒家思想，但他更承認文章的寫作要有作者的自主性。所以他在〈書朱象先畫後〉主張：

主以達吾心，畫以適吾意。

即文章是作者眞實感情的呈現。他這種站在社會功能的立場來看待文學，不僅要比經學家、道學家以及西崑體的作家們活潑有致，就是在寫作內容上也有迥然不同之處。

㈢重視文理出於自然

蘇軾爲文崇尚自然，反對雕琢，主張奔放，反對束縛，提倡個性化，反對強求一律。蓋宋初的詩文革新派，爲了糾正相沿已久的卑弱文風，有的又走上了「求深」「務奇」的路子，所以蘇軾在〈謝歐陽內翰書〉中說當世文風是：

餘風未殄，新弊復作。

蘇軾旣反對「新弊」，而由歐陽修的「平易」一途，邁向「自然奔放」。他形容自己的文章

如萬斛泉源，不擇地皆可出。

贊賞他人的文章

如行雲流水，初無定質。

都生動的說明爲文要追求無拘無束，揮灑自如。他在〈答謝民師書〉中說，爲文

但常行於所當行，常止於不可不止，文理自然，姿態橫生。

蘇軾的散文不僅是「文理自然」，還「姿態橫生」，筆勢圓熟而不流於平易，傾吐胸臆而不侷促窘迫。因此他對文章程式化，千篇一律，深表不滿。在〈書黃子思詩集後〉中，他極力讚賞蘇、李、曹、劉、陶、謝、李、杜、韋、柳等人的不同風格，同時在〈答張文濳書〉中，對王安石企圖以自己的文章、學術來劃一文壇，產生千篇一律的不良影響提出抨擊。所以蘇軾主張創新，旣注意「文理」，又講求「姿態」。姿態要千變萬化，文理要出乎自然，旣強調創新，又不惟務新奇，他在〈書吳道子畫後〉裡說：

> 出新意於法度之中，寄妙理於豪放之外。

意思是說，自出「新意」而不爲法度所束縛、筆墨「豪放」而又要表達一定的妙理。所以「創新」不是隨心所欲，「自由揮灑」更非信口開河。蘇軾既重視「文理自然」，就要反對「艱深」。從內容上說，他在〈中庸論〉一文裡，對當時理學家的故意求深提出批評，以爲「論其著者鄙滯而不通，論其微者汗漫而不可考」，於是「務爲不可知之文」，使人疑爲高深不可測，如此「相欺以爲高，相習以爲深」。從言辭上說，他以爲有些人把文章寫得「怪怪奇奇」，好用古字怪句，艱澀難懂。像韓愈推崇的揚雄，蘇軾在〈答謝民師書〉中，就有過精湛的評論，說：

> 揚雄好爲艱深之辭，以文淺易之說；若正言之，則人人知之矣。此正所謂「雕蟲篆刻」者，其《太玄》、《法言》皆是類也，而獨悔于賦，何哉？終身雕篆而獨變其音節，便謂之「經」，可乎？屈原作《離騷經》，蓋風、雅之再變者，雖與日月爭光可也，可以其似賦而謂之「雕蟲」乎？使賈誼見孔子，升堂有餘矣；而乃以賦鄙之，至與司馬相如同科。雄之陋如此比者甚衆。

意思是指揚雄故作艱深之言，來嚇唬讀者，屈原作《離騷》深得風雅三昧，並非字摹句擬，又何嘗「好爲艱深」呢？所以蘇軾反對艱深，主張自然，既針對當時文弊而發，又在歐陽修文尚「平易」的理論上，向前更推進一步。

(四)重視文章表達上的準確生動

蘇軾散文創作爲了增強表達上的準確生動，他非常重視語言文字的錘煉。對「古人之作，辭約而意盡」，下筆一字不苟的敬謹態度，他很欽佩。在《東坡題跋・書諸集改字》一文裡，談到陶潛的詩句時說：

> 採菊東籬下，悠然見南山。採菊之次，偶然見山，初不用意，而境與意會，故可喜也。

又談到杜甫的詩句：

> 白鷗沒浩蕩，萬里誰能馴。

白鷗「滅沒於煙波間」，正體現出鳥飛的一往無前。他又說：「俗本把『見南山』改為『望南山』，有人認為『鷗不解沒』，要把『沒』改成『波』。殊不知兩詩改此兩字，便通篇『神氣索然』了。」如何提高駕馭文字的能力？許顗《彥周詩話》曾記載蘇軾在揚州，教人「師法古人，勤學多練」的一段往事。內容是：

> 季父仲山在揚州時，事東坡先生，聞其教人作詩曰：「熟讀《毛詩・國風》與《離騷》，曲折盡在是矣。」

東坡還教人，「學詩當以子美為師。」文字功夫多練尤為重要。他曾在《東坡題跋・記歐陽公論文》裡，紹述歐陽修的主張說：孫莘老有一次問歐陽公文章如何能寫好？歐陽公回答說：「無它術，唯勤讀書而多為之，自工。世人患作文字少，又嬾讀書，每一篇出，即求過人，如此，少有至者。疵病不必待人指擿，多作自能見之。」這確實是深得鎔意裁章要領的經驗之談。《春渚紀聞》載蘇軾語其為文，要能用準確生活的語言來表達：

> 意之所到，則筆力曲折，無不盡意。

即要心口相應，言能盡意。前人評蘇軾的創作，如「地負海涵，不名一體。」所以他善於以精粹、生動、精準而又變幻無窮的藝術語言，構成多采多姿的境界，在散文創作中，他往往通過對字、詞、句的錘煉，運用動靜兼致的手段，使作品語言流暢而情趣迭出。呈現出如「行雲流水」般的美感。在對動靜境界的處理時，他善於在動靜的對比中突顯動感。如〈灩澦堆賦〉寓江水形象，即爲一例。

瞿塘峽口的灩澦堆，天下至險。蘇軾運用強烈的動靜對比手法，在交互錯綜的描寫中，展現了江水的千變萬化，他說：

> 掀騰勃怒，萬夫不敢前兮；宛然聽命，惟聖人之所使。

「掀騰勃怒」是江水奔騰的動態，「掀」、「勃」二詞，爲江水狂奔的雄姿。「萬夫不敢前」，是以人的視覺，顯示江流急湍的情勢；緊接著「宛然聽命」是靜態的說明，意到筆隨，語氣連貫而下，與「掀騰勃怒」的動態相對，寫江流忽然馴服，緩流而去，有如聽從「聖人之所使」。這樣就在動靜對比的描寫中，呈現忽急忽緩的動態感。

講到蘇軾對字、詞、句的鍛煉，在〈後赤壁賦〉中對夜登赤壁山的描寫，最能看出他琢磨的工夫。當他寫到：

> 攝衣而上，履巉巖，披蒙茸，踞虎豹，登虬龍，攀栖鶻之危巢，俯馮夷之幽宮。

他以「攝」、「履」、「披」、「踞」、「登」、「攀」、「俯」幾個動詞，刻劃攀登的艱難動態。但當他登上山頂時，卻又以周圍的搏動，來烘托山中的沈寂：

> 劃然長嘯，草木震動；山鳴谷應，風起水涌。

一聲長嘯，引起四面八方的響應，蘇軾以「震動」一詞，寫草木之感應，以「鳴」「應」，寫山、谷的反響，以「起」「湧」，表風、水的情態。竭力描寫刹那間山中的動景，反襯當時極爲寂靜與冷清的情境，從而產生：

肅然而恐，凜乎其不可留

的境界。眞有「狀難寫之景，如在目前」的效果。使讀者有心魄驚悸，愀然悲恐，凜然寒冽的感受！

蘇軾散文創作之所以有傑出成就，固然得力於個人豐富的生活經驗和敏銳的觀察，同時，更多的是由於他善於總結古代文學藝術的優良傳統與成規定例。蘇軾在〈亡兄子瞻端明墓誌銘〉裡，記述了蘇軾一生勤奮學習，努力探索的經過。說他早年學習賈誼、陸贄書，並汲取前人創作之菁華，注入自己行文措詞中。李塗《文章精義》說：「子瞻〈萬言書〉，是步趨賈誼〈治安策〉。」蘇軾在〈乞校正陸贄奏議進御札子〉中，說陸贄作品「開卷了然，聚古今之精英，實治亂之龜鑑。」他從賈誼、陸贄的作品中，學得文章的論證方法。他讀《莊子》後，更繼承了他縱橫恣肆之文風。因此，在因「烏臺詩案」而貶謫黃州後，「其文一變，如川之方至。」藝術上已達到爐火純青的地步。清初學者錢謙益《牧齋初學集》說：「吾讀子瞻〈司馬溫公行狀〉、〈富鄭公神道碑〉之類，平鋪直敘，如萬斛水銀，隨地湧出，以爲古今未有此體，茫然莫得其涯涘也。晚讀《華嚴經》，稱心而談，浩如煙海，無所不有，無所不盡。乃喟然而歎曰：子瞻之文，其有得於此乎！」蘇軾正以其「轉益多師」之方法，從各種不同角度，來總結和發展前人的藝術經驗。在散文創作上提出自己卓有心得的主張。

四、蘇軾與北宋詩文革新運動

蘇軾是歐陽修的得意門生，文學事業的「傳人」。《風月堂詩話》記載道：「東坡詩文落筆，輒為人所傳，每一篇到歐陽公處，公為終日喜。一日與斐論文及坡，歎曰：『汝記吾言，三十年後，世人更不道著我也！』」歐陽修逝世後，蘇軾責無旁貸地擔當起古文運動領袖的歷史重任，門人李廌《師友談記》記其言曰：「東坡嘗言文章之任，亦在名世之士相與主盟，則其道不墜。方今太平之盛，文士輩出，要使一時之文有所宗主。昔歐陽文忠嘗以是任付於某，故不敢不勉。」

蘇軾不僅是我國歷史上傑出的文學家，而且是頗富盛名的文學活動家。他為北宋詩文革新運動的最後完成，建樹了卓著的功勳。以下分項說明蘇軾在北宋詩文革新運動中所以能繼歐陽修之後，取得第一流成就的原因，略作闡述：

(一)有豐富的古文理論

首先，是摒棄「文」「道」論：古文運動自韓愈提出「道統」、「文統」之後，古文家有「文以貫道」、「文以明道」、「傳道明心」、「文與道俱」等說法；古文家主張「文」、「道」一元，「道」就是「文」，「文」就是「道」；道學家則主張「文以載道」。總之，「文」與「道」，始終不可分離，不同的只是如何處理兩者的位置和關係。使古文運動變成儒學運動。王禹偁、穆修直到歐陽修一派古文家，雖然走「以古文爲主」的道路，但對於儒家之「道」，仍然是津津樂道，宗經、尊聖仍是他們不可動搖的原則。只有到蘇軾，才徹底擺脫了「文」、「道」論的束縛。

蘇軾早年即批評韓愈「於聖人之道，蓋亦知好其名矣」，「其論至於理而不精，支離蕩佚，往往自叛其說而不知」（《東坡應詔集》卷一〇）。這表明他已無心繼承韓愈的所謂「道統」。在《日喻》中，他用比喻說明了自己對「道」的理解：

> 故世之言道者，或即其所見而名之，或莫之見而意之，皆求道之過也。然則道卒不可求歟？蘇子曰：「道可致而不可求。」何謂「致」？孫武曰：「善戰者致人，不致于人。」子夏曰：「百工居肆，以成其事，君子學以致其道。」莫之求而自至，斯以爲「致」也歟！南方多沒人，日與水居也，七歲而能涉，十歲而能浮，十五而能沒矣。夫沒者豈苟然哉？必將有得於水之道者。日與水居，則十五而得其道；生不識水，則雖壯，見舟而畏之。故北方之勇者，問於沒人，而求其所以沒，以其言試之河，未有不溺者也。故凡不學而務求道，皆北方之學沒者也。

蘇軾不是不說「道」，但他所謂的「道」，不過是指事物的道理、規律，它來自生活實踐，通過「學」即可以致之，既不是「莫之見」的玄而又玄的「道統」，也不純粹是儒家之「道」。這樣，蘇軾便超越了所有的前輩，從長期糾纏不清的「文統」、「道統」理論中解脫出來，賦與「道」以全新的概念。這是大膽的觀念越軌，也是思想的解放。從此古文運動便擺脫了神聖的「道統」束縛。

蘇軾既非儒學家，更非道學家，他只是「文學家」，所以他所謂的「文」，是指文學性的「文」，語言藝術的「文」。超越「文統」、「道統」之爭，則使古文運動恢復為文學運動。朱熹批評蘇軾「因作文卻漸漸說上道理來，不是先理會得道理了方作文，所以大本都差。」（《朱子語類》卷一三九）其實這正是蘇軾摒棄了先驗的「道」後，所達到的境界。

蘇軾由於擺脫了傳統的儒家思想體系，表現在創作上，便能綜合儒、釋、道的思想而又有所突破，隨意抒寫，以求得生活實踐中的「道」、萬事萬物的「理」。因為蘇軾思想解放，所以古文作品不僅題材十分廣泛，而且說理深刻明晰。劉熙載說：「東坡文雖打通牆壁說話，然立腳自在穩處。」又說：「東坡讀《莊子》，歎曰：『吾昔有見，口未能言；今見是書，得吾心矣。』後人讀東坡文，亦當有是語，蓋其過人處在能說得出，不但見得到已也。」還說：「歐文優游有餘，蘇文昭晰無疑。」（《藝概》卷一）蘇軾創作的嶄新面貌，使北宋詩文革新運動有了質的飛躍。

其次，是主張文理自然：古文運動自中唐以來，就有求「奇」的傾向，流行所謂「澀體」，以辭澀言苦為主要特徵，甚者不可句讀。入宋以後，又發展為思想怪誕，作家以超凡離俗自許，實際上立論不近情理，成為文壇「新弊」。歐陽修與「太學體」的鬥爭，目的就是要掃除「澀體」，同時提倡為文自然平實，並以其獨具風神的創作，為流暢平易的散文風格奠定基礎。蘇軾繼往開來，進一步將平易的文風理論化，使這種風格成熟並定型，成為宋代散文普遍的風格。在《答謝師民書》中，他提出了著名的「文理自然」的主張：

所示書教及詩、賦、雜文，觀之熟矣。大略如行雲流水，初無定質，但常行於所當行，常止於所不可不止。文理自然，姿態橫生。

這雖是對他人作品的贊語，其實正是蘇軾自己的主張。因此在《文說》中，他這樣比喻自己文章的風格：

吾文如萬斛泉源，不擇地皆可出。在平地滔滔汩汩，雖一日千里無難。及其與山石曲折，隨物賦形，而不可知也；所可知者，常行於所當行，常止於不可不止，如是而已矣。其他，雖吾亦不能知也。

文思既汪洋恣肆，洶湧而出，一瀉千里；表達又富於變化，任其自然，曲盡其妙，這就是蘇文的特徵，也是蘇軾引導古文運動前進的方向。在《南行前集敘》（《東坡集》卷二四）中，蘇軾早已表達了這樣的思想：

夫昔之爲文者，非能爲之爲工，乃不能不爲之爲工也。山川之有雲霧，草木之有華實，充滿勃鬱而見於外，夫雖欲無有，其可得耶？自少聞家君之論文，以爲古之聖人，有所不能自已而作者。故軾與弟轍爲文至多，而未嘗敢有作文之意。

「能爲」，未必出於感情的激發，而只有「不能不爲」，才如箭在弦上，非發不可。「作文至多」卻不敢有「作文之意」，看似矛盾，然而這才是眞正的「自然」，這才達到了出神入化的境界。「文理自然」，是古文運動繼續前進的指南，其系統性和深刻性，都遠遠超過了包括歐陽修在內的前輩。蘇軾既思想開放，又以「文理自然」作爲創作原則，其文章確乎「如萬斛泉源」，在藝術上達到了北宋古文運動中的最高水平。

又其次，是反對程式文學：在神宗熙寧以後，文壇上出現了一種新的弊端，即王安石當政，廢除詩賦取士而改試經義，並把自己主持編寫的《三經新義》以及穿鑿附會的《字說》，作爲學校教材，文學創作一度沉寂冷落，又被野心家所利用，在政治高壓下實行文化專制主義。毛滂曾在《上蘇內翰書》中敘述王氏「新學」的泛濫和影響，說：「熙寧間作新斯文，而丞相（王安石）以經術文章爲一代之儒宗，天下始知有王氏之學。灝灝乎其猶海也，其執經下座摳衣受業者，如百川歸之海。於是百家之言，陳弊腐爛，學士大夫見必嘔而唾之。嗚呼，一旦取覆醬瓿矣，當時歷金門、上玉堂、紆青拖紫、朱丹其轂者，一出王氏之學而已。……王氏之學固未必人人知而好之，蓋將以爲進取之階、宮室之奉、妻孥之養、餔啜之具耳。」造成這種局面雖然根源於王安石，但未必是其本意，然而對社會風氣的毒化，確乎不能輕估。蘇軾繼承前輩端正文風的傳統，他在《答王庠書》中說：「西漢以來，以文設科而文始衰」，並指責「今程式文字，千人一律，考官益厭之」。同時他又在《答張文潛書》中，從理論的高度，對王氏「新學」的危害進行了深刻的剖析和尖銳的批評，並對後輩革除此弊寄托了深切的期望：

文字之衰，未有如今日者也，其源實出於王氏。王氏之文，未必不善也，而患在於好使人同己。自孔子不能使人同，顏淵之仁，子路之勇，不能以相移，而王氏欲以其學同天下。地之美者，同於生物，不同於所生；惟荒瘠斥鹵之地，彌望皆黃茅白葦，此則王氏之同也。

近見章子厚，言先帝晚年甚患文字之陋，欲稍變取士法，特未暇耳。議者欲稍復詩賦，立春秋學官，甚美。僕老矣，使後生猶得見古人之大全者，正賴黃魯直、秦少游、晁無咎、陳履常與君等數人耳。

由於政治原因，蘇集在北宋末年遭禁，但愈禁而流傳愈廣。弛禁之後，隨著「新學」的衰落，古文創作重新繁榮，而「程式文字」的弊端也得到徹底糾正。

(二)有卓越的蘇門後進

北宋詩文革新運動發展到蘇軾，已經勝利完成。長期未解決好的理論問題，都得到了比較圓滿的解決，文壇弊風基本掃除，創作取得了空前的成就。作爲勝利完成的另一重要標誌，便是除前述「唐宋古文八大家」中的宋代六大家外，還湧現了大批卓有成就的古文家，使散文創作呈現出全面繁榮的局面。這可以蘇門後進如所謂的「四學士」、「六君子」爲代表。

蘇軾與韓愈、歐陽修一樣，也十分重視培養人才，在「歐門」之後形成了「蘇門」，有著名的「蘇門四學士」、「蘇門六君子」。「四學士」指黃堅庭、秦觀、張耒、晁補之；「六君子」則再加上陳師道、李廌。

黃庭堅（一〇四五——一一〇五），字魯直，自號山谷老人，又號涪翁，分寧（今江西修水）人。治平進士，官至起居舍人，入元祐黨籍。著有《豫章黃先生文集》。秦觀（一〇四九——一一〇〇），字少游，又字太虛，高郵（今江蘇高郵）人。元豐進士，官至國史院編修，入元祐黨籍，著有《淮海居士集》。張耒（一〇五二——一一一二），字文潛，楚州淮陰（今江蘇靖江）人。熙寧進士，官至太常少卿，著有《宛丘先生文集》。陳師道（一〇五三——一一〇二），字履常，一字無已，號後山居士，彭城（今江蘇徐州）人。官至太學博士、秘書省正字，著有《後山居士集》。晁補之（一〇五三——一一一〇），字無咎，濟州鉅野（今山東鉅野）人。元豐進士，曾坐黨籍，官至禮部郎中兼國史編修，著有《雞肋集》。李廌（一〇五九——一一〇九），字方叔，華州（今陝西華縣）人，平生未仕，著有《濟南集》。這些人有的以詩稱世，有的以詞名家，但同時又都是優秀的古文家，以其傑出的創作成就，爲北宋詩文革新運動錦上添花。

上述諸人的古文創作，都受蘇軾的影響，但又各具特色。黃庭堅與蘇軾齊名，時稱「蘇黃」。洪炎評其文，以爲「天成性得，落筆巧妙」（《豫章先生文集序》），頗得蘇軾之趣。但他因詩名太大，文名遂爲詩名所掩。秦觀以詞名，然古文也很出色。明盛儀《嘉靖重刻淮海集序》羅列宋代諸家之評道：「嘗聞蘇長公（軾）謂李廌曰：『少游之文如美玉無瑕，琢磨之工，始未有出其右者。』張文潛則謂少游平生爲文甚多，而一一精好可傳。呂居禮則謂少游雖從東坡游，而其文乃自學西漢。刑和叔則謂少游之文如鐘鼎，然其體質重而簡易，其刻畫篆文，則後之鑄師竭力莫能彷彿。是非公文章之定品乎？」張耒詩文兼長，宋張表臣謂其文章「雄深雅健，纖穠瑰麗，無所不有」（《張右史文集序》）。明馬駉以爲張耒之文「雄健秀傑類子由，視長公混涵光鋩雖若不及，而謹嚴持正，自其所長」（《嘉靖本張文潛文集序》）。這裡應特別敘述的是李廌。他以布衣追隨蘇軾，詩文數量既富，質量又高，蘇軾十分推賞。宋人陳恬《李方叔文稿序》（《國朝二百家名賢文粹》卷一五九）稱其文章風格與蘇軾不同，曰：「世之人見方叔出入東坡先生之門，則遂以爲學其文且似之者，是大不然也。東坡公之文雄竣高簡，而優游自得，方叔之文紆餘委備，詳緩而典雅，斷然各爲一家之文，殊不相同也。」可見李廌文風頗近歐陽修、曾鞏。但這並不妨礙蘇軾對他的賞識。

宋初王禹偁曾提出使有宋文章「追還唐風」，孫何也曾大呼「無俾唐文，獨稱往昔」。經過數代人近一個半世紀的努力，他們的願望最終實現了，而且不僅僅是「追還唐風」，無論就理論建樹、作家隊伍的數量質量、創作實績或對後世的影響，「北宋的詩文革新運動」都是「中唐古文運動」所無法比擬的。

㈢有豐碩的文學作品

從整個北宋詩文革新運動的發展過程來看，蘇軾本身有豐碩的文學作品，且各體具備，足以發揮領導作用。蘇軾是中國文學史上無與倫比的全才，他的詩、詞、文、賦、書法、繪畫等，均屬一流。對於蘇軾的才華，就連他的政敵李定，也懷著妒忌心理嘖嘖稱讚說：「誠天下之奇才。」

蘇軾的散文約一千四百多篇。繼承了歐陽修的文風，建立了平易自然，婉轉流暢的風格。把說理、敘事、抒情鎔一爐而冶之，縱橫恣肆，雄豪博辯，「如萬斛泉源，不擇地皆可出。」成為當代及後世學者之楷模，被列為唐宋八大家之一。

蘇軾的詩約二千七百多首。皆有為而作，豪邁曠達，精警雄奇，題材廣闊，內容豐富，表現手法多幻多樣，意趣高妙悠遠，特別以「理趣化」的特徵，奠定宋詩新制的基型，史稱「蘇詩」。這是中國文學史上以姓氏命名詩歌的僅有的幾位作家之一。最早的是「屈賦」，而後有「陶詩」、「杜詩」、「韓詩」，再就是「蘇詩」，具有創新的貢獻。

蘇軾的詞約三百多闋。意境開擴，風格多樣，主張「以詩為詞」。把專門抒發私情的「小道」，提高到言志、言情的領域，既解放了詞體，也使詞獲得了新生命。劉熙載《藝概》說：「無意不可入，無事不可言。」被譽爲「一洗綺羅香澤之態」、「一新天下耳目」豪放派的創始人。其對傳統的婉約詞，則以其獨特的「雖可愛終可卑，雖可卑而終不可棄」的批判態度，予以「以詩爲詞」的加以改造，從而滌蕩了倚靡塵垢且適應時代革新的要求，形成南宋豪放愛國詞派的濫觴。

蘇軾的辭賦二十餘篇，數量雖不多，但藝術性相當高。他是中國文學史上「駢」「散」融匯的開拓者，其前後〈赤壁賦〉融寫景、抒情、哲理於一爐，語言精美錘煉，句式長短錯落，韻致自然疏朗，可謂冠蓋千古，舉世知名。成爲賦史上「變賦」的創始人。

蘇軾的寓言，是中國寓言發展史上自覺寓言創作的繼往開來者。他的寓言或穿挿詩文、或獨立成篇，在其「文理自然，姿態橫生」的散文中，倍感騰挪多姿，文采華茂，雄辯滔滔，警世醒俗，移情益智，靈活多樣，不拘一格的藝術集大成者。明袁中郎說：「余嘗說坡公一切雜文，圓融精妙，千古無匹，活祖師也。」這個評價，當然也包括了他的寓言創作在內。

蘇軾的書法和繪畫，是中國繪畫史上獨闢蹊徑，自成一家的大家。其眞跡遺墨，已成爲世界性的藝術瑰寶。從書法史看，中國古來最著名的書法家是顏眞卿、柳公權、歐陽詢、趙孟頫、蘇軾，他占有一席。有宋一代，則有蘇軾、黃庭堅、米芾、蔡襄，他更列四家中的首位。蘇軾的繪畫，常以枯木怪石警世，米芾於《畫史》嘗論其特性云：「子瞻作枯木，枝幹虬屈無端，石皴硬，亦怪怪奇奇無端，如其胸中盤鬱也。」他和其表兄文與可同爲湖州畫派的中堅。

總括來說，蘇軾在散文、詩、詞、寓言、書法、繪畫藝術投注畢生功力，有創新，有發展，這是歐陽修以前衆多先驅者們所未曾達到的藝術高度，對當代詩文革新運動產生了十分深遠的影響。

㈣兩點結論

蘇軾以詩文革新的精神，承繼了先驅們未竟的志願，刷新了記、序、跋、碑、銘、贊、誌、尺牘、小品、寓言、隨筆、詩、詞、繪畫、書法等各種文學藝術形式的面貌，在北宋詩文革新運動中取得巨大成就，緬懷既往，洞察當代，以下兩點，作爲本文的結論。

首先，是北宋詩文革新運動，作爲文學史上一次文學自身解放運動，它自始至終受到文學特質及其規律的影響，就其演進過程，可析爲「倡導」、「發展」和「完成」三大階段。歐陽修的理論和實踐成果，只能使他充當過程中的承前啓後，繼往開來的角色。他既不是理論的集大成者，更不可能是運動的完成者，而蘇軾卻在既有的基礎上，以飽經憂患、著作等身、多才多藝、曠世無雙的全能文士，爲北宋詩文革新運動的完成，綻放了奇葩。這是時代使然，也是他的品格使然！

其次，在「道」和「文」方面，蘇軾能打破傳統，獨創新詮，使他成爲北宋詩文革新運動中劃時代人物的標誌。他那待人寬厚，關心民瘼，剛直敢言，曠達自適，善處逆境，樂觀奮鬥等高尚品格，使他在北宋詩文革新運動中，成爲征服人心，領導群倫的重要資源。最終，並以他琳瑯滿目，豐富多采的作品，體現出運動的圓滿勝利，完成了北宋詩文革新運動的歷史使命。

五、蘇軾散文藝術

蘇軾是傑出的散文家，特別是在散文修辭藝術上的自然純熟，在八家中成就最高，對當時和後世影響也最大。他在〈文說〉中，自評寫作經驗時，說：

吾文如萬斛泉源，不擇地皆可出。在平地滔滔汩汩，雖一日千里無難。及其與山石曲折，隨物賦形，而不可知也；所可知者，常行於所當行，常止於不可不止，如是而已矣。其他，雖吾亦不能知也。

他這種深造自得，對寫作規律，和散文藝術的尊重，很值得我們探討和學習。李塗《文章精義》說：「韓如海、柳如泉、歐如瀾、蘇如瀚。」很能道出四家在散文藝術上的不同個性，所以與韓文的浩瀚恢宏，柳文的澄澈雋永，歐文的容與閑易相較，蘇文顯然是以奔騰傾注，波瀾層出見長。沈德潛說：「蘇軾之才，一瀉千里，純以氣勝。」如果把他的散文比作錢塘潮的奇觀壯采，筆者在此只是想攝取幾片飛舞的浪花。讀者倘能從中看到蘇軾散文藝術面貌的某些細節，就是筆者的願望了！

首先說明的是，本文的寫作，蓋立足於文學的角度，運用現代散文體裁的概念，就蘇軾作品中的賦、記、傳、銘、書簡、隨筆、祭文、雜著等多種文體加以觀察，又可以分爲敘事散文、抒情散文、議論散文、寫景散文、小品散文、雜文等，式樣之多，品類之全，衡諸前代作家，罕有其匹。以下根據研究所得，析論蘇軾的散文藝術：

(一)對蘇軾為文三變的體認

近人研究蘇軾散文者，往往從其散文特點加以概括，以為可以用「奇」「放」「遁」「變」「諧」五個字來詮釋。所謂「奇」，即不循常規常法，自闢蹊徑；所謂「放」，即文理自然，不受任何拘束；所謂「遁」，指脫困濟窘，不作違心之言；所謂「變」，指文如行雲流水，曲折多變；所謂「諧」，表達方式輕鬆、莊諧並陳。這五個字確能點明蘇軾為文的特點，但蘇文何以有此特點？欲作追根究柢之論，不可不體認其為文變化的過程。蘇軾在〈與姪論文書〉中云：

> 凡文字，少小時須令氣象崢嶸，彩色絢爛，漸老漸熟，乃造平淡。其實不是平淡，絢爛之極也。汝只見爺伯而今平淡，一向只學此樣，何不取舊日應舉時文字看，高下抑揚，如龍蛇捉不住，當且學此。

在這封給姪子蘇适的信中，自道創作經驗和歷程，論述自己為文，由絢爛歸於平淡的經過。正見蘇軾讀書與寫作，自少至老，凡經三變：少師其父蘇洵、初好賈誼、陸贄書，「論古今治亂，不為空言」，故其文汪洋恣肆，崢嶸絢爛。貶黃州副使後，讀《莊子》，得其「運斤成風」，「即物明理」的妙諦，喟然而歎：「吾昔有見於中，口未能言；今見《莊子》，得吾心矣。」是以「杜門深居，馳騁翰墨，如川之方至」，其文一變。晚年在儋州，讀釋氏書，深悟實相，所謂「楞嚴在床頭，妙偈時仰讀。」他掌握了禪宗的「當下即是」「看穿憂患」的思想，於是安貧樂賤，使他的作品由絢爛而歸於平淡，原有的機巧雄傑之氣，怨刺憤激之語，還時時流露於高曠超邁之中者，至此已盡化為觸處生春，浩然不見其涯涘了。他這時的散文，如清風明月，纖塵不染，表現出平淡自然，率眞純淨的特色。

蘇軾是一位才華橫溢，極富創造力的作家，他的散文作品雖然受到孔孟思想的沾溉，賈誼、陸贄的影響，韓愈、柳宗元、歐陽修的藝術滋潤，以及與老莊佛學結下不解之緣；但他卻善於以儒家思想爲根柢，繼承前賢的特點，融會莊釋的菁華，和個人圓通地應世接物經驗相結合。於是他以文學家的敏銳眼光，出入傳統，貫穿莊釋，努力地加以發展和創新，從而形成自己獨特的散文風格。這是蘇軾有別於北宋詩文革新派作家的顯著特點，也是蘇軾散文戛戛獨造之處。

㈡寄託深遠的意境

蘇軾散文藝術的顯著特點，首先是寄託深遠的意境。他慣於採用一系列的畫面，來展現特定的境界，表達特定的思想感情，並使二者密切結合，這是蘇軾散文創作的一種手法。清劉熙載說：「『遠想出宏域，高步超常倫』，文家具此能事，則遇困皆通，且不妨預設困境，以顯通之妙用也。大蘇文有之。」就是針對此一散文藝術特點說的。茲以蘇軾的議論文而言，他從來不就事論事，四平八穩的鋪陳，而是翻空出奇，以高人一籌的新穎題旨，使人警醒。試以〈留侯論〉言之，這雖然是他「氣象崢嶸，彩色絢爛」的早期作品；卻能提高文章命意，採取因小見大的構思，透過一層，深入一境，從一般人事中，揭示本質性的眞理，發掘出令人耳目一新的涵義。它首先寫道：

古之所謂豪傑之士者，必有過人之節。

開門見山，奇峰陡起，出人意表，接著就「過人之節」進行分析：

人情有所不能忍者，匹夫見辱，拔劍而起，挺身而鬥，此不足爲勇也；天下有大勇者，卒然臨之而不驚，無故加之而不怒，此其所挾持者甚大，而其志甚遠也。

正面提出衡量留侯的標準，接下去以匹夫之勇作反襯，然後轉入大勇之不輕易驚怒，隱含一個「忍」字，爲全文議論埋下伏筆，具有一種居高臨下的氣勢。以下趁勢就張良受書於黃石公，黃石公爲橋上取履還納之事，對張良「倨傲鮮腆而深折之」，以挫其少年剛銳之氣，培養其能忍小忿而就大謀，並對「且其意不在書」，作合理詮釋。下面又舉鄭伯和勾踐的例子，進一步論述張良在黃石公教育下，具備了這種過人之節，並使高帝劉邦在楚漢相爭中，取得了決定性勝利。最後，再就張良狀貌是「婦人女子，不稱其志氣」，說「此其所以爲子房歟！」以閑筆淡語作結，似與主題無關，其實仍不脫一個「忍」字，並暗與首段呼應，含蓄有餘味。

觀本文論證手法，或解說故事，或引證史實，或正反相比，從不同類型的史料，烘托出子房能忍的修養，層層推進，靈活多變。因爲一個人物的生平事跡浩如煙海，作者於此僅揀出與留侯張良事業成敗極具關鍵性的「忍」字，運用輻射性手法，攝取張良一生與此主題相關的素材，如「圯上受書」、「博浪襲秦」、「輔助劉邦」等幾個閃閃發光的鏡頭，把史實與傳統，記敘和議論，巧妙地加以串連，其間又時時以有破有立之筆，步步深入，雄辯有力。正由於他寄託深遠，高超絕倫，所以蘇軾的作品，不管是史論方面的〈樂毅論〉、〈韓非論〉、〈賈誼論〉，雜記方面的〈喜雨亭記〉、〈放鶴亭記〉、〈赤壁賦〉以及題跋中的〈書吳道子畫後〉、〈書蒲永昇畫後〉等，無一不是先立高處，提出理論，然後再據此分析具體事件，文筆縱橫而條理清晰，脈絡分明而穿插甚多，使特定的境界，與特定的思想情感，密切結合。這就是張伯行《唐宋八大家文鈔》中說的「無中生有之法」。運用此法，方可突破和超越實境、實證、實理之困擾，達成深化主題的意境。

㈢精煉生動的語言

蘇軾在散文語言方面的創新，頗富卓異成就。在蘇軾之前的散文家如文起八代的韓愈，在創作中成功的調配散文句式的長短和聲調的平仄，蘊藉著文章一種陽剛氣勢，富有錯綜抗墜之美的語言。奇峭的筆法，以峻潔、精麗、生動傳神的語言，與靈活多變的體裁，來進行說理、抒情、記遊。歐陽修善於「在虛字上斡旋」，以增強其散文的情感表現功能。蘇軾繼踵前修，在句式、音調、節奏上加以變化、協調，造成一種更具彈性、活潑的語言效果；在思想感情的表現上，達到了運用自如，無施不宜的境地。

蘇軾在語言的驅遣上，最突出的特點，首先是「精煉生動」，往往寥寥數語，就盡態極妍，形神畢肖，令人有力透紙背的感覺。此即劉勰所謂「瞻言而見貌，即字而知時」之意。例如〈後赤壁賦〉對捨舟登山一段的描繪：

> 予乃攝衣而上，履巉岩，披蒙茸，踞虎豹，登虬龍，攀棲鶻之危巢，俯馮夷之幽宮。

寫中夜山壑間蕭瑟寂冷情狀，眞有「狀難寫之景如在目前」的效果。使人心魂驚悸，愀然悲恐，凜然寒冽的感受。又如被貶黃州時，寫給他湖州的好友釋法言〈答言上人書〉，對黃州景色和生活的抒寫：

> 此間但有荒山大江，修竹古木；每飲村酒醉後，曳杖放腳，不知遠近，亦曠然天眞，與武林舊

遊，未易議優劣也。

三言兩語，寫出超然曠達，並與繁華秀麗的杭州相比，詞簡情眞，風致翩翩，自有其動人心弦處。

蘇軾散文語言的另一個特點，是「自鑄新詞」。往往在他心有所感時，迅速捕捉事物的形象，掌握其精闢傳神之處，加以刻劃，如〈前赤壁賦〉寫水氣橫浮之象時說：

白露橫江，水光接天。

清風徐來，水波不興。

又如應李公擇之請，爲他寫的藏書記。其中批評當世學子游手好閒，不肯讀書的歪風時說：

束書不觀，游談無根。

此外，我們現在還在使用的成語，有些大抵直接、間接來自蘇軾自鑄的新詞。如「水到渠成」「黃茅白葦」之見於〈答張文潛書〉。「成竹在胸」「獨言不懼」之見於〈墨君堂記〉。「以艱深文淺易」「行雲流水，初無定質」之見於〈答謝民師書〉。「匹夫而爲百世師，一言而爲天下法」之見於〈潮州韓文公廟碑〉。此不僅豐富了語言寶庫，抑且示人以綴詞造語之法。

蘇軾有些散文語言，文從字順，通俗易懂，十分「口語化」。例如元豐三年（西元一〇八〇年）九月，蘇軾爲給內弟王元直，介紹自己在黃州生活起居情況的信說：

黃州眞在井底。杳不聞鄉國信息，不審比日起居何如？郎娘各安否？此中凡百粗遣，江邊弄水挑菜，便過一日。每見一邸報，須數人下獄得罪。方朝廷綜核名實，雖才者猶不堪其任，況僕頑鈍如此，其廢棄固宜。但猶有少望，或聖恩許歸田里，得欵段一僕，與子衆丈、楊宗文之流，往來端草橋，夜還何村，與君對坐莊門，喫瓜子炒豆，不知當復有此日否？

在自責和希冀中，透露出一種憤慨不平的情緒，通篇字字本色，句句平易，家常瑣事，溫和婉轉，充溢著一種純眞自然之美。又如在元豐元年（西元一〇七八年）在徐州任上時，寫〈與鮮于子駿書三首之二〉中有云：

近卻頗作小詞，雖無柳七郎風味，亦自是一家。呵呵！數日前獵於郊外，所獲頗多。作得一闋，令東州壯士抵掌頓足而歌之，吹笛擊鼓以爲節，頗壯觀也。

運用口語，不勞經營，寥寥數筆，足以渲洩情意。

蘇軾善用「白描傳神」手法，來寫人寫景，往往著墨不多，神態活現。這是他散文語言中另一特點。寫人的如元豐四年（西元一〇八一年）在黃州寫的〈方山子傳〉，文中有：

余謫居於黃，過岐亭，適見焉。曰：嗚呼！此吾故人陳慥季常也，何爲而在此？方山子亦矍然問余所以至此者，余告之故。俯而不答，仰而笑，呼余宿其家。環堵蕭然，而妻子、奴婢皆有自得之意。

一個「嗚呼」，一個「矍然」，暗傳意外相逢的驚喜，「俯而不答」，「仰而笑」，道盡難言之隱及豪情壯志。再以「環堵蕭然」與「妻子奴婢皆有自得之色」，兩兩映觀，把方山子的精神面貌寫得十分突出。至於寫景方面如元豐六年（西元一〇八三年）十月十二日記至承天寺，尋張懷民夜遊。文云：

相與步於中庭，庭下如積水空明，水中藻荇交橫，蓋竹柏影也。何夜無月，何處無竹柏，但少閑人如吾兩人耳。

這是一篇用少到不能再少的八十四字，藉承天寺夜遊來渲染一種情調，一片心意，一股難言的苦衷。在沒有一個典故史實，一句難解的文字中，充分點綴了當時的所見所感，這種「白描傳神」的語言技巧，只有蘇軾驅遣自如，有意到筆隨之快！

四駢散相間的句式

蘇軾行文的另一個顯著的特點，是擅長鋪排。而駢文的語言藝術，就重在鋪排。但運用對仗鋪排，又往往傷於堆砌辭藻，轉折不靈。蘇軾在歐文平易的基礎上，更加自由灑脫，逸麗明暢。這既是他創造性地借鑑傳統文學語言的結果，也是他提煉汲取生動口語使然。在他繼承前人辭語中有生命力的部分，特別有效地運用古文家常採取的駢散相間，奇偶互用的句式，來造成文章雄放風格和自然氣勢。這不但在他的長篇大論中習見，在短篇小品中更是經常採用。在此也有幾種特點，可做分類說明。

首先是「駢散兼用」：清包世臣於《藝舟雙楫．文譜》說：「凝重多出於偶，流美多出於奇。體雖駢必有奇以振其氣，勢雖散必有偶以植其骨。」足證「駢散兼用」，即「凝重」與「流美」的結合。統觀蘇軾散文中的語言，有偏重於「流美」的：如於熙寧九年（西元一〇七六年）爲李公擇寫的藏書記。有云：

> 自秦、漢以來，作者益眾，紙與字畫日趨於簡便，而書益多，士莫不有；然學者益以苟簡，何哉？余猶及見老儒先生，自言其少時，欲求《史記》、《漢書》而不可得；幸而得之，皆手自書，日夜誦讀，惟恐不及。近歲市人轉相摹刻，諸子百家之書，日傳萬紙，學者之於書，多且

易致如此，其文詞學術，當倍蓰於昔人，而後生科舉之士，皆束書不觀，游談無根，此又何也？

這一節文字，通過句式長短的變化，連接詞與語氣詞的搭配；敘述句與詰問句的穿插；古之老師宿儒得書少而難但讀書勤苦，與今科舉之士得書多而易卻束書不觀，作一鮮明對比。使文情蕩逸多姿，曲折如意。有一唱三歎之「流美」。有偏重於「凝重的」，如元豐八年（西元一〇八五年）十一月七日在登州論述吳道子畫技高超時，說：

道子畫人物，如以燈取影，逆來順往，旁見側出，橫斜平直，各相乘除，得自然之數，不差毫末，出新意於法度之中，寄妙理於豪放之外，所謂游刃餘地，運斤成風，蓋古今一人而已！

這段文字以散句爲主，摻雜以偶句，抑揚頓挫，氣足神完。其本身就寫得「游刃餘地」，「運斤成風」，字烹句煉，得心應手，讀之琅琅有金石之聲。

其次，蘇軾爲文，尤擅以單行之氣，運排偶之詞，在整飾凝煉的排偶句中，一旦遇到散文長句，作破竹而下之勢時，便有山呼海立，石破天驚之力。如元祐七年（西元一〇九二年）三月應當時潮州知州王滌之請而寫的〈潮州韓文公廟碑〉，開宗明義對韓愈在學術、政治、文學各方面表現的才能和成就，作了高度評價和熱情的頌揚。這一節的文字，是：

匹夫而爲百世師，一言而爲天下法，是皆有以參天地之化，關盛衰之運。其生也有自來，其逝也有所爲。故申呂自岳降，傅說爲列星，古今所傳，不可誣也。……文起八代之衰，道濟天下之溺，忠犯人主之怒，而勇奪三軍之帥，此豈非參天地，關盛衰，浩然而獨存者乎！

細心玩味，他在排偶之間，夾用散句，使文章的結構急中帶緩，弛張得宜，造成起伏跌宕與回互不絕的節奏與力度，確能感受到「韓文如潮」的特點。所以《御選唐宋文醇》評云：「自始至末，無一懈怠；佳言格論，層見疊出。」足見蘇文以單行運排偶之句式結構。

(五)奇趣橫生的篇章結構

蘇轍在〈欒城先生遺言〉曾云：「子瞻之文奇，予文但穩耳。」宋孝宗於〈御制文集序〉中贊揚東坡的文章是「千匯萬狀，可喜可愕。」也指出了蘇軾爲文有「變化莫測，奇趣橫生」的特點。那麼，蘇軾散文的「奇趣」何在？我們可以從篇章結構方面見到端倪。

首先，是他善於選擇題材，提煉主題：宋人范溫《潛溪詩眼》曾說：「東坡作文，工於命意，必超然獨立於衆人之上。」例如官府中一座亭子，本屬尋常之物，久旱逢甘霖，在農村亦實屬平常之事。但蘇軾卻把兩者加以繫聯，藉它們寫出了憂民之憂，樂民之樂的高尚情懷。這正是他嘉祐六年（西元一〇六一年）十二月任鳳翔府簽判時寫的〈喜雨亭記〉，題小旨大，涉筆成趣，前段正敘，後段反問，互相映襯，道盡了喜雨之情，流露出作者對人民生活的深切關懷。《黠鼠賦》，更是一篇構思奇特的小賦。作者由一隻老鼠施行狡計得以逃脫這件小事，聯想到身爲萬物之靈的人類智慧有所不足，受黠鼠欺騙利用。從而說明一個道理，那就是因爲人們的麻痺大意，精力分散，因而得出「成功來自專心認眞，失敗源於懈怠疏忽」的結論，議論深刻，富有啓發性。且生動幽默，變化有致，有一波三折的筆觸。

其次，蘇軾散文往往工於變化，不落常套：他善於運用錯綜變化的筆法，使文章波瀾縱橫，惟我操持，惟我捭闔。在何薳《春渚紀聞》中引東坡語友人劉景文說：「某平生無快意事，惟作文章，意之所至，則筆力曲折，無不盡意，自謂世間樂事無逾此者。」此處不僅講到了他靈活多變的筆法，且兼指他文章的構思奇絕，不落常套。例如〈前赤壁賦〉，起筆文字從容舒緩，不疾不徐，同作者泛舟悠閑的心境完全合拍。接著，隨客人吹出如怨如慕如泣如訴的簫聲後，感情立即跌入了俯仰古今的悲涼，於是對現實人生的苦悶，全部浮現眼前。但作者卻又就眼前的水與月，提出「變」和「不變」的哲理，筆勢為之一振。最後，客人轉悲為喜，主客痛飲，消憂解愁，不知東方之既白，作為全文的尾聲。其波瀾起伏，變化莫測的筆觸，給讀者留下繞樑三日的餘韻！他這種工於變化，不落常套的作品很多，如飲譽士林的〈後赤壁賦〉、〈石鐘山記〉、〈凌虛臺記〉、〈超然臺記〉等，根據元王若虛《嘑南遺老集》的評述，認為都具有「莫可測其端倪」的特色。清劉大櫆《論文偶記》說：「讀古人文，於起、承、轉、接之間，覺者不可測識處，便是奇氣。」善用錯綜變化的筆法，來謀篇立意，這就是蘇軾散文的奇處。

蘇軾散文在篇章結構上的另一特點，是善用比喻，準確動人：蘇軾為文非常強調「傳神」。傳神而用比喻，正說明蘇軾抓住兩個事物相似之處，基於這個相似之處，將彼一事物來比喻此一事物。以達成用含有言外之意的語言，來寫出難言之景與難達之情，用蘇軾的話說，就是

妙在筆墨之外。

亦即用白描或比喻之法，巧於傳神。蘇軾有〈傳神記〉一文，講到畫人物像，只要把眼睛和顴頰畫得相似，其餘便「無不似者」，但又要注意人的「意思（指精神）所在」。有時在「頰上加三毛」，便

覺「精采殊勝」。以下舉〈卻鼠刀銘〉，看他準確鮮明的傳神情形。他寫貓的形像，云：

夫貓鷙禽，晝巡夜伺，拳腰弭耳，目不及顴，鬚搖乎穴，走赴如霧。

以拳比腰，以弭比耳，以霧的縹緲空虛比喻貓的身體輕盈，靜寂而敏捷的形態，眞是準確傳神。在元豐七年（西元一〇八四年）六月，蘇軾於黃州赴汝州途中，與兒子蘇邁乘舟夜行至石鐘山絕壁下的情景。是：

大石側立千尺，如猛獸奇鬼，森然欲搏人；而山上棲鶻，聞人聲亦驚起，磔磔雲霄間；又有若老人咳且笑於山谷中者，或曰：「此鸛鶴也。」余方心動欲還，而大聲發於水上，噌吰如鐘鼓不絕，舟人大恐。

作者用了極富動態感的比喩，大力渲染當時情景，以猛獸奇鬼之搏人，比大石千尺側立；以老人咳且笑於山谷中，比鸛鶴之引吭；以鐘鼓不絕之聲，比水石之撞擊，最後用「舟人大恐」作跳脫，突現一幅陰森逼人的境界。這樣的描寫很符合當時蘇軾父子心情，是十分傳神的作品。

還有一點，即「化實爲虛，以變濟窮」，也是蘇軾散文在篇章結構方面的藝術魅力。如此法驅遣得宜，可使文章波瀾層生，出人意表，其奇幻精警處，與老莊禪宗文字十分接近。清劉熙載《藝概》說：「東坡詩善於空諸所有，又善於無中生有，機括實自禪語中來。」蘇軾的文章亦復如此。宋李塗《文章精義》云：「莊子文章善用虛，以其虛而虛天下人之實；太史公文字善用實，以其實而實天下之虛。」又說：「子瞻文學莊子，入虛處似。」講的正是此一特點。例如於嘉祐八年（西元一〇六三年）爲鳳翔知府陳公弼寫的〈凌虛臺記〉，就是顯例。此篇行文的筆法，是先寫築臺，次寫臺名凌虛的由來，再寫臺主陳公弼請他作記，依次均一一破題，文意似乎已盡。不料，作者卻無中生有，從登高懷古，論及古今興廢之變，得出臺和人事都「不足恃以長久」的結論。他說：

> 物之廢興成毀，不可得而知也。昔者荒草野田，霜露之所蒙翳、狐虺之所竄伏。方是時，豈知有凌虛臺耶？廢興成毀，相尋於無窮；則臺之復爲荒草野田，皆不可知也。嘗試與公登臺而望：其東則秦穆之祈年、橐泉也；其南則漢武之長楊、五柞，而其北則隋之仁壽、唐之九成也。計其一時之盛，宏傑詭麗，堅固而不可動者，豈特百倍於臺而已哉？然而數世之後，欲求其彷彿，而破瓦頹垣，無復存者。既已化爲禾黍荊棘丘墟隴畝矣，而況於此臺歟？夫臺猶不足恃以長久，而況於人事之得喪，忽往而忽來者歟？

可見臺殿及人事既「不足恃以長久」，而足以恃者不在此。至此，作者要揭示的題旨不說自明。全文上半是實，下半是虛。由實入虛，化有爲無，文意愈出而愈不窮。筆墨淋漓而酣暢。充分體現出虛而爲盈，遇窮即變的藝術魅力。又蘇軾爲文慧大師應符寫的〈清風閣記〉，全用佛理運思生發。從浮屠之無己，說到大師不應有風有閣，也無須作記，進而說到生於山中的樹木，歸於深淵的流水，尚不得爲人所有，證明追不及的風，又如何能歸於大師。行文至此，作者筆鋒一轉，說：

> 世之所謂己有而不惑者，其與是奚辨？

大師爲何不能築閣，從而占有清風呢？文章先否定，後肯定，由虛入實，盡情生發，不僅含蓄而又潑辣，又莊中帶諧，饒富興味。

六、蘇軾在中國散文史上的地位和影響

蘇軾在中國散文史上是一位繼往開來和集大成的全能作家。雖然當時政治革新人物是王安石，但在文學上最具影響力的卻是蘇軾。蘇軾一生坎坷，而文學則是他傾注畢生精力並樂於從事的終身大業。其生前，門人遍及天下，死後有毀有譽。例如他於宋徽宗建中靖國元年（西元一一〇一年）七月廿八日逝世後，次年，即宋徽宗崇寧元年（西元一一〇二年）九月，蔡京發動黨禍，「籍元祐及元符末宰相文彥博等，侍從蘇軾等、餘官秦觀等、內臣張士良等、武臣王獻可等凡百有二十人，御書刻石端禮門。」同年十二月又下詔：「諸邪說詖行非先聖賢之書，及元祐學術政事，並勿施用。」崇寧二年四月詔：「毀刊行唐鑑，並三蘇、秦、黃等文集。」同年九月再詔：「宗室不得與元祐姦黨子孫爲婚姻，」「令天下監司長吏廳各立元祐姦黨碑。」不僅將蘇軾列入元祐姦黨碑，且詔毀其文集。政府禁令既如此嚴苛，而蘇氏文集流傳情形究竟如何？深入探討時，亦可略窺其在中國散文史上的地位和影響。

蘇軾散文在當時就有很大影響，南宋陸游《老學庵筆記》曾說：「建炎（南宋高宗年號）以來，尚蘇氏文章，學者翕然從之，而蜀士尤盛。亦有語曰：『蘇文熟，喫羊肉，蘇文生，喫菜羹。』」正見蘇軾文章在南宋影響之廣，以及文人學士對蘇文之重視程度。

時至金元，學者對蘇軾詩文的豪放超邁的格調，多有評論。元好問《歸潛志》曾載王若虛之言曰：

「東坡之文，具萬變而一以貫之者也；爲四六而無俳諧偶儷之弊；爲小詞而無脂粉纖豔之失；楚辭，則略依仿其步驟而不以奪機杼爲工；禪語，則姑爲談笑之資而不以窮葛籐爲勝。此其所以獨兼衆作，莫可端倪。而世或謂四六不精於汪藻，小詞不工於少游，禪語、楚辭不深於魯直，豈知東坡也哉！」王若虛反對俗士無識，將蘇軾與秦觀、黃庭堅作高下比較，認爲蘇軾是文中之龍，理妙萬物。許有壬於《至正集・懷坡樓記》云：「蘇文忠公文章在天地間，後世學者無所容喙。尙論其平生忠義而跡其出處，有不能不爲之浩歎者焉。」

明人學習蘇文掀起了新的高潮。此時，不僅學蘇詩，而且推崇蘇軾文章、人品，尤其把蘇文和科舉聯在一起。錢一清〈蘇長公合作序〉云：「長公之文，如太倉給粟，人得其飽。」則蘇文已成有明一代文士們的精神食糧。同時更多的有心人士還出版蘇軾選集，或評點，或評介，一時之間，佳評如潮。如王世貞於《弇州人續話・蘇長公外紀序》云：「今天下以四姓目文章大家，獨蘇公之作最爲便爽，而其所撰論策之類，於時爲最近；故操觚之士，鮮不習蘇公文者。」且明代評文，多以蘇文爲標準。湯賓尹〈蘇集序〉有云：「昔之以文海內外者，或品之曰，眉山再生。曰：宛然蘇家衣缽。」所以明人學蘇軾文章，多被其品格、精神所感動。李卓吾於《李溫陵集・復焦秣陵》云：「蘇長公何如人，故其文章自然驚天動地，世人不知，只以文章稱之，不知文章眞彼餘事耳，世未有其人不能卓立而能文章垂不朽者。」又在《續焚書・與焦弱侯》文中說：「平生心事宛然如見，如對長公披襟而語，朝夕共遊。」「《坡仙集》雖若太多，然不如是，無以盡見此公生平。心實愛此公，是以開卷便如與之面敘也。」李卓吾對蘇軾之道德文章，品格性情之嚮往，已到心神俱移，魂牽夢縈，朝夕難分的地步。公安三袁兄弟對蘇文的熱愛，已到「心有靈犀一點通」的境界了。袁宗道因慕白居易、蘇軾爲人，而以「白蘇」名齋。並說「伯修酷愛白蘇二公，而嗜長公尤甚。每下直輒焚香靜坐，命小奴伸紙，書二公閑適詩、或小文，或詩餘一二幅，倦則一篇而臥，皆山林會心語，近懶近放者也。」至於袁中道更偏愛東坡之小品小文。如他在《柯雪齋前集・答蔡觀察元履》書中曾說：「今東坡之可愛者，多其小文小說，其高文大册，人固不深愛也。使盡去之而猶存其高文大册，豈復有坡公者。」明文因小品文盛行，尤其公安派主張「獨抒情靈、不拘格套，」與蘇軾喜笑怒罵皆成文章的格調如出一轍。故晚明文士思想解放浪潮，也從蘇軾的釋老思想中獲得啓發，因而蘇文之影響於明代更爲突顯。

清代能文之士學習蘇文的熱情仍然不減。葉燮《原詩・內篇》云：「蘇軾之詩，其境界皆開闢古今所未有，天地萬物，嬉笑怒罵，無不鼓勵於毫端，而適如其意之所欲出。」又趙翼於《甌北詩話》中認爲：「昌黎之後，放翁之前，東坡自成一家，不可方物。」葉、趙所論雖以蘇詩爲主，其實蘇文又何獨不然！

蘇軾在學術文章上的造詣，不僅盛傳宋、金、元、明、清各代，成爲文人學士爲人、治學、寫作的典範，就是對蘇軾的高風亮節，處逆順變的曠懷，亦無不肅然起敬。根據史料顯示，蘇軾的學術文章，不僅受到國內歷代學界的肯定和讚譽，同時，更早已聲聞域外，受到友邦的關注。如宋哲宗元祐四年（西元一〇八九年），蘇轍啣命出使遼國，遼國國主及大臣向他問候蘇學士。蘇轍特爲〈神水館寄子瞻兄四絕〉以紀其盛，其第三首是：

誰將家集過幽都，逢見胡人問大蘇。

莫把文章動蠻貊，遼國談笑臥江湖。

蘇氏之文名不但聲震遼邦，遼國還爲他刊行了《大蘇小集》。

日本國學術界古來即重視蘇軾作品。根據民國七十八年（西元一九八九年）上海復旦大學教授王水照先生整理編印的《宋人所撰三蘇年譜彙刊》的〈前言〉考訂，在日本室町時代足利四代將軍義持當政之時，即相當於中國明代永樂十八年（西元一四二〇年），就手鈔有宋代何掄編的《眉陽三蘇先生年譜》一卷，現存「日本名古屋市蓬左文庫」。此書宋晁公武《郡齋讀書志》卷五上曾著錄，郎曄《經進東坡文集事略》卷一〈後杞菊賦序〉注文曾引「何掄《年譜》」。但此書國內久佚，不期在日本國尚藏有舊鈔本。足見日本學者對蘇軾及其作品的重視。至於現代日本學術界刻印《蘇軾全集》及《詩集》，和研究成果之豐碩，更是令人刮目相看。

近讀唐玲玲、周偉民撰寫，由台灣文史哲出版社印行的《蘇軾思想研究》載，德國科學家愛因斯坦的「相對論」，就是運用蘇軾〈日喩〉中「瞎子摸象」的寓言，來詮釋人們對「相對論」的理解。而且，他還引證蘇軾的〈題西林寺壁〉詩，來解釋他「廣義相對」的學說。尤其在講到「三度空間」時說：那就像中國宋朝大詩人蘇軾所說的「不識廬山眞面目，只緣身在此山中。」一位偉大的科學家，和一位距今千年左右的中國文學家，經過作品的接觸，激盪出一段不可思議的靈感火花，足見學術在別性中的共性關係。同時，蘇軾作品對世界之影響，於此可見一斑。

蘇軾文學成就是輝煌的，尤其在散文方面，不管是尺牘、雜記、題跋、寓言，甚而書畫藝術，都有創新、有發展，不但對北宋詩文革新運動的完成，起決定性的作用；就以他章法奇特，波瀾起伏，反覆跌宕，意趣不凡，引人入勝的散文來說，他正是我國散文史上對後代影響最大的作家之一。他那大量的作品，更永遠是我國文學寶庫中的珍品。

肆、選　讀

一、辭賦選讀

蘇軾現存賦二十多篇，數量雖不多，但均有特點。在全面評價蘇軾的文學成就及其在文學史上的地位時，對於他在辭賦方面的創新，是不容忽視的。

賦導源於楚辭，盛行於兩漢，晉宋之後，駢儷風行，雖於音韻對仗技巧方面有所建樹，但不少作品內容貧乏，詞采浮豔爲後人所薄。隋唐以詩賦取士，限韻限字，講究偶對，內容固無所取，形式也極呆滯，是謂「律賦」。

賦自中唐，出現散文化趨勢，牡牧的〈阿房宮賦〉已很明顯。不過這類作品不多，就連倡導古文運動的韓愈、柳宗元，他們作的這類文字大多還是騷體賦。時至宋代，出現了「文賦」。歐陽修集子中眞正算作文賦的只有〈秋聲賦〉。蘇軾的文賦要多一些。但在他的二十多篇賦作中，騷體和變騷體也佔多數。他還有一篇駢賦，即〈老饕賦〉。正因爲此時的散文賦還相當少，所以這類作品才顯得格外珍貴。

〈前赤壁賦〉是典型的文賦，〈後赤壁賦〉的散體程度還更高，基本上是散體單行。其餘像〈秋陽賦〉、〈黠鼠賦〉、〈天慶觀乳泉賦〉都是文賦。既是賦作，當然有韻，但不嚴格，也有對仗，但很自然。

蘇軾的賦作有一個特點，就是洋溢著一種「理趣」。他曾說「出新意於法度之中，寄妙理於豪放之外。」新意和妙理是蘇軾非常重視的，他的作品長於議論，探討人生哲理，有意而言，意盡而言止。比如〈前赤壁賦〉，在赤壁月夜的景物描寫之後，接著便借主客的回答，進行人生有限與無限的討論。客人說像曹孟德這樣的一世之雄尚且不能長久於世，何況我輩。我們只不過像朝生暮死的蜉蝣，滄海中的一粟，長生不老是無望的，只能羨慕長江的無窮，把悲怨訴諸簫聲。蘇軾不以爲然，他借水的流逝與月的盈虛爲譬，說明如果從變化的角度看，萬事萬物都沒有一瞬的止息；從不變的角度看，物與我都是無限的。主客的問答實際上是蘇軾內心的獨白。前一席話感嘆人生的短暫，是生命覺醒的悲哀；後一席話很超脫，是故作曠達，骨子裡仍然隱藏著人生空漠之感。

蘇軾的賦長於議論，善於進行哲理的探索。受老莊思想影響很深，帶有消極的出世色彩，發人深思。賦中的議論不純是枯燥的說教，常在生動的敘事描寫中展開，並帶有濃重的感情成分，是值得借鑑的。劉勰《文心雕龍・詮賦》篇說，賦須「麗詞雅義，符采相勝，如組織之品朱紫，畫繪之差玄黃。」在蘇軾以前的賦，或豔麗、或宏富、或壯采、或綺靡，大多對詞藻很講究。但蘇軾的賦卻不如此，他的賦文字樸實、清新，既沒有采麗競繁的風格。也不尙采繡浮巧、險怪奇譎；不追求人工雕琢的美，而追求一種自然的美。

蘇軾的賦有自己的特色，在內容和形式上對賦體文學都有所發展，這種發展的意義不在於延續古老陳舊的體裁，而在於標誌了賦體文學向散文詩發展的新方向。

前赤壁賦

首段寫月夜泛舟，領受美景之時，產生「羽化登仙」的超然之樂。

壬戌(一)之秋，七月既望(二)，蘇子(三)與客泛舟(四)游于赤壁之下。清風徐來，水波不興。舉酒屬客(五)，誦〈明月〉之詩(六)，歌〈窈窕〉之章(七)。少焉(八)，月出于東山之上，徘徊(九)于斗、牛(一〇)之間。白露橫江(一一)，水光接天。縱一葦之所如(一二)，凌萬頃之茫然(一三)。浩浩乎(一四)如馮虛御風(一五)，而不知其所止；飄飄乎如遺世獨立(一六)，羽化(一七)而登仙(一八)。

次段記述泛舟江心，飲酒放歌的情景。

于是飲酒樂甚，扣舷(一九)而歌之。歌曰：「桂棹兮蘭槳(二〇)，擊空明兮泝流光(二一)。渺渺兮予懷，望美人兮天一方(二二)。」客有吹洞簫者(二三)，倚歌(二四)而和之。其聲嗚嗚然(二五)，如怨如慕(二六)，如泣如訴，餘音嫋嫋(二七)，不絕如縷(二八)，舞幽壑之潛蛟，泣孤舟之嫠婦(二九)。

三段以主客問答方式，撫今追昔，暢述對人生及天地之感觸。

蘇子愀然(三〇)，正襟危坐(三一)而問客曰：「何為其然也(三二)？」客曰：「『明月星稀，烏鵲南飛(三三)』，此非曹孟德之詩乎？西望夏口(三四)，東望武昌(三五)，山川相繆(三六)，鬱乎蒼蒼(三七)，此非孟德之困于周郎者乎(三八)？方其破荊州(三九)，下江陵(四〇)，順流而東也，舳艫千里(四一)，旌旗蔽空，釃酒臨江(四二)，橫槊賦詩(四三)，固一世之雄也，而今安在哉？況吾與子漁樵于江渚之上(四四)，侶魚蝦而友麋鹿(四五)，駕一葉之扁舟，舉匏樽以相屬(46)，寄蜉蝣于天地(47)，渺滄海之一粟(48)。哀吾生之須臾(49)，羨長江之無窮。挾飛仙以遨游(50)，抱明月而長終(51)。知不可乎驟得(52)，托遺響于悲風(53)。」

蘇子曰：「客亦知夫水與月乎？逝者如斯(54)，而未嘗往也；盈虛者如彼，而卒莫消長也(55)。蓋將自其變者而觀之，則天地曾不能以一瞬(56)，自其不變者而觀之，則物與我皆無盡也，而又何羨乎！且夫天地之間，物各有主(57)；苟非吾之所有，雖一毫而莫取。惟江上之清風，與山間之明月，耳得之而爲聲，目遇之而成色，取之無禁，用之不竭，是造物者之無盡藏也(58)，而吾與子之所共適(59)。」

客喜而笑，洗盞更酌(60)，肴核(61)既盡，杯盤狼籍(62)。相與枕藉(63)乎舟中，不知東方之既白(64)。

四段蘇子借「水月」的「盈虛」爲喻，闡明天地的永恆，以及萬物與人生「受」與「不受」的關係。

末段以簡短的敘事，並轉悲爲樂，事事與前文相呼應作全文結尾。

【解題】

本文於宋神宗元豐五年（西元一〇八二年）貶官黃州三年後作，時蘇軾四十七歲。赤壁是三國時吳魏交兵的古戰場，故址在今湖北嘉魚縣東北，長江南岸。此處所指赤壁，乃今湖北黃岡的赤鼻磯，或以爲作者誤把黃岡赤壁當作嘉魚赤壁，其實他只是借赤壁之名來弔古抒懷而已。正如清人朱日濬〈赤壁懷古〉所說：「赤壁何須問出處，東坡本是借山川。」自「烏臺詩案」發生後，凡與蘇氏有過交往的親朋好友，此時絕大多數均形同陌路。因謫官而政治地位的急遽變化，又給生活上帶來了嚴重貧困，所謂「廩入既絕，人口不少」，雖然「痛自節儉」，在東坡「開墾種植」，但因這塊舊營地土質太差，加上連年荒旱，生計十分艱困。就在「親戚故人皆驚散」，「先生年來窮到骨」（〈密酒歌〉）的時候，東坡的思想感情，竟反映出原來就有而此刻更爲強烈的老莊哲學的曠達精神。這對於懷有政治抱負的蘇軾而言，固然可以作爲失意仕途後的暫時解脫，但亦不失爲對貶謫生活的一種反抗，和一個正直士大夫的氣節和高尚情節的表現。〈赤壁賦〉便是在這種時代背景和特定思想的脈動中孕育而生的作品。

作爲「賦」而言，它和歐陽修〈秋聲賦〉一樣，是一種變體，叫做「文賦」。其中有韻語、有駢句，更多的是散文成分。作者靈活運用了主客對話的手法，充分表達了自己思想感情的波折、掙扎與解脫的過程。文章揮灑自如，奔放豪邁，情、景、理水乳交融，景中含情、情中寓理，曲折起伏，由喜而悲、回悲而喜，喜中含悲，悲中見喜，堪稱千古佳篇。

【注釋】

㈠ **壬戌** 即宋神宗元豐五年（西元一〇八二年）。

㈡ **既望** 即陰曆的每月十六日。旣，盡、已過。望，陰曆的每月十五日。

㈢ **蘇子** 作者自稱。

㈣ **泛舟** 猶蕩舟，任船隨水漂流之意。

㈤ **舉酒屬客** 舉起酒杯，向客人敬酒。屬，音ㄓㄨˇ，勸酒之意。

㈥ **誦明月之詩** 言吟誦〈明月〉的詩篇。明月之詩，指《詩經・陳風・月出》篇。首章有「月出皎兮，佼人（按佼人即美人）僚兮，舒窈糾（按窈糾，即窈窕）兮」的詩句。也有的人認爲指曹操

〈短歌行〉，因爲其中有「明明如月，何時可掇」，和「月明星稀，烏鵲南飛」的詩句。

⑦ **歌窈窕之章**　言歌詠〈窈窕〉的樂章。窈窕之章，指《詩經・周南・關雎》，其首章有「窈窕淑女，君子好逑」之句。

⑧ **少焉**　一會兒。

⑨ **徘徊**　躊躇不前的樣子（這是把月亮擬人化的看法）。

⑩ **斗牛**　二星宿名，指二十八宿中的斗宿和牛宿。《蘇長公合作》卷一：「按日月望夜對行，以今曆法論之，七月之望，月在女虛。而坡老賦曰：『徘徊斗牛』，寫數百年前孟秋日猶在井鬼間耶？抑文人吟詠有不拘拘者耳？或曰：斗牛，吳越分野，指出東方言也。」清張爾岐《蒿庵閒話》卷二：「張如命云：東坡文字，亦有信筆亂寫處。……七月，日在鶉尾，望時，日月相對，月當在陬訾。斗牛二宿在星紀，相去甚遠，何緣徘徊其間？坡公於象緯未嘗留心，臨文乘快，不復深考耳。」（按鶉尾、陬訾、星紀，皆星次名。）

⑪ **白露橫江**　指白茫茫的水氣橫亙在江面。這句是寫初秋江景。露，水氣。

⑫ **縱一葦之所如**　是說任憑小船在無際的江面漂蕩。此承前「泛舟」爲說。縱，聽任。一葦，比喻船小，所如，所去之處。如，往、到。《詩經・衛風・河廣》：「誰謂河廣，一葦杭（同航）之。」

⑬ **淩萬頃之茫然**　意爲小船超越那茫無邊際的萬頃江面。淩，越過。萬頃，形容江面廣闊。茫然，比喻江面煙波迷茫。

㈣ **浩浩乎**　水勢盛大的樣子。

㈤ **如馮虛御風**　像騰空駕風而行。馮（音ㄆㄥˊ），通憑，依託。虛，太空。御，駕、乘。《莊子・逍遙游》：「列子御風而行。」

㈥ **遺世獨立**　言離開人世，無牽無掛。遺世，離開人世。獨立，獨身無依。

㈦ **羽化**　道家語，指成仙。葛洪《抱朴子・對俗》：「古之得僊者，或身生羽翼，變化飛行。」

㈧ **登仙**　飛升到仙境。

㈨ **扣舷**　敲擊船邊，有按歌打拍之意。舷，船邊。

⒇ **桂棹兮蘭槳**　言以桂木做的棹啊，木蘭做的槳。棹，音ㄓㄠˋ，同櫂。古代搖船的工具，長的稱「棹」，短的稱「槳」。兮，助詞，啊。

㉑ **擊空明兮泝流光**　言船槳擊打著清澈的江水啊，船在月光浮動著的水面逆流而上。空明，月光照耀下，明淨若空的江面。泝，同溯，逆流而上。流光，江面上流動的月光。曹植〈七哀〉詩：「明月照高樓，流光正徘徊。」

㉒ **渺渺兮予懷二句**　言我心中懷念著遙遠的地方，思慕的美人啊，卻在天的那一方。渺渺，悠遠。美人，指自己思慕的人，古代詩文中常用來比喻明君，此處或指宋神宗。況周頤《蕙風詞話》卷四載宋人劉將孫讀此二句的斷句，是：「渺渺兮予懷望，美人兮天一方。」可備一說。

㉓ **客有吹洞簫者**　客，指楊世昌。世昌，字子京，綿州武都山道士。趙翼《陔餘叢考》卷二十四〈赤壁賦洞簫客〉條：「東坡〈赤壁賦〉。『客有吹洞簫者。』不著姓字。吳匏若（即明吳文定，字

原博）有詩云：『西飛一鶴去何祥？有客吹簫楊世昌，當日賦成誰與註？數行刻識舊曾藏。』據此則知客乃楊世昌。」洞簫，指單管直吹的簫。

㉔ **倚歌**　按照詩歌的曲調。倚，按，隨。

㉕ **嗚嗚然**　形容簫聲的呑吐、凄涼。嗚嗚，摹聲詞。

㉖ **如怨如慕**　言好像在怨恨，又像在思慕。

㉗ **嫋嫋**　形容聲音婉轉繚繞。嫋，裊的異體字。

㉘ **不絕如縷**　言餘音不斷，宛如細絲一般。縷，細絲。

㉙ **舞幽壑之潛蛟二句**　寫簫聲的悠揚動人，使潛伏在深淵裡的蛟龍飛舞，在孤舟上的寡婦哭泣。舞，使之起舞。幽壑，深淵。泣，使之哭泣。嫠婦，寡婦。

㉚ **愀然**　憂愁不樂的樣子。

㉛ **正襟危坐**　言整飭衣襟，端身正坐。成語，出自《史記・日者列傳》。

㉜ **何爲其然也**　言（簫聲）爲什麼如此悲涼呢？此照應上文，開啓下文的句法。

㉝ **月明星稀二句**　此曹操〈短歌行〉裡的詩句。援引曹操的詩句，寄寓憂鬱之情。

㉞ **夏口**　城名，故址在今武漢市蛇山上，三國吳黃武二年（西元二二三年），孫權築城於黃鵠山（今湖北省武漢市蛇山），城與夏口（對岸即漢水入江處）相對，故名。

㉟ **武昌**　今湖北省鄂城縣。吳主孫權在建安二十五年（西元二二〇年）自公安遷都於此，吳末帝孫皓於甘露元年（西元二六五年）復自建業遷都於此。

㊱ **山川相繆** 言山環水複，互相繚繞，繆，通繚，音ㄌㄠˊ，連結、盤繞之意。

㊲ **鬱乎蒼蒼** 形容草木茂盛，蔥鬱蒼翠。鬱乎，茂盛。蒼蒼，深青色。

㊳ **此非曹孟德之困於周郎者乎** 這不是當年曹孟德為周郎所困的地方嗎？含有追溯曹操被困，反映自身遭遇之意。周郎，指周瑜，《三國志・吳書・周瑜傳》：「瑜時年二十四，吳中皆呼為周郎。」建安十三年（西元二〇八年），周瑜年二十三歲，當時曹操繼破袁紹，統一北方之後，乘勢南下，追擊劉備，威逼東吳。東吳聯劉拒曹，周瑜用黃蓋詐降計，施行火攻，一舉擊潰曹軍八十萬人馬，這就是有名的「赤壁之戰」。

㊴ **破荊州** 漢獻帝建安十三年（西元二〇八年）七月，曹操向南方進軍，八月荊州牧劉表逝世，九月表子劉琮以荊州降曹操。荊州，現屬湖北、湖南一帶地區。

㊵ **下江陵** 操得荊州後，又於今湖北省當陽縣長坂擊敗劉備，攻下江陵（今湖北江陵縣）。

㊶ **舳艫千里** 言戰船首尾相連，千里不斷。《漢書・武帝紀》：「舳艫千里，薄樅陽而出。」王先謙補注引錢大昭說：「漢律各船方長為舳艫，舳，一曰船尾，艫，一曰船頭。」

㊷ **釃酒臨江** 面對大江，斟酒痛飲。釃，音[illegible]，釃酒，原作濾酒，在此作斟酒解。臨，面對。

㊸ **橫槊賦詩** 橫握長矛，口賦詩篇。元稹〈唐故檢校工部員外部杜君（杜甫）墓誌銘並序〉：「曹氏父子鞍馬間為文，往往橫槊賦詩。」槊，長矛。賦詩，作詩。

㊹ **漁樵于江渚之上** 是說在江中小洲上打魚砍柴。漁樵，打魚砍柴。江渚，江中小洲。

㊺ **侶魚蝦而友麋鹿** 言與魚蝦作伴，同麋鹿為友。侶，以……為伴。麋，鹿的一種。

（四六）**舉匏樽以相屬**　言舉起匏瓜做的酒杯來相互勸酒。匏樽，用匏瓜（葫蘆）外殼製成的酒器，在此借指酒杯。相屬，相互勸酒。

（四七）**寄蜉蝣于天地**　是說人生的短促，像蜉蝣那樣短暫地寄生於天地之間。蜉蝣，朝生暮死的小蟲。此句喻生命短暫。郭璞〈游仙〉：「借問蜉蝣輩，安知龜鶴年。」

（四八）**渺滄海之一粟**　是說人生的渺小，像大海裡的一粒細米。滄海，大海。粟，小米。徐昂《文談》：「『一粟』與『滄海』何涉？『渺太倉之一粟』或『渺滄海之一勺』皆可，是或坡公隨筆而未之審，或傳寫有舛耳。」觀蘇軾〈送頓起〉詩有「大海浮一粟」，知非傳寫之誤。今「滄海一粟」已爲成語。

（四九）**須臾**　片刻、一會兒。

（五〇）**挾飛仙以遨游**　是說和飛行於空中的神仙倚伴遊玩。挾，夾持，挈帶。遨，遊玩。

（五一）**長終**　謂與日月長相終始，即與日月永存。

（五二）**驟得**　輕易得到，或輕易實現。驟，急速，在此有「輕易」之意。

（五三）**托遺響于悲風**　言只好借著簫聲，把我內心幽怨的情感，隨著悲涼的秋風散發出來。托，寄託。遺響，遺音，餘音，指簫聲。

（五四）**逝者如斯**　指江水總是這樣不斷地流動。《論語・子罕》：「子在川上曰：逝者如斯夫，不舍晝夜。」斯，代名詞，在此指江水。

（五五）**盈虛者如彼二句**　言時圓時缺的月亮，像那樣不斷地變化，卻到底沒有一點增減。盈，滿。虛，缺。彼，那個，指月亮。卒，到底。消長，消滅和增長。

(五六) **蓋將自其變者而觀之二句**　是說若從其變化的角度觀察，那麼天地間的事物，連一眨眼的工夫都不能保持原樣不變。蓋，句首助詞，蓋將，假設語氣。變，變化。曾，竟然，簡直。以，作「於」解。一瞬，一眨眼間。宋吳氏《林下偶談》中〈坡賦祖莊子〉條：「《莊子・內篇・德充符》云：『自其異者視之，肝膽楚越也；自其同者視之，萬物皆一也。』東坡〈赤壁賦〉云：『蓋將自其變者觀之，則天地曾不能以一瞬，自其不變者觀之，則物與我皆無盡也，而又何羨乎？』蓋用莊子語意。」

(五七) **物各有主**　指世間萬物各有其主宰。

(五八) **是造物者之無盡藏也**　是說這是自然界無窮無盡的寶藏。造物者，指大自然。無盡藏，無窮無盡的寶藏。佛家語，原指佛法無邊，如「無盡藏海」（像海包羅萬有一樣）。

(五九) **共適**　一起享受。適，舒適，引申爲享受。今存明代項子京家藏蘇軾墨跡本寫作「共食」。黃州東坡赤壁酹江亭保存的康熙皇帝臨趙松雪書〈赤壁賦〉石刻，亦作「共食」。清人李承淵爲求要堂校刊《古文辭類纂》作〈校記〉言：「劉海峰先生選本引《朱子語類》，曾見東坡手書此賦，『適』作『食』。門人問『食』字何義？朱子曰：『只如食邑之食，猶言享也』。劉先生又引明人婁子柔曰：『佛經有風爲耳之所食，色爲目之所食』語，東坡蓋用佛典云。」

(六〇) **洗盞更酌**　洗杯重飲。盞，淺而小的杯子，這裡指酒杯。更酌，重新斟酌。

(六一) **肴核**　菜肴和果品。

(六二) **狼籍**　縱橫雜亂的樣子。《史記·滑稽列傳》載淳于髡語：「日暮酒闌，合尊促坐，男女同席，履舄交錯。杯盤狼籍，堂上燭滅。」狼籍，同狼藉。

(六三) **枕藉**　縱橫相枕而臥。枕藉，本作枕頭、墊褥，此處作動詞用。

(六四) **既白**　天色已經發白。宋史繩祖《學齋佔畢》卷二：「至於〈前赤壁賦〉尾段一節，自『惟江上之清風，與山間之明月』，至『相與枕藉乎舟中，不知東方之既白』，卻只是用李白『清風明月不用一錢買，玉山自倒非人推』（〈襄陽歌〉，原詩爲『清風明月』一聯），十六字變成七十九字，愈奇妙也。」（見《學津討源》本），此說又見清沈兆澐《篷窗附錄》卷上。

【賞析】

本文在結構布局方面，可分五段；按其感情發展的脈絡，又可分作三個相互聯繫的部分。「壬戌之秋，七月既望」，到「羽化而登仙」，爲第一段。入筆即點時間、人物和出遊地點。先以「清風」、「明月」渲染江面景色，繼而用「清風徐來，水波不興」之安祥，推進一層「舉酒屬客」，秋夕吟誦之雅興；再由「白露橫江，水光接天」的長空一碧，又推進一層，使作者陷入「遺世獨立，羽化登仙」的人生極樂。且作者寫江上的清風明月，不僅爲泛舟遨遊提供幽美的風景線，而且對後文的議論而言，也維繫了全文發展的線索。

第二段是借歌抒懷。其中歌詞，恰如一支序曲，「桂棹兮蘭槳，擊空明兮泝流光。渺渺兮予懷，望美人兮天一方」，歌中的「泝」、「渺渺」、「望美人兮天一方」，皆含有徬徨、迷離、期待之意，寄託深遠，是蘇軾感情發展的一大波瀾。

第三段由客人的簫聲，引出宇宙人生觀的大議論，這是本篇的主題。文中的主客對話，實是作者自問自答，揭開宇宙無窮，人生渺小的眞象。一種壯志未酬的頹喪，充塞於字裡行間，使原本渲染的秋夕雅詠的詩興，到此驟然低落，這是蘇軾感情發展上的又一大波瀾。

第四段以「流水」、「明月」爲例，闡述了人生的「變」與「不變」之理。並以莊子「等生死」、「齊壽夭」的說法，爲自己找到一個有力支持和超脫的力量。在蘇軾聊以自慰的同時，一方面回應前文的「風」、「月」線索，另一方面對「江上之清風，山間之明月，可得之而爲聲，目遇之而成色，取之無禁，用之不竭」，大自然給予人類共同的享受而與世無爭，作出隨緣自適，消極順應的態度。這種看到宇宙無盡，人生亦有永恆的曠達精神，來支持著仕途坎坷的蘇軾，使他化悲痛爲積極，這是蘇軾感情發展的最後一個波瀾。

收尾一段，看似轉悲爲樂，實際上是以醉與夢來掩飾難以排遣的苦悶。文中「客喜而笑」，正是主人由「悲而泣」的影射。末句「相與枕藉乎舟中，不知東方之旣白」的放縱情態，又是象徵他豪情奔放的一面。

宋神宗元豐二年（西元一〇七九年），御史李定等新黨人物，摘集蘇軾諷刺新法的詩句，以譏諷朝政的罪名，將他逮捕入獄。蘇軾獲釋後，被貶黃州，這時他生活窘迫，沒有自由，所以他在〈送沈逵赴廣南〉的詩中說：「我謫黃州四五年，孤舟出沒煙波裡，故人不復通問訊，疾病飢寒疑死矣！」他在政治上失意，思想上苦悶的情況下，寄情詩酒，放浪山水，作泛舟赤壁之遊，寫下了這篇不朽的文賦。

寫景、抒情、議論熔一爐而冶之，是本文顯著的藝術特點。開始時，雖然側重寫景，但「一切景語皆情語」（王國維《人間詞話》語），不過，他那幽情妙理，借追述歷史陳跡，緬懷歷史人物，緣情生景，理從事出，深入淺出，通俗易懂。而且不論抒情說理，步步不離江上的風光和赤壁故事，使景、情、理融爲一體，給人由淺入深，乘實追虛的感染和啓發。

靈活採用詩賦傳統的對話手法，主客問答，解疑發蒙，充分表現作者感情的起伏和複雜心理矛盾的變化過程之外，在筆法上，論人論事，務實求新，寫人寫物，重在傳神，縱橫捭闔，變幻多姿。在結構上，或敘或論，或賦或比，無拘無束，章法平穩、開闔自然。在文字上，語言圓融，流轉自然，光華奪目，其錘煉之精工，已達爐火純青的地步。在聲韻上，其於舖采摛物，體物寫志的同時，或文或筆，純以散體行氣，以詩爲文。既是一篇傑出的抒情散文賦，又是一首優美的散文詩。感情飽滿，一氣呵成，哲理深厚，意境優美，富有濃鬱的詩情畫意，確爲古今文賦中特色獨具的佳作。

後赤壁賦㈠

首段點出重遊赤壁之時間、人物與初冬夜景。

是歲㈡十月之望，步自雪堂㈢，將歸于臨皋㈣。二客從予，過黃泥之坂㈤。霜露既降，木葉盡脫，人影在地，仰見明月。顧而樂之㈥，行歌相答㈦。

次段寫重遊赤壁前，在物質、精神兩方面的準備。

已而㈧嘆曰：「有客無酒，有酒無肴；月白風清，如此良夜何？」客曰：「今者薄暮㈨，舉網得魚，巨口細鱗，狀似松江之鱸㈩。顧安所得酒乎⑪？」歸而謀諸婦⑫。婦曰：「我有斗酒，藏之久矣。以待子不時之須⑬。」

三段寫登山及歸舟的情景。

于是攜酒與魚，復游⑭于赤壁之下。江流有聲，斷岸⑮千尺，山高月小⑯，水落石出。曾日月之幾何⑰，而江山不可復識矣。予乃攝衣⑱而上，履巉岩⑲，披蒙茸⑳，踞虎豹㉑，登虬龍㉒，攀棲鶻之危巢㉓，俯馮夷之幽宮。蓋㉔二客不能從焉。劃然長嘯㉕，草木震動，山鳴谷應㉖，風起水涌。予亦悄然㉗而悲，肅然㉘而恐，凜乎其不可留也㉙。返而登舟，放乎中流㉚，聽其所止而休焉㉛。時夜將半，四顧寂寥㉜。適有孤鶴㉝，橫江東來。翅如車輪，玄裳縞衣㉞，戛然㉟長鳴，掠㊱予舟而西也。

末段寫作者重遊赤壁歸來後，夢見道士化鶴，

須臾客去，予亦就睡。夢一道士，羽衣蹁仙㊲，過臨皋之下，揖予㊳而言曰：「赤壁之游樂乎？」問其姓名，俯而不答。嗚呼噫嘻㊴！我知之矣。疇昔之

夜[40]，飛鳴而過我[41]者，非子也耶[42]？道士顧笑，予亦驚悟[43]。開戶視之，不見其處。

感嘆不已之情。

【解題】

宋神宗元豐五年（西元一〇八二年）初秋七月，蘇軾初遊赤壁，寫下了名作〈前赤壁賦〉，時隔三月，又重遊黃岡赤壁，寫下了這篇〈後赤壁賦〉，舊地重遊，一樣風月，兩種境界。金聖嘆在《天下才子必讀書》裡評論說：「若無後賦，前賦不明；若無前賦，後賦無謂。」二賦雖然同爲文賦，同賦赤壁，但各有各的特色。

前賦寫秋夜泛舟江上，月白風清，流波萬頃，作者見美景而生議論，在字字秋光裡，表現出他那曠達情懷。後賦寫作者冬夜登山，江上泛舟的見聞感受。在那「霜露既降，木葉盡脫」，句句冬景中，作此利用虛幻的夢境，表現他超塵出世以求解脫的思想。前賦環境恬靜明朗，後賦氣氛寂寥冷落。前賦主要談玄說理，後賦側重敘事寫景。儲欣在《唐宋八大家類選》裡說：「前賦設爲問答，此賦不過寫景敘事。而寄託之意，悠然言外者，與前賦初不殊也。」

從布局看，本賦從遊前準備寫到出遊，又由出遊寫到夢境。作者的感情也由舒暢歡樂到寥落悲恐，再轉換爲超軼虛幻。前半由無到有，由無酒無餚，到有酒有餚，由歸家到漫遊，經歷一番奇險之境，又遇橫江之孤鶴，誘發其心境由樂轉悲的變化，這是實寫。最後轉實爲虛，酒、餚、悲、喜及經歷的各種考驗之境，皆如雲煙過眼，驚悟之後，眼前只是一片空闊。故明人李贄說：「靈空奇幻，筆筆欲仙。」

（見《蘇長公合作》卷一引）寄託之意，悠然見於言外。元人虞集也說：「陸士衡云：『賦體物而瀏亮』，坡公〈前赤壁賦〉已曲盡其妙，〈後賦〉尤精於體物，如『山高月小，水落石出』，皆天然句法。末用道士仙鶴之事，尤出人意表。」（見《三蘇文範》卷十六引）。文思騰湧，聯想翩躚，幽情妙理，隨文畢現，是具有形散神凝藝術的一篇文章。

【注釋】

㈠ **後赤壁賦** 作者寫〈前赤壁賦〉三個月後，重遊赤壁，寫下了這篇文賦，所以稱〈後赤壁賦〉。後，是承前賦為說的。

㈡ **是歲** 這一年，即宋神宗元豐五年（西元一〇八二年）壬戌。

㈢ **步自雪堂** 從雪堂步行。步自，從……出發。雪堂，蘇軾謫居黃州，在東坡建屋五間，室因大雪時建成，室內四壁，畫有雪景，故名雪堂。

㈣ **臨皋** 亭名。在今湖北省黃岡縣南，長江之旁，蘇軾謫居黃州時曾寄寓於此。

㈤ **黃泥之坂** 是由雪堂去臨皋亭的必經之路。坂，音ㄅㄢˇ，「阪」的異體字，斜坡。蘇軾〈黃泥坂詞〉：「出臨皋而東騖兮，並叢祠而北轉。走雪堂之坡陀兮，歷黃泥之長坂。大江洶以左繚兮，渺雲濤之舒卷。」

㈥ **顧而樂之** 言環視周遭景色，覺得非常快樂。

㈦ **行歌相答** 即邊走邊唱，相互酬答。

(八) **已而** 不久、過了一會兒。

(九) **薄暮** 傍晚。薄，迫近。

(一〇) **松江之鱸** 指松江產的鱸魚。松江，即流經今江蘇省上海一帶的吳淞江，又叫蘇州河。盛產四鰓鱸，長五六寸，味甚鮮美。《神仙傳》云：「松江出好鱸魚，味異他處。」

(一一) **顧安所得酒乎** 但從哪兒弄到酒呢？顧，轉折詞，作但是解。安所，從甚麼地方。

(一二) **謀諸婦** 和妻子商量。諸，之於。

(一三) **以待子不時之須** 是說等著您隨時的需要。子，您，古時男子的美稱或通稱。不時之須，隨時的需要。

(一四) **復遊** 這年七月蘇軾曾遊赤壁，見〈前赤壁賦〉，此次是再度遊覽，故曰「復遊」。

(一五) **斷岸** 陡峭的崖壁。蘇軾〈與范子豐書〉：「黃州少西，山麓陡入江中。」

(一六) **山高月小二句** 前句化用杜甫「關山月一點」意（見《蘇長公合作》卷一），後句化用歐陽修「水落而石出」語（見〈醉翁亭記〉），這二句向爲讀者所激賞。虞集云：「『山高月小，水落石出』，皆天然句法」（見《三蘇文範》卷十六引）。李九我云：「玩『山高』二句，語自天巧。」（見《蘇長公合作》卷一引）

(一七) **曾日月之幾何** 言只不過隔了些時日啊！曾，才、剛剛。

(一八) **攝衣** 撩起衣服的下擺。攝，曳拉、提起。

(一九) **履巉岩** 踏著險峻的山岩。履，踐踏、登上。

⑳ **披蒙茸**　撥開稠密繁茂的雜草。披，分開。蒙茸，叢生的雜草。

㉑ **踞虎豹**　蹲坐在像虎豹般的石頭上。踞，蹲、坐。虎豹，指形如虎豹般的石頭。

㉒ **登虬龍**　攀著像虬龍般盤曲的樹木。虬龍，《楚辭・天問》：「焉有虬龍，負熊以遊。」注：「有角曰龍，無角曰虬。」在此比喻盤曲如虬龍的樹木。

㉓ **攀棲鶻之危巢二句**　言最高處我攀到棲著鶻鳥的高巢，最低處我低頭看到水神馮夷的深宮。棲，同栖，音ㄑㄧ，宿息，睡著。鶻，音ㄏㄨˊ，鷹類，凶猛的鳥。危巢，築在懸崖高處的鳥窠。俯，低頭看著。馮夷，水神名，即河伯。幽宮，深宮，此處指江水。

㉔ **蓋**　連接詞，有提振下文的作用。

㉕ **劃然長嘯**　是說我高聲長嘯。劃然，摹聲詞，形容長嘯。嘯，撮口而呼，以發抒胸中憤懣之氣。

㉖ **山鳴谷應二句**　言群山齊鳴，萬谷響應；大風颳起，江水洶湧。《蘇長公合作》奏一有云：此皆「眼前景，一經道破，便似宇宙今日始開。只『山高月小，水落石出』，『山鳴谷應，風起雲湧』十六字，試讀之，占幾許風景。」

㉗ **悄然**　憂愁的樣子。《詩經・邶風・柏舟》：「憂心悄悄。」朱熹注：「悄悄，憂貌。」

㉘ **肅然**　因恐懼而斂容的樣子。

㉙ **凜乎其不可留也**　言感到害怕，不敢久留。凜，音ㄌㄧㄣˇ，凜乎，恐懼的樣子。

㉚ **放乎中流**　放船到江心。放，縱、放任。中流，江中心。

㉛ **聽其所止而休焉**　任憑它漂到那裡，就在那裡休息。

㉜ **寂寥**　寂靜空蕩，冷冷清清。

㉝ **孤鶴**　《施注蘇詩》卷二十〈次韻孔毅父久旱已而甚雨三首〉注引蘇軾〈爲楊道士書一帖〉云：「十月十五日夜，與楊道士（即楊世昌）泛舟赤壁，飲醉，夜半，有一鶴自江南來，翅如車輪，嘎然長鳴，掠余舟而西，不知其爲何祥也？」

㉞ **玄裳縞衣**　黑色的下裙，白色的上衣。因鶴毛潔白，羽尾黑色，故有此喻。玄，黑色。裳，下裙。縞，白色的絲織上衣。

㉟ **戛然**　形容尖利的鶴鳴聲。

㊱ **掠**　擦過。

㊲ **羽衣蹁仙**　穿著用羽毛織成的衣裳，輕盈飄逸。羽衣，道士所服。《漢書・郊祀志》顏師古注：「羽衣，以鳥羽爲衣，取其神僊飛翔之意。」蹁仙，一作蹁躚，音ㄆㄧㄢˊ ㄒㄧㄢ，輕快飄舉之貌。

㊳ **揖予**　向我拱手施禮。

㊴ **嗚呼噫嘻**　感嘆詞。

㊵ **疇昔之夜**　昨夜。《禮記・檀弓上》：「予疇昔之夜，夢坐奠於兩楹之間。」陳澔注：「疇，發語詞。昔之夜，猶言昨夜也。」胡仔《苕溪漁隱叢話後集》以爲：賦中寫鶴化道士的故事，係用唐明皇獵鶴的典故。傳說，明皇在重陽節打獵，射中一鶴，鶴帶箭飛往西南。山中有一道觀，有一道士每年來觀三四次，一日持箭而至，對觀中人說，射箭者兩年後必來此觀，到時請將箭還他。兩年後，唐明皇果然駕到，他看到箭上日期，方知兩年前射之鶴乃道士所變。

㊶ **過我**　從我這裡經過。

㊷ **非子也耶**　不是你嗎？

㊸ **驚悟**　驚醒若有所悟。《歷代詩餘》卷一一五引《清夜錄》云：「東萊先生謂〈後赤壁賦〉結尾用韓文公〈石鼎聯句〉敘彌明意，兪文豹謂不然。蓋彌明眞異人，文公紀其實也，與此不同。東坡先生貫通內典，嘗賦〈西江月〉詞云：『休言萬事轉頭空，未轉頭時皆夢。』赤壁之遊，樂則樂矣，轉眼之間，其樂安在？以是觀之，則我與二客、鶴與道士皆一夢也。」《宋大家蘇文忠公文抄》卷二十八有云：「借鶴與道士之夢，以發胸中曠達今古之思。」

【賞析】

辭賦隨時代而異，約而言之，屈原作〈離騷〉，後人效體而作，至劉向輯屈、宋諸賦，附以賈誼、淮南小山、東方朔、嚴忌、王褒諸作，及其自作之〈九歎〉，合稱《楚辭》。荀卿嘗作〈禮〉〈知〉〈雲〉〈蠶〉〈箴〉賦五篇，由於僅一、二百字，篇幅甚短，故謂之「短賦」。自西漢武帝後，一般文士所爲辭賦日趨發達，其風格與《楚辭》有別，諷諭者少，歌功頌德者多，乃賦之一時風尙，是爲「古賦」，其次是「俳賦」。「俳賦」即「駢賦」之別稱。蓋自南北朝至唐朝初年，賦特別講究聲律和諧，以俳爲偶，其法奪取古賦中對偶押韻形式，去其首尾問答之散體；不但篇章短小，題材亦較古賦擴大。接著就是「律賦」，爲唐宋時代科舉考試所採行之試體賦，故又稱「試賦」。其形式不惟要求駢偶、押韻，還要追求對仗工整，並留意於平仄和諧，用字造句均限制嚴格，形成一種寫作規律，故稱「律賦」。

本篇屬「文賦」。宋代之後，因律賦限制太多，一般文士爲求解脫此種桎梏，於是力圖改革。以散文代替駢體，句式參差，押韻隨便，故又稱「散文賦」。此體較諸「律賦」、「俳賦」均講究自然生動，如歐陽修的〈秋聲賦〉，可謂典型的「文賦」作品。

蘇軾在黃州期間，曾兩遊赤壁，元豐五年（西元一〇八二年）七月十六日遊赤壁，寫下了〈前赤壁賦〉，同年十月十五日舊地重遊，又寫下了〈後赤壁賦〉。前賦字字秋色，後賦句句冬景；前賦景色寧靜清爽，情懷曠達，後賦境界寥落，心緒閒放；前賦主要活動限於舟中，後賦主要則在江岸之上。前賦談玄說理，後賦敘事寫景；前賦宣洩胸中一段眞實妙悟，後賦以自身現境妙悟。前後兩賦相較，情景固然各異，但都互有發明，各臻其妙。

起首，描寫初冬的優美月色和濃厚遊興，順筆點出時間、地點和人物。「霜露既降」六句，冬夜的清涼明淨，主客的興致勃發，均宛然在目，筆法極爲簡潔自然。「已而歎曰」，作一跌宕，提有風有月而無酒無餚爲憾，引出客獻美魚，而婦供佳釀的細節，且以日常對話隨意寫出，若不經意，而極富生活情趣。「於是攜酒與魚」，轉入漫遊赤壁的描述，點明「後遊」，既對「歸而謀」而言，又與前賦遙相呼應。「江流有聲」六句，狀水流之急，山崖之陡，月輪之遠，水位之低，處處皆屬初冬景象，句句若畫，而與前賦所見者不同，故自然導出「江山不可復識」之歎，包含著無限人世滄桑之感。既然不可復識，可見江山景緻另呈新貌，而激起擇幽尋勝之趣，這就生發出捨舟登山一段描繪。「履巉岩」六句，更繪出中夜山壑蕭瑟寂冷，眞有「狀難寫之景如在目前」的效果。使人有心魄驚悸，愀然悲恐，凜然寒冽的感受。讓勇於尋幽探勝的蘇長公，此時也難以久留，遂「返而登舟」。舟行中流，本可悠然而止，但文行至此，驟然掀起一波，寫孤鶴橫江掠舟而過，平添一段獨往獨來，超然物外的境界和氣氛，出人意表，想落天外。「須臾客去」以下，寫登岸就寢，從遊赤壁後生發。由睡而入夢，夢中與道士談赤壁之遊，借道士關聯孤鶴，情節雖幻，無不緊扣赤壁。構思空靈飄渺，而在在貼緊題旨。

文章從遊前的準備，寫到出遊，又由出遊寫到遊後夢境。意境由清涼的冬夜，到山石的險巇，到夢中奇幻，作者的感情，也隨著不同的階段，由舒暢歡樂到寂寥悲恐，再轉換超軼現實，昇華入虛幻之境。前半由無到有，由無酒無餚到有酒有餚，由歸家到後遊，經歷一番奇境險境，又遇橫江掠舟之孤鶴，誘發出一段由樂轉悲心境的變化，這是「實」。末段轉實為虛，酒、餚、悲、喜及所歷各境均如雲眼過眼，鶴與道士皆為幻影，「驚悟」之後，眼前只有一片空曠。寄託之意，悠然見於言外。至於語言的精確洗煉，更是短文中的典範作品。

二、議論文選讀

讀史議政在蘇軾散文創作中，是十分突出的部分。它的內容包括的有奏議、進策、史論和制科作品等，大都是同蘇軾的政治生涯有密切關聯者。在蘇軾的政論文中，確有不少反映現實，抒發抱負，表現作者識見的優秀篇章。如嘉祐年間應制科時作的《進策》，可以說是適於世用的政論文代表作，《進策》是有組織有系統的宏文巨製，它共有二十五篇，計〈策略〉五篇，總論天下形勢，政治弊端和應採取的方針。〈策別〉十七篇，是從課百官、安萬民、厚貨財、訓軍旅等四方面設想一系列的改革措施，〈策斷〉三篇，由分析內外矛盾，敵我長短和攻守之勢，而提出的安邊禦敵方術。沈德潛說：「此篇說當時國勢處，字字切中，可與賈誼〈治安策〉比肩。」這種評價是有根據的。蘇軾某些史論，也具有強烈的現實意義，如在〈平王論〉中，蘇軾借周平王東遷，造成周室名存實亡的史事，反覆論證了爲「遊寇而遷都的嚴重失策」。在〈顏眞卿守平原抗安祿山〉的短論中，作者由安史之亂說起，以及河北二十四郡一朝瓦解的史實，總結出「重內輕外」的歷史教訓，對宋室很有借鑑意義。蘇軾又慣於從舊史料中翻新出奇，提出過人的識見。如「黃石公授書張良」的故事，自《史記》以來，一向傳爲神話，人們認爲張良佐漢得力於一部神書。但蘇軾的〈留侯論〉卻用「且其意不在書」一筆將舊說推開，進而指出這是身隱巖穴的有識之士，爲磨礪張良「折其少年剛銳之氣」，而採取的行動。蘇軾的議論文受到《戰國策》《孟子》等書的影響，雄辯滔滔，筆勢縱橫，其間雖有時難免有言大而誇，故作驚人之談；但他騰挪變化的腕力，卻也使文章避免平直之弊，而增加了氣勢和波瀾。

刑賞忠厚之至論㊀

首段以引古詠漢之法發端，言盛世刑賞之忠厚與周道雖衰，而忠厚猶存。

堯舜禹湯文武成康之際㊁，何其愛民之深，憂民之切，而待天下之以君子長者之道㊂也！有一善，從而賞之，又從而詠歌嗟嘆之，所以樂其始，而勉其終。有一不善，從而罰之，又從而哀矜㊃懲創㊄之，所以棄其舊，而開其新。故其吁俞之聲㊅，歡忻㊆慘戚㊇，見于虞夏商周之書㊈。成康既沒㊉，穆王立，而周道始衰，然猶命其臣呂侯而告之以祥刑(十一)。其言憂而不傷(十二)，威而不怒(十三)，慈愛而能斷(十四)，惻然(十五)有哀憐無辜之心，故孔子猶有取焉(十六)。《傳》(十七)曰：「賞疑從與(十八)，所以廣恩也；罰疑從去(十九)，所以謹刑(二十)也。」

次段引文說明古先聖王刑賞忠厚之意，至理快論，照應題旨。

當堯之時，皋陶為士(二一)。將殺人，皋陶曰：「殺之」，三(二二)。堯曰：「宥之」(二三)，三。故天下畏皋陶執法之堅，而樂堯用刑之寬。四岳(二四)曰：「鯀可用(二五)！」堯曰：「不可！鯀方命圮族(二六)。」既而曰：「試之！」何堯之不聽皋陶之殺人，而從四岳之用鯀也？然則聖人之意，蓋亦可見矣。《書》曰：「罪疑惟輕(二七)，功疑惟重。與其殺不辜，寧失不經。」嗚呼！盡(二八)之矣！

三段再由刑賞推論，闡發題旨，逐層分析，又

可以賞，可以無賞，賞之過乎仁(二九)；可以罰，可以無罰，罰之過乎義(三十)。過乎仁，不失為君子；過乎義，則流而入于忍人(三一)。故仁可過也，義不可過也。古

逐層作結，突顯先王以刑賞忠厚存心之理。

者賞不以爵祿，刑不以刀鋸。賞以爵祿㉜，是賞之道行于爵祿之所加，而不行于爵祿之所不加也。刑以刀鋸㉝，是刑之威施于刀鋸之所及，而不施于刀鋸之所不及也。先王㉞知天下之善不勝賞，而爵祿不足以勸㉟也；知天下之惡不勝刑，而刀鋸不足以裁也，是故疑㊱則舉而歸之于仁。以君子長者之道待天下，使天下相率㊲而歸于君子長者之道，故曰：忠厚之至也！

末段為餘波，作者引詩與春秋，說明「立法貴嚴，責人貴寬」的普遍原則，以提昇題旨的高度，並使文字搖曳生姿，以起援古勵今之作用。

《詩》㊳曰：「君子如祉，亂庶遄已；君子如怒，亂庶遄沮。」夫君子之已亂㊴，豈有異術哉？制其喜怒，而不失乎仁而已矣！《春秋》㊵之義，立法貴嚴，而責人貴寬。因其褒貶之義㊶，以制㊷賞罰，亦忠厚之至也！

【解題】

本文錄自《經進東坡文集事略》卷九，宋仁宗嘉祐二年（西元一〇五七年）蘇軾應科舉的試卷。根據蘇轍〈東坡先生墓誌銘〉：「嘉祐二年，歐陽文忠公考試禮部進士，疾時文之詭異，思有以救之。梅聖俞時與其事，得公〈論刑賞〉，以示文忠。文忠驚喜，以為異人。欲以冠多士，疑曾子固所為。子固，文忠門下士也，乃置公第二。復以『春秋對義』居第一，殿試中乙科。以書謝諸公，丈忠見之，以書語聖俞曰：『老夫當避此人，放出一頭地。』士聞者始譁不厭，久乃信伏。」歐公為宋代古文運動的倡導者與實踐者，提倡古文，反對時文，而且利用考政職權推行此一革新文弊的主張。嘉祐二年，由他主持禮部考試，規定為時文者一律不取，有力的打擊了華而不實的文風，將古文運動的巨輪，向前推進了一大步。

蘇軾這篇應考的文章，雖然出於急就，所以受到歐公的重視，其原因一方面是它初步闡明了蘇軾以仁政治國的主張，所謂「以君子長者之道待天下，使天下相率而歸于君子長者之道」的思想。其具體表現在賞罰分明，「立法貴嚴，而責人貴寬」，「罪疑惟輕，功疑惟重」，「與其殺不辜，寧失不經」，這樣才堪稱「忠厚之至」。另一方面，宋初文壇深受「五代文弊」的影響，所謂「風俗靡靡，日以塗地」；朝廷雖致力於矯正，企圖恢復兩漢三代的樸實之風，但「餘風未殄，新弊復作」；因此，蘇軾「有孟軻之風」（梅堯臣語）的這篇作品，自然受到正在倡導古文革新的歐、梅二家的稱賞和獎掖。

全文僅六百多字，作者善於從史實引申事理，從經傳轉出議論。由於題意中有「刑」「賞」兩扇，作者遂從兩扇剖析，使文章布局自然形成雙管齊下，兩相比論的格局，增加了文章的形式美。雖是科場文字，但行文絕無艱深板滯之病，用筆自然圓熟。文情亦悠揚跌宕，深受前人讚許。沈德潛《唐宋八家文讀本》說：「文勢如川雲嶺月，其出不窮。」又說：「闈中遇合之文，圓熟流美如是。宜後世墨卷不矜高格也。為之三嘆！」正說明本文之優點，及在後世科考者心目中的地位。

【注釋】

㈠ **刑賞忠厚之至論**　此蘇軾參加宋仁宗嘉祐二年（西元一〇五七年）進士科考試時寫的論文。題目出自《尚書・大禹謨》：「罪疑惟輕，功疑惟重」二句下的孔安國的注解：「刑疑附輕，賞疑從重，忠厚之至。」

(二)**堯舜禹湯文武成康之際**　謂從唐堯、虞舜，經夏禹、商湯，到文、武、成、康西周前期。際，彼此間。成，周成王。康，周康王。

(三)**待天下之以君子長者之道**　言用君子長者的德行，來對待天下人。長者，性情忠厚仁慈的人。

(四)**哀矜**　憐憫。

(五)**懲創**　懲治警戒。《尙書・益稷》：「予創若時。」孔安國傳：「創，懲也。」

(六)**吁俞之聲**　吁，音ㄒㄩ，感嘆聲，表示不以爲然的驚嘆。俞，音ㄩˊ，感嘆聲，表示應允，贊許的驚嘆。

(七)**歡忻**　即歡欣。忻，音ㄒㄧㄣ，心喜。

(八)**慘戚**　悲傷。

(九)**虞夏商周之書**　指《尙書》中的〈虞書〉、〈夏書〉、〈商書〉、〈周書〉四部分。其中皆記載從帝堯到周朝的典章制度，文中多用「吁」「俞」等辭。

(一〇)**成康既沒三句**　沒，通歿，死亡。穆王，西周穆王姬滿，周昭王姬瑕之子，西元前九四七年至前九二八年在位。《史記・周本紀》：「（周）康王卒，……立昭王子滿，是爲穆王。穆王即位，春秋已五十年矣，王道衰微。」

(一一)**然猶命其臣呂侯而告之以祥刑**　呂侯，周穆王時任司寇，一作甫侯。《史記・周本紀》：「諸侯有不睦者，甫侯言於王，作修刑辟。王曰：吁，來！有邦有土，告汝祥刑。」《集解》引《尙書》孔安國傳云：「告汝善用刑之道。」一說《尙書・呂刑》篇即因呂侯之請而頒。祥，善也。

⑫ **其言憂而不傷**　是說他的話充滿憂慮，而沒有傷害人的意思。

⑬ **威而不怒**　是說充滿威嚴而沒有怒氣。

⑭ **慈愛而能斷**　顯得慈愛而又能果斷地處罰犯罪的人。斷，決斷。

⑮ **惻然**　悲痛之意。

⑯ **孔子猶有取焉**　指孔子刪定六經時錄入《尙書》。據《漢書・藝文志》、《僞孔傳序》、《隋書・經籍志》，孔子得虞、夏、商、周四代之典籍，芟夷煩亂，剪裁浮辭，而選定百篇爲《尙書》，故作者有此說。

⑰ **傳**　解說經義的文字。此處專指孔安國給《尙書・大禹謨》「罪疑惟輕，功疑惟重」作的傳注。

⑱ **與**　給與。

⑲ **去**　捨去。

⑳ **謹刑**　審愼用刑。

㉑ **皐陶爲士**　言皐陶擔任刑官。一作咎繇。偃姓，夷族人，舜的臣子（蘇軾誤爲堯），《尙書・虞書・舜典》：「帝曰：皐陶，……汝作士（古代的刑官），五刑有服。」

㉒ **三**　多次。

㉓ **宥之**　寬恕他。南宋楊萬里《誠齋詩話》評述此事說：「（歐陽修問蘇軾）皐陶曰，殺之三，堯曰，宥之三，此見何書？坡曰：事在《三國志・孔融傳》注。歐退而閱之無有。他日再問坡，坡云：曹操滅袁紹，以袁紹妻賜其子丕，孔融曰：昔武王伐紂，以妲己賜周公。操驚問，何經見？

融曰：以今日之事觀之，意其如此。堯，皋陶之事，某亦意其如此。歐退而大驚曰：此人可謂善讀書，善用書，他日文章必獨步天下。然予嘗思之，《禮記》云：「獄成，有司告於王，王曰宥之，有司曰在辟，王又曰宥之，有司又曰在辟，三宥不對，走出，致刑於甸人。坡雖用孔融意，然亦用《禮記》故事。其稱王謂王三皆然，安知此典故不出堯？」宥，音ㄧㄡˋ。

㉔ **四岳**　四方諸侯之長。一說爲羲和的四個兒子。在唐堯時爲四方諸侯的首領。一說四岳是一個人，姜姓，炎帝族。

㉕ **鯀可用**　言鯀可用以治水。鯀，音ㄍㄨㄣˇ，堯臣，禹的父親。被四方推舉，奉堯命治水。他築堤防水，失敗，被舜殺於羽山。

㉖ **方命圮族**　違抗命令。殘害同類。方，違抗，圮，音ㄆㄧˇ，毀滅。族，族類。《尚書・堯典》：「帝曰：咨四岳，湯湯洪水方割（害），蕩蕩懷山襄陵，浩浩滔天。下民其咨（咨嗟憂愁之意），有能俾乂（使治）？僉曰：於，鯀哉！帝曰：吁，咈（狠戾之意）哉，方命圮族。……」

㉗ **罪疑惟輕四句**　見《尚書・虞書・大禹謨》。寧，寧可。不經，不合常規，從權處理。

㉘ **盡**　詳盡。指《尚書》的論述已經很詳盡了。

㉙ **賞之過乎仁**　是說如果獎賞他，未免過於寬厚。仁，仁厚。

㉚ **罰之過乎義**　是說如果處罰他，不免過於嚴苛。義，《釋名・釋言語》：「義，宜也。裁制事物使合宜也。」故「義」有「裁斷」之意。

㉛ **忍人**　暴戾殘忍的人。

㉜ **賞以爵祿三句** 是說如果以爵祿爲賞賜的標準，則賞賜的作用，只限於得到爵祿的範圍之內，而不能施行於爵祿所不能及的其他方面

㉝ **刑以刀鋸三句** 是說如果以刀鋸爲刑罰的標準，則刑罰的威力，只施行於刀鋸所及的範圍之內，而不能影響到刀鋸所達不到的方面。

㉞ **先王** 指古代五帝三王等聖明之君。

㉟ **勸** 鼓勵、提倡、勉勵。

㊱ **疑** 刑賞有疑時。

㊲ **相率** 一同前往。

㊳ **詩曰以下數句** 指《詩經・小雅・巧言》，其原句是「君子如怒，亂庶遄沮；君子如祉，亂庶遄已。」意爲君子如怒責讒言，亂事就可消除了；君子如喜納諫言，亂事就可停止了。祉，喜歡。庶，大概。遄，音ㄔㄨㄢˊ，速。已，止。沮，音ㄐㄩˇ，終止。按：依照作者引詩內容，其句序有前後顛倒之誤。

㊴ **已亂** 平息動亂。

㊵ **春秋** 我國第一部編年紀事的史書，相傳係孔子修訂魯史而成。起魯隱公元年（西元前七二二年），迄魯哀公十四年（西元前四八一年），凡二百四十二年的史實。

㊶ **因其褒貶之義** 依照褒善貶惡的道理（標準）。因，依照。義，指道理、標準、原則。

㊷ **制** 控制、處理。

【賞析】

本文雖是蘇軾早年科場文字，但語言並不艱奧板澀，通篇平易樸素，用筆自然圓融，文情頗有悠揚宛宕之致，深受前人讚許。沈德潛稱其：「文勢如川雲嶺月，其出不窮。」又說：「闈中遇合之文，圓熟流美如此。」確實道出了此文的優點。其寫作手法究竟如何乎？

文以「忠厚」出發，談「刑罰」與「獎賞」，所以叫做「刑賞忠厚之至論」。至者，極也，也就是說忠厚達到極致的程度。

其寫作特點是運用對比、夾敘夾議。寫議論文，運用對比，不但使論點鮮明，而且也使論證有力。在論述性文章中，作者爲了加強自己的立論，往往運用對比手法。

文章開頭不以立論落筆，而是以敘事發議，這是其特點之一。作者先寫堯、舜、禹、湯、文、武、成、康這些盛世之君如何愛民憂民，而以忠厚之道，待天下之民，這裡沒有寫出「忠厚」二字，但忠厚之意已騰躍紙端，暗扣一篇主旨。然後作者又從成、康死後，穆王還能告誡他的大臣呂侯慎于用刑。以見於世衰道微之時，尚保有忠厚的仁愛之政。這兩節的敘述，主要爲闡明「忠厚之至」提供歷史依據，讓讀者先從感性上了解甚麼是「忠厚」。作者用意在以「古」誡「今」，所以大肆渲染周穆王以前的「忠厚」之治。

引經據典，是本文寫作的第二個特點。作者既然在宣揚古之治道，就不能只敘事，還要言而有據。於是作者引用古書「賞疑從與」，「罰疑從去」，爲自己立論，增強理論色彩。然後運用對比手法，來說明「堯不聽臯陶之殺人，而從四岳之用鯀」，言罪有可疑，則從輕以罰，功者可疑，則從重以賞，從「疑」處見出聖人用心，又一次緊扣「忠厚」二字。

在兩事對比之後，作者依托這一事實，發了一通議論，說明唐堯處理問題的理由：可以賞，可以無賞，賞之過乎仁；可以罰，可以無罰，罰之過乎義。過乎仁，不失爲君子；過乎義，則流於忍人。故仁可過，而義不可過。這樣對比的分析，使賞可以寬，罰不能重的道理，容易說深、說透、說明白，而且結論也順理成章了。不局限於「賞罰」本身，而進一步闡明爲甚麼不能光靠賞或罰的道理，使理論更深入一層，這是本文寫作的第三個特點。

前面三個段落，到「故曰忠厚之至也。」點明題旨，文氣已足，在此結束全文也未嘗不可。但文章只停留在闡發上，缺乏建設性的內容，因此，蘇軾又另設一段，作爲餘波。他引「詩」、引「春秋」，指出一條原則：「立法貴嚴，責人貴寬」。這樣就把立論昇華到另一個高度，不但總結了古代聖君之治道，而且還提出一條，具有普遍意義的指導原則。對當時與後世的爲政者，均有積極的影響。

總之，本文不是以「論」立論，而是採用敘議結合，對比分析的手法，圍繞著「賞」與「罰」展開論述，最後歸結到「忠厚之至」這一主旨上。全文僅僅六百多字，作者舉重若輕地把以仁治國的大道理闡述得鮮明剴切而透闢。由於題意中有刑賞兩端，作者多作兩面剖析，使文句自然形成雙管齊進，兩兩相比的格局，增加了文章的形式之美。

留侯論

首段論述「能忍」與「不能忍」，以總括通篇大意。

古之所謂豪傑之士者，必有過人之節①。人情有所不能忍者。匹夫見辱②，拔劍而起，挺身而鬭，此不足爲勇也。天下有大勇者，卒然③臨之而不驚，無故加之而不怒。此其所挾持者④甚大，而其志甚遠也。

次段寫張良開始「不能忍」，經圯上老人苦心磨礪，教其「能有所忍」。

夫子房受書于圯上之老人⑤也，其事甚怪⑥；然亦安知⑦其非秦之世有隱君子⑧者，出而試之？觀其所以微見其意者⑨，皆聖賢相與警戒之義，而世不察⑩，以爲鬼物⑪，亦已過⑫矣。且其意不在書⑬。當韓之亡⑭，秦之方盛也，以刀鋸鼎鑊⑮待天下之士，其平居無罪夷滅者⑯，不可勝數，雖有賁、育⑰，無所復施⑱。夫持法太急⑲者，其鋒不可犯，而其勢未可乘⑳。子房不忍忿忿㉑之心，以匹夫之力，而逞于一擊之間㉒。當此之時，子房之不死者，其間㉓不能容髮，蓋亦已危矣。千金之子㉔，不死于盜賊，何哉？其身之可愛，而盜賊之不足以死也㉕。子房以蓋世㉖之才，不爲伊尹、太公之謀㉗，而特㉘出于荊軻、聶政之計㉙，以僥倖于不死，此固圯上之老人所爲深惜者也。是故倨傲鮮腆㉚而深折㉛之，彼其能有所忍也，然後可以就㉜大事，故曰：「孺子㉝可教也。」

三段引鄭伯與勾踐能忍

楚莊王伐鄭㉞，鄭伯肉袒牽羊以逆，莊王曰：「其君能下人，必能信用其民作爲旁證，提出「忍小忿而就大謀」的中心論點。

矣。」遂舍之。勾踐之困于會稽㉟，而歸臣妾于吳者，三年而不倦。且夫有報人之志㊱，而不能下人者，是匹夫之剛也。夫老人者，以爲子房才有餘而憂其度量之不足，故深折其少年剛銳之氣，使之忍小忿而就大謀。何則？非有平生之素㊲，卒然相遇于草野之間，而命以僕妾之役㊳，油然㊴而不怪者，此固秦皇帝之所不能驚㊵，而項籍之所不能怒也。

四段論證劉邦能忍而勝，是受張良暗中指教的結果。

觀夫高祖之所以勝，而項籍之所以敗者，在能忍與不能忍之間而已矣。項籍唯不能忍，是以百戰百勝，而輕用其鋒㊶；高祖忍之，養其全鋒而待其弊㊷，此子房教之也。當淮陰破齊㊸，而欲自王，高祖發怒，見于詞色，由此觀之，猶有剛強不忍之氣，非子房其誰全之？

末尾就張良非凡的狀貌加以說明。和首段遙相呼應，含蓄有味。

太史公㊹疑子房以爲魁梧㊺奇偉，而其狀貌乃是婦人女子，不稱其志氣㊻，而愚以爲此其所以爲子房歟㊼！

【解題】

本文錄自《經進東坡文集事略》卷七。爲蘇軾於宋仁宗嘉祐六年（西元一〇六一年）應「制科」時，所上〈進論〉之一。留侯，即張良，字子房，輔佐高祖劉邦統一天下，劉邦曾說：「運籌帷幄之中，決勝千里之外，子房功也。」劉邦統一天下後，張良被封於留（今江蘇省徐州），世稱留侯。本文立論主要是依據《史記・留侯世家》有關黃石公賜書張良的神奇故事，提出自己對張良的看法。

文章應「有為而作」，「有意而言」，是蘇軾一貫地主張。他論詩、論文、論時、論史，力主直抒胸臆，不務雷同；更不與時俯仰，拾人牙慧；或作模稜兩可之言。所以他的絕大部分作品，都能獨具匠心，別開生面，一如他在〈書吳道子畫後〉所說的「出新意於法度之中，寄妙理於豪放之外。」而與一味地獵奇求僻，故作艱深的當時文壇積弊，截然不同。〈留侯論〉為蘇軾代表作之一，也是著名的翻案文章，不但可與王安石的〈讀孟嘗君傳〉媲美，就其引事說理，柔中帶剛的情節來說，殆有勝之。

本文主要就張良得書於圯上老人一事進行評論。作者認為圯上老人並非「鬼物」，而是秦時一位深謀遠慮的隱士。他為了磨礪張良的性格，具備大智大勇以及能忍人之所不能忍，才「命以僕妾之役」，「深折其少年剛銳之氣」，此說新穎、透闢，是以駁倒舊論。辯析中，作者特別闡述了一個政治家的度量和策略，對事業成敗具有關鍵性作用。並特別強調古代豪傑之士，都是氣度恢宏，「忍小忿而就大謀」的人，反對稍微見辱，便「拔劍而起，挺身而鬥」的魯莽作法，主張要有「能忍」之心，遇事講究涵養。於是他以「能忍」來概括張良的性格特點，和解釋他所以獲得成功的原因，這顯然是受到孔子「小不忍則亂大謀」思想的影響。

本文以楚漢相爭為背景，採取先抑後揚之法，論證張良的「能忍」，繼而引鄭伯、勾踐的「能忍」為旁證，以證「忍小忿就大謀」的中心論點。再舉劉邦忍而能勝為證據，項羽不能忍而失敗作反襯，進行對比分析，進一步論證成大業者必須能忍的道理。最後再就張良的狀貌加以說明。文筆曲折而饒富風趣。昔人謂此文以「濃墨開題，淡語收場」，寓至理於淺直，給讀者以豐富的聯想，這一舉重若輕的神來之筆，若非蘇軾悟性過人，是斷難及此的。

【注釋】

㈠ **節**　節操、品德。

㈡ **匹夫見辱**　一個普通人被侮辱。匹夫，普通人。見，被。

㈢ **卒然**　突然，出其不意。卒，同猝，音ㄘㄨˋ。

㈣ **所挾持者**　指其所具有的胸襟抱負。

㈤ **圯上老人**　指黃石公。張良受書於圯上老人事，見《史記・留侯世家》：「良嘗閒從容步遊下邳（今江蘇睢寧）圯上。有一老父，衣褐，至良所，直墮其履圯下。顧謂良曰：『孺子，下取履！』良鄂（愕）然，欲毆之，爲其老，強忍，下取履。父曰：『履我！』良業爲取履，因長跪履之。父以足受，笑而去。良殊大驚，隨目之。父去里所，復還。曰：『孺子可教矣！後五日平明，與我會此。』良因怪之，跪曰：『諾！』五日平明，良往，父已先在，怒曰：『與老人期，後，何也？』去，曰：『後五日早會。』五日雞鳴，良往，父又先在，復怒曰：『後，何也？』去，曰：『後五日復早來。』五日，良夜未半往，有頃，父亦來。喜曰：『當如是。』出一編書，曰：『讀此則爲王者師矣！』圯上，橋上，圯，音ㄧˊ

㈥ **其事甚怪**　《史記・留侯世家》記圯上老人對張良說：「（後）十三年孺子見我濟北，穀城山下黃石即我矣。」又云：「學者多言無鬼神，然言有物（精怪）。至如留侯所見老父予書，亦可怪矣。」

(七) **安知**　怎知、哪裡知道。

(八) **隱君子**　隱居的名士。

(九) **觀其所以微見其意者**　言觀察老人隱約表露出來的用意。微，略微、隱約。見，同現，顯露。

(一〇) **不察**　不認眞地分別辨析。《史記・留侯世家》：「學者多言無鬼神，然言有物。至如留侯所見老父予書，亦可怪矣。」

(一一) **以爲鬼物**　以爲圯上老人授書，是妖氣化爲人形的鬼，傳達上天旨意，預兆漢室當興。說見王充《論衡・自然》：「張良遊泗水之上，遇黃石公，授太公書；蓋天助漢誅秦，故命令神石爲鬼書授人。……黃石授書，亦漢且興之象也。妖氣爲鬼，鬼象人形，自然之道，非或爲之也。」

(一二) **過**　錯誤。或作「過分」解。

(一三) **其意不在書**　指圯上老人的立意，不在表面上向張良授書一事上。

(一四) **韓之亡**　秦滅六國，最先滅韓。韓亡於西元前二三〇年。張良原爲韓國人，祖、父世爲韓相。

(一五) **刀鋸鼎鑊**　泛指秦始皇用各種殘酷的刑罰，進行暴力統治。鼎，用於烹煮的器物，常見者爲三足兩耳。鑊，音ㄏㄨㄛˋ，無足之大鼎，即大鐵鍋；鼎鑊，皆用來烹人的酷刑。

(一六) **平居無罪夷滅者**　言平常無故遭到殺戮滅族之禍者。夷滅，指滅族。夷，平掉，古代誅滅罪人衆族者稱「夷」。

(一七) **賁育**　孟賁和夏育。古代傳說中的勇士。賁，即孟賁，春秋時衛國人；育，夏育，亦衛人，都有「力舉千鈞」之勇。

⑱ **無所復施**　得不到施展的機會。

⑲ **持法太急**　言執法太過嚴厲。

⑳ **其勢未可乘**　言其當時的形勢，沒有可乘之機。

㉑ **忿忿**　憤怒不平之意。

㉒ **逞于一擊之間**　指秦滅韓後，張良力圖報仇，乘始皇東遊之機，張良使力士用大鐵錘前去行刺，誤中副車，未獲成功。事見《史記・留侯世家》，韓被秦滅後，張良「悉以家財求客刺秦王，爲韓報仇。……得力士，爲鐵錐重百二十斤。秦皇帝東遊，良與客狙擊秦皇帝博浪沙中，誤中副車。秦皇帝大怒，大索天下，求賊甚急，爲張良故也。」張良由此隱姓埋名，過著四方逃亡的生活。

㉓ **其間**　其生死之間。間，空隙。

㉔ **千金之子二句**　言富貴家的子弟，不死於爲盜爲賊。《史記・袁盎列傳》：「臣同千金之子，坐不垂堂；百金之子，不騎衡。」同書〈貨殖列傳〉：「千金之子，不死於市。」此襲用其意。

㉕ **盜賊之不足以死也**　言可面對盜賊，不值得因之而死。

㉖ **蓋世**　壓倒一世，無人可比。

㉗ **伊尹太公之謀**　指伊尹太公安邦定國的謀略。伊尹，商朝開國功臣；太公，呂尙，周朝開國功臣。

㉘ **特**　作僅、只解。

㉙ **荊軻聶政之計**　指荊軻聶政行刺的下策。荊軻，戰國時著名刺客，曾爲燕太子丹刺殺秦始皇，未遂，身亡。聶政，戰國時刺客，曾爲嚴仲子刺殺韓相俠累。

㉚ **倨傲鮮腆**　驕傲自大，不講禮貌。倨，音ㄐㄩˋ，倨傲，驕傲輕慢。鮮腆，不講禮貌。腆，音ㄊㄧㄢˇ。

㉛ **深折**　深受羞辱。折，摧折、侮辱。

㉜ **就**　成就。

㉝ **孺子**　即後生、年輕人。

㉞ **楚莊王伐鄭至遂舍之**　事見《左傳・宣公十二年》，載楚莊王伐鄭，「克之，入自皇門，至於逵路。鄭伯（鄭襄公）肉袒（即袒衣露體以示屈從）牽羊以逆（迎），曰：『孤不天，不能事君，使君懷怒，以及敝邑，孤之罪也，敢不唯命是聽！……』王曰：『其君能下人，必能信用其民矣，庸可幾（冀）乎？』退三十里，而許之平。」鄭伯，即鄭襄公。肉袒，袒衣露體。表示俯首聽命，待受責罰。牽羊，用羊作奉獻的禮物。逆，迎接。下人，屈居人下。

㉟ **勾踐之困于會稽三句**　事見《左傳・哀公元年》：「吳王夫差敗越於夫椒，報李檇（越曾於此敗吳軍）也。遂入越。越子（勾踐）以甲楯五千，保於會稽（山名），使大夫種因吳太宰嚭以行成。……越及吳平。」又《國語・越語下》載勾踐「令大夫種守於國，與范蠡入宦於吳，三年而吳人遣之。」又《史記・越王勾踐世家》載，勾踐派文種去吳國求和，「膝行頓首曰：『君王亡臣勾踐使陪臣種敢告下執事，勾踐請爲臣，妻爲妾。』」勾踐，春秋時越國國君。會稽，指今浙江省紹興縣屬的山名。歸臣妾於吳，謂願歸順於吳而爲臣妾。三年不倦，勾踐失敗後，和妻子一同在吳國做了三年奴僕，始得歸。

㊱ **報人之志**　報人之仇的志向。

㊲ **非有平生之素**　言沒有平素的交往。素，素交、故交、深交之意。

㊳ **僕妾之役**　奴僕婢妾所做的事。役，事。

㊴ **油然**　和順恭敬之貌。《莊子・知北遊》：「油然不形而神。」

㊵ **此固秦皇帝之所不能驚二句**　言張良能夠忍耐，正是秦始皇不能使他驚懼，項籍也不能使他發怒的原因。此，指張良忍小忿而就大謀的修養。項籍，即項羽。

㊶ **輕用其鋒**　指輕易消耗自己的兵力。鋒，鋒芒、銳氣。

㊷ **養其全鋒而待其弊**　指高祖劉邦善於保存實力，等待對方疲憊之機。弊，衰敗，破亡。

㊸ **當淮陰破齊至非子房其誰全之**　事見《史記・淮陰侯列傳》：當劉邦項羽兵困滎陽（今河南省滎澤縣西南）時，韓信奪得齊地，派人請劉邦封他爲「假王」，劉邦大怒罵道：「吾困於此，旦暮望若來佐我，乃欲自立爲王。」此時張良把劉邦的腳踩了一下，並附耳語曰：「漢方不利，寧能禁信之王乎？不如因而立，善遇之，使自爲守；不然，變生。」漢王亦悟，因復罵曰：「大丈夫定諸侯，即爲眞王耳，何以假爲！」乃遣張良往立韓信爲齊王，徵其兵擊楚。淮陰，即淮陰侯韓信。而欲自王，打算自立爲王。詞色，言詞、臉色。非子房其誰全之，言不是張良，誰能保全漢室呢？

㊹ **太公史**　司馬遷，著有《史記》。

㊺ **魁梧**　身材高大。

㊻ **不稱其志氣**　指外貌和他的志節氣量不相稱。稱，音ㄔㄥˋ。不稱，不相稱。志氣，志節氣量。

㉗**此其所以為子房歟**　言這正是張良之為張良，所獨具的過人特點。歟，句末讚嘆詞。

【賞析】

這是蘇軾青年時代，所著的一篇見解新穎的史論名作。本文以「能忍與不能忍」為主旨，開篇即總括大意，平空起勢，論豪傑必有過人之節，正面提出論點，接著以匹夫之勇反襯，然後轉入大勇之不輕易驚怒，隱伏一個「忍」字，為全文立下主腦，具有一種居高臨下的氣勢，並為下文張目。

以下先就受書事略下斷語，然後用「且其意不在書」一轉，既呼應了前文，使「受書」句有了著略，又引發下文黃石公何以對張良「倨傲鮮腆而深折之」的用心。文勢頓然一變。故金聖嘆在《天下才子必讀書》中說：「至此別作深筆發議，此一句乃一篇之頭也。」沈德潛《唐宋八家文讀本》即指出此本文最得意處，在「且其意不在書」一句，眞可謂「空際掀翻，為海上潮來，銀山蹴起。」這段議論從秦時的恐怖政治，說到張良的不能忍，再說到老人教其能忍，文筆奔放而收束有力。

其次，先分析當時形勢，宜於忍耐，待時而動，不意張良竟以匹夫之勇，逞於一擊之間，貶抑一筆。再說「千金之子」，尚不死於盜賊，而蓋世之才的張良，反出荊軻、聶政之計，又抑一筆。至此不但逼出黃石公深折張良剛銳之氣，砥礪其能忍之節的題旨，同時，對「其意不在書」作了合理的申論。

第三段引用史實，論證忍小忿方能成就大謀，並分析了圯上老人命張良「取履」「履我」等行為所含藏的深刻意義。

第四段承「項籍之所不能忍」，進一步說明張良「忍小忿而就大謀」，在楚漢相爭中所起到的重要作用。

結尾，筆鋒一轉，以司馬遷寫《史記・留侯世家》時的一則趣聞。看似閒散，實則藉此突顯張良的非凡器宇，隱隱和首段呼應，且又含蓄有餘味。

綜觀本文的論證手法，具有三大特點：一、是靈活多變：或解說故事，或引證史實，或正反相比。例如說明什麼是正確謀略時，先從反面推論，所謂「雖有賁、育，無所獲施。」力大、勇猛無濟於事，因爲「千金之子，不死於盜賊」也。在反證中，以賁、育同子房當初的類似做法比較，說明「不忍」的慘痛教訓。再引正反史例爲證，如「伊尹、太公之謀」，和「荊軻、聶政之計」，作爲歷史的經驗、教訓，證明子房必須「忍小忿而就大謀」，才是正確的方略。尤其是文章的第三段，主要在引用歷史人物的典型史跡，證明能忍就可以取得戰爭的勝利。鄭伯能忍，免遭屠滅；勾踐能忍，達成了雪恥復國的願望；高祖能忍，獲得了滅楚興漢的最後勝利。從不同類型的史料，反覆論證，不但烘托出子房能忍的修養，同時，其形象的故事和具體史實進行論證時的靈活多變，確爲本文的一大特點。二、是圍繞著中心論點去選取材料：因爲一個人物的生平事跡浩如煙海，作者僅揀出和留侯張良事業成敗的「忍小忿而就大謀」一點，運用輻射性手法，去攝取張良一生與此主題相同的資料：如圯上受書、博浪擊秦、輔助劉邦等幾個閃閃發光的鏡頭，把史實與傳說，記敘與議論巧妙地加以串連；其間又時以有破有立之筆，層層摧剝，步步深入，行文雄辯而有力，論述集中而有據。所以圍繞著論點來選取材料，是本文的又一特點。三、是借舊案翻新意：立論完全植根於司馬遷《史記》留侯本傳，所謂「子書受書於圯上老人也，其事甚怪」處發議，作者認為圯上老人並非「鬼物」，而是秦時一位隱逸之士，他為了磨礪張良具備「忍小忿而就大謀」的性格，才對他「命以僕妾之役」，並「深折其少年剛銳之氣」。此說新穎而寓創解，是以駁倒舊論，《纂評八家文讀本》有云：「引史公語，翻案生色。」所以舊案翻新，是本文的另一特點。

作者於收筆時，以太史公之疑問作結，別饒風味。昔人謂此文以「濃墨開篇，淡語收場」，寓至理於淺直，給讀者以豐富的想像。這一舉重若輕的神來之筆，若非蘇軾悟性絕人，斷難及此。

賈誼論

首段認為賈誼雖有才而不能自用，缺乏忍耐工夫，揭示本文主旨。

非才之難㈠，所以自用者實難。惜乎賈生㈡王者之佐㈢，而不能自用其才也。

夫君子之所取者遠㈣，則必有所待㈤，所就者㈥大，則必有所忍㈦。古之賢人，皆有可致之才㈧，而卒㈨不能行其萬一者，未必皆其時君之罪，或者其自取㈩也。

次段論「非漢文之不用生」，是「生之不能用漢文」，並舉孔、孟的生平際遇為陪襯。

愚觀賈生之論，如其所言，雖三代何以遠過(十一)。得君如漢文(十二)，猶且以不用死(十三)。然則是天下無堯舜，終不可以有所為耶？仲尼(十四)聖人，歷試於天下(十五)，苟非大無道之國，皆欲勉強扶持，庶幾一日得行其道。將之荊(十六)，先之以子夏，申之以冉有。君子之欲得其君，如此其勤也。孟子去齊(十七)，三宿而後出晝，猶曰「王其庶幾召我」。君子之不忍棄其君，如此其厚也。公孫丑問曰(十八)：「夫子何為不豫？」孟子曰：「方今天下，捨我其誰哉，而吾何為不豫？」君子之愛其身，如此其至也。夫如此而不用，然後知天下之果不足與有為，而可以無憾矣。若賈生者，非漢文之不用生(十九)，生之不能用漢文也。

三段代賈誼籌劃，以為賈誼志大量小，才有餘識不足，又不善處窮，

夫絳侯親握天子璽(二十)，而授之文帝，灌嬰連兵數十萬(二一)，以決劉、呂之雄雌，又皆高帝之舊將。此其君臣相得之分，豈特父子骨肉手足哉(二二)！賈生，洛陽之少年(二三)，欲使其一朝之間(二四)，盡棄其舊而謀其新，亦已難矣。為賈生者，上得

致遭失敗。

其君，下得其大臣，如絳、灌之屬，優游浸漬㉕而深交之，使天子不疑，大臣不忌，然後舉天下而唯吾之所欲爲，不過十年，可以得志。安有立談之間，而遽爲人痛哭哉㉖？觀其過湘，爲賦以弔屈原㉗，紆鬱憤悶㉘，趯然有遠舉之志㉙。其後卒以自傷哭泣㉚，至於夭絕。是亦不善處窮㉛者也。夫謀之一不見用，安知終不復用也。不知默默以待其變，而自殘㉜至此。嗚呼，賈生志大而量小㉝，才有餘而識不足也。

四段借苻堅用王猛事，歸過漢文，於賈誼未能破格擢用。

古之人有高世㉞之才，必有遺俗之累㉟，是故非聰明睿哲㊱不惑之主，則不能全其用㊲。古今稱苻堅得王猛於草茅之中㊳，一朝盡斥去其舊臣，而與之謀。彼其匹夫㊴略㊵有天下之半，其以此哉。

末尾勉後世國君惜才。勸類似賈誼的臣子應愼其所發。

愚深悲賈生之志，故備論㊶之。亦使人君得如賈誼之臣，則知其有狷介之操㊷，一不見用，則憂傷病沮㊸，不能復振；而爲賈生者，亦愼其所發㊹哉。

【解題】

本文選自《經進東坡文集事略》卷七。宋仁宗嘉祐六年（西元一〇六一年），蘇軾應制科試所獻二十五篇《進論》之一。賈誼，洛陽（今屬河南省）人，是西漢初年的政治家、思想家和文學家。自幼聰慧，博覽群書，十八歲因才學出衆，見稱於世。二十歲時，受廷尉吳公的推薦，文帝召爲博士。不久升爲太中大夫。誼「以爲漢興二十餘年，天下和洽，宜當改正朔，易服色、制度、定官名、興禮樂，乃草具其儀法。」遭到絳、灌「舊臣」的反對，被貶為長沙王太傅。後召對宣室，拜為梁懷王（漢文帝少子）太傅，因上〈治安策〉，帝雖納其言，但終不重用。後梁懷王墮馬死，誼自傷為傅無狀，哭泣歲餘亦死，年三十三。

為政用人，是歷代治國者關心的老問題。一個高才異能之士能否得到重用，必須具備主客觀兩方面的條件。國君之辨奸識忠，知人善任，固然具有決定的意義；而其本人能否為發揮自己的才能，主動地創造有利條件，亦為必不可少的重要因素。司馬遷在《史記》中，合賈誼、屈原為一傳，對他懷才不遇，含恨而死的不幸遭遇，深表同情。蘇軾寫〈賈誼論〉，卻一反其道，看重從賈誼本人「不能自用其才」，進行剖析。批評他得意時不自量力，急躁冒進；失意後又自怨自艾，一蹶不振。從這個新的視角，揭示了賈誼不得重用的主觀原因，使人耳目為之一新。

文章以詠歎強調開端，提出想要成就一番事業，必須等待良機，能夠忍耐的論點。然後引述孔、孟的行動，說明與君主相處要有深厚的感情，對自己的才華要充分的自信。再用賈誼的生平行事加以對比，說明他的致命弱點是「志大而量小，才有餘而識不足」。一正一反，是非分明，說理透闢。最後又以苻堅重用王猛取得巨大成就的範例，勸諭國君對奇才異能而又個性「狷介」之士要倍加珍惜。筆鋒兼及君臣，絕無偏頗之論。

【注釋】

㊀ **非才之難二句**　指不是有才能的人難得，而是主動發揮自己才能的人實在難得。自用，主動發揮

自己的才能。

㈡ **賈生**　即賈誼。生，漢代習慣稱儒者爲「生」。

㈢ **佐**　輔佐、助手。

㈣ **所取者遠**　所取者，指所求取的功業。遠，遠大。意同蘇軾〈留侯論〉：「所挾者甚大，而其志甚遠也。」

㈤ **待**　期待、等待。

㈥ **所就者**　意同上文「所取者」。指「事功」言。

㈦ **忍**　容忍、忍耐。

㈧ **可致之才**　可以達到目的的才幹。致，達到，獲致成功。

㈨ **卒**　終於，最終。

㈩ **自取**　自己找的。《古文觀止》卷十云：「以其不能待且忍，故云『自取』。申『不能自用其才』句。」

㈡ **雖三代何以遠過**　是說即使是三代盛世，怎能超過他的設想呢？雖，即使。三代，指夏、商、周三個朝代。遠過，勝過、超過。

㈢ **漢文**　即漢文帝劉恆（西元前一七九年至前一五七年在位），漢高帝劉邦的四子。他以代王的身分入爲國君，實行「以農爲本」的政策。減輕賦役，增加生產，出現了史稱「文景之治」的繁榮局面。被認爲是有作爲，知人善任的明君。

㊂ **以不用死** 因不被皇帝重用，鬱悶而死。

㊃ **仲尼** 即孔子，名丘，字仲尼，魯國曲阜（今山東省曲阜縣）人，爲儒家學者所宗師，活動於東周晚期，即西元前五五二年至前四七九年。

㊄ **歷試於天下** 指孔子爲了實現自己的政治主張，不辭辛勞，帶領門下弟子，游說列國諸侯，詳情可參考《史記・孔子世家》。歷試，一一嘗試。

㊅ **將之荆三句** 是說孔子在魯罷官後，打算到楚國謀求官位；先派弟子子夏去表明自己的意圖，又派弟子冉有去加以重申。荆，楚國，周代諸侯國，在今湖北、湖南一帶。子夏、冉有，皆孔子弟子。申，重申，或作「繼」解。此事出於《禮記・檀弓上》，原文是：「昔者，夫子失魯司寇，將之荆。蓋先之以子夏，又申之以冉有，以斯知不欲速貧也。」

㊆ **孟子去齊三句** 言孟子離開齊國之時，在晝地等了三天三夜，才決意出走，還說：「齊王也許會召我回去。」孟子，即孟軻，字子輿，戰國時鄒（今山東省鄒縣）人，約生於西元前三七二年，卒於前二八九年。受業於子思，是繼孔子之後儒家思想上的一個重要人物。去齊，指孟子辭去在齊官職，離開齊國。三宿，三個夜晚，宿，夜。晝，音ㄏㄨˋ，地名，在今山東省臨淄縣。事見《孟子・公孫丑下》，原文是：「孟子去齊，尹士語人曰：『不識王之不可以爲湯武，則是不明也；識其不可，然且至，則是干澤也。千里而見王，不遇故去，三宿而後出晝，是何濡滯也……』曰：『夫尹士惡知予哉，千里而見王，是予之所欲也。不遇故去，豈予所欲哉？予不得已也；予三宿而後出晝，於予心猶以爲速，王庶幾改之，王如改諸，則必反予；夫出晝，而王不予追也。』」

(八) **公孫丑問曰數句**　公孫丑問孟子說：「先生爲什麼不高興呢？」孟子說：「當今天下除了我還有誰能治理好呢？我又有什麼不高興呢？」豫，喜悅。其，通豈，哪還有之意。事見《孟子・公孫丑下》，原文是：「孟子去齊，充虞路問曰：『夫子若有不豫色然。前日，虞聞諸夫子曰：君子不怨天，不尤人。』曰：『彼一時，此一時也。』……夫天未欲平治天下也，如欲平治天下，當今之世，舍我其誰也？吾何爲不豫哉？」公孫丑，孟子弟子，此處應是「充虞」，蘇軾誤記。

(九) **非漢文之不用生二句**　是說不是漢文帝不重用賈誼，而是賈誼不能爲漢文帝重用　。《古文觀止》卷十評此處文字云：「此段說出得君勤，愛君厚，愛身至，必如是始可以無憾。摹寫古聖賢用世之不苟，以責賈生。見得賈生欲得君甚勤，但愛君不厚，愛身不至耳。故曰『生之不能用漢文也。』甚有意味。」

(一〇) **絳侯親握天子璽二句**　言絳侯周勃親自握著象徵皇權的傳世玉璽，交給漢文帝。絳侯，周勃，西漢開國元勳，沛（今江蘇省沛縣）人，秦末，隨劉邦起義，因功封絳侯，文帝時任右丞相。璽，皇帝玉印，王權的象徵。劉邦死後，呂后專權，周勃等誅諸呂，率群臣迎立代王爲天子。《史記・孝文本紀》：「代王（漢文帝）馳至渭橋，群臣拜謁稱臣；代王下車拜。……大尉（周勃）乃跪上天子璽符。」

(一一) **灌嬰連兵數十萬二句**　言灌嬰聯合幾十萬軍隊，決定了劉、呂兩家的勝負。灌嬰，西漢開國元勳，睢陽（今河南省商丘）人，原爲販賣絲綢的商人，後隨劉邦起義，屢立戰功，封爲潁陰侯。文帝時，任太尉，丞相。呂后死後，呂氏兄弟據長安爲亂，嬰與齊軍聯合，平定諸呂，擁立代王爲文帝。《史記・灌嬰列傳》：「太后崩，呂祿等以趙王自置爲將軍，軍長安，爲亂。齊哀王聞之，舉兵西，且入誅不當爲王者。上將軍呂祿等聞之，乃遣嬰爲大將，將軍往擊之。嬰行至滎陽，乃與絳侯等謀，因屯兵滎陽，風齊王以誅呂氏事，齊兵止不前。絳侯等既誅諸呂，齊王罷兵歸。嬰亦罷兵自滎陽歸。與絳侯、陳平共立代王爲孝文皇帝。」

㉒ **豈特父子骨肉手足哉**　難道只是父子兄弟等骨肉之情嗎？意思是說絳、灌等「舊臣」和皇帝的感情，比父子、兄弟還親。特，副詞，作「只」解。

㉓ **賈生洛陽之少年**　是說賈誼原爲洛陽的一位少年。《史記・屈原賈生列傳》：「絳、灌、東陽侯、馮敬之屬盡害之，乃短賈生曰：『洛陽之人，年少初學，專欲擅權，紛亂諸事。』」

㉔ **一朝之間**　一個早晨，與下文「立談之間」，皆形容極短時間。朝，在此讀作ㄓㄠ。

㉕ **優游浸漬**　優游，疊韻連綿字，從容不迫的樣子。浸漬，雙聲連綿字，逐漸滲透的樣子。

㉖ **遽爲人痛哭哉**　遽，副詞，有急遽、突然之意。痛哭，賈誼〈治安策序〉：「臣竊惟事勢，可爲痛惜者一，可爲流涕者二，可爲長太息者六。」

㉗ **觀其過湘爲賦以弔屈原**　是說看他過湘江時，作賦憑弔屈原。《史記・屈原賈生列傳》：「賈生既辭往行，聞長沙卑溼，自以爲壽不得長，又以謫去，意不自得，及渡湘水，爲賦以弔屈原。」此因賈生在朝受到絳、灌等諸老臣排擠，被貶爲長沙王太傅。湘，湘江。發源於廣西興安縣海陽山西麓，流經湖南，注入洞庭湖。爲賦，作〈弔屈原賦〉，有句云：「恭承嘉惠兮，俟罪長沙。反聞屈原兮，自湛汨羅。造託湘流兮，敬弔先生。……」

⒅**紆鬱憤悶**　言胸中盤旋著憂鬱苦悶的情懷。紆鬱，雙聲連綿字，曲折纏繞的樣子。憤悶，即苦悶。這裡指〈弔屈原賦〉中，充滿委婉曲折，難以排遣的苦悶感情。

⒆**趯然有遠舉之志**　內心激蕩著遠走退隱的想法。指〈弔屈原賦〉有「鳳縹縹其高逝兮，固自引而遠去。襲九淵之神龍兮，沕淵潛以自珍」的思想。趯然，跳躍的樣子，這裡指心情游蕩之意。遠舉，高飛，這裡指退隱。趯，音ㄉㄧˊ。

⒇**其後卒以自傷哭泣二句**　以後又終於因自傷不幸，而哭泣不止，以至於中年夭折。《史記・屈原賈生列傳》：「居數年，懷王騎，墮馬而死，無後，賈生自傷爲傳無狀，哭泣歲餘，亦死。」夭絕，夭折、早死。

㉑**處窮**　即身處逆境，生活於艱困的環境。

㉒**自殘**　自己殘害自己。

㉓**量小**　器量狹小。

㉔**高世**　高出世人，即出類拔萃之意。

㉕**遺俗之累**　即不合時宜的牽絆。遺俗，脫離世俗，不合時宜。累，負擔、累贅。

㉖**睿哲**　看得深遠，洞察一切。

㉗**全其用**　充分發揮其作用。

㉘**古今稱苻堅得王猛於草茅之中三句**　謂從古到今，人們都稱讚苻堅從民間發現王猛，在極短時間內把滿朝舊臣全部斥退，而和他商討國家大事。苻堅（西元三三八年至三八五年），字永固，一

名文玉，略陽臨渭（今甘肅省秦安縣東南）人，氐族。十六國時爲前秦國王，建都長安，淝水之戰中，遭到慘敗。王猛，（西元三二五年至三七五年）字景略，北海劇（今山東省壽光縣）人，少貧，以販畚箕爲生，倜儻有大志，隱居華山，後爲苻重用，官至丞相，總攬朝政，引起宗室貴戚的不滿，苻堅貶斥了尚書仇騰、丞相席寶之後，王猛始得放手推行一系列的政治改革。草茅，田野，即民間。一朝，極短時間。斥，貶退。舊臣，指仇騰、席寶等人。事詳《晉書・載記・苻堅下》。

㊴ **匹夫**　指苻堅。他在西元三七〇年滅前燕，西元三七六年滅涼、代，統一了北方，與東晉抗衡。

㊵ **略**　奪取，攻佔。

㊶ **備論**　詳加評論。

㊷ **狷介之操**　潔身自好的節操。狷介，孤高寡合，不同流俗。操，節操、操守，在此亦可指「性格」。

㊸ **病沮**　頹廢，沮喪。

㊹ **所發**　指發揮天賦，自用其才。

【賞析】

賈誼是西漢初年著名的政治家、思想家和文學家。他十八歲，以能誦詩書屬文，被河南太守吳公召置門下，孝文皇帝即位，又因廷尉吳公的推薦召爲博士，時二十餘，年最少。每詔令議下，諸老先生因出身草茅，未能言，賈生盡爲之對，且議論精闢，深得文帝喜愛，一歲之中，超遷至太中大夫，並準備委以公卿之位，但遭絳、灌、東陽侯、馮敬之反對，被貶爲長沙王太傅。四年後，召對於宣室，改任爲文帝幼子梁懷王太傅，懷王入朝，墮馬死，無後，賈誼自傷爲傅無狀，負咎悲泣，不久竟抑鬱而卒，時年三十又三。本文明論賈誼志大而量小，才有餘而識不足，以爲如賈生能「上得其君，下得其臣，優游浸漬而深交之，不過十年，可以得志。」其理說之易，而行之甚難。雖然如此，蘇軾這篇〈賈誼論〉，卻從另一視角，看賈誼的生平遭際，從而給讀者得出新的結論。全文大致可以分五個段落。

第一段，開門見山，以「非才之難，所以自用者實難」破題，提出了本文主旨。這種論點和傳統論進賢使能的文章大相逕庭。一般均以培養人才，認識人才和尊重人才爲治國理民之要道，故韓愈有「始有伯樂，然後有千里馬；千里馬常有，而伯樂不常有」的說法，但蘇軾卻以「非才之難」，難在「不能自用其才」，而又以「惜乎賈生王者之佐，而不能自用其才也。」完全坐實題面，突顯了文章的命題，接著宕開一筆，展開兩層論證，先言「君子所取者遠，則必有所待，所就者大，則必有所忍」，提出「等待」、「忍耐」，以便俟機而行。次言「古之賢人」，他們所以未能舒展抱負，未必皆時君世主之罪，或者是由於自取。這樣，文章不但暗中回應了發端二句，同時也點醒了「賈生王者之佐，而不能自用其才」的看法。

第二段，論賈誼遇漢孝文帝，不是文帝不用他，而是他本身不能被文帝所用，並引孔、孟的遭遇爲證。這是蘇軾用反證法來證明人之所以不能盡其才，「未必皆時君之罪」。所以他首先提出「天下無堯舜，終不可以有所爲耶？」的命題，接著以孔、孟生當列國競存，諸侯呑幷，強凌弱，衆暴寡的時代，卻大倡仁義忠恕之道，雖然「歷試於天下」，皆不能用，但他們仍以「知其不可而爲之」的精神，抱著「捨我其誰」，以及「苟非大無道之國，皆欲勉強扶持，庶幾一日得行其道」，像這樣汲汲遑遑，不灰心喪志，而「欲得其君」以行其道，如此其勤，較之賈誼，稍遇挫折，即自怨自艾，抑鬱悲泣的情形，兩相比較，不可同日而語。於是得出「非漢文之不用生，生之不能用漢文也」的結論。與本文「賈誼不能自用其才」的主旨，前後呼應。

第三段，是蘇軾易箸代籌，設想賈誼得志用才的策略，藉此證明賈誼不能自用其才的論點。先從人我關係的立場，分析賈誼和文帝、絳、灌的彼此過從。絳侯、灌嬰皆高帝的舊將，其君臣相得的情分，實已超父子手足的關係。賈誼不過一洛陽少年，怎能在一朝之間，使文帝盡棄其舊而謀其新，這是不可能的。所以爲賈生謀，最好能上得國君的信任，下得大臣的同情，尤其像絳、灌一輩的重臣，應當深相交往，以去天子的疑慮，大臣的忌恨；這樣不出十年，就可以得志。然而事實上賈誼並沒有這樣做，或者已做而未能獲得老臣宿將的諒解。清沈德潛讀文至此，評曰：「談何容易，子瞻不能得志於神宗之朝與哲宗初年，可以知賈生矣。」（見《唐宋八家古文讀本》）雖然知之易而行之難，但蘇軾確實以史實爲鑑，聖人爲例，論證了賈誼不能默默以待其變，推斷其「志大而量小，才有餘而識不足」的觀點，言簡義賅，筆力千鈞。

第四段，借苻堅用王猛之事，歸過漢文帝之不能用賈誼。以爲「人有高世之才，必有遺俗之累」，所以身爲聰明睿智的君主，要具有識人之明，拔擢賢德之士，而與之謀，這樣才能全其大用。文思由此遽然一轉，則上段代賈生劃策，此段貼緊漢文不能如苻堅得王猛故事，破格援引，以致賈生「悲鬱憤悶」，雖有「趯然有遠舉之志」，卒以「自傷哭泣」而飲恨夭絕。字裡行間，隱含著漢文負生之意。

末段，說明寫作本文的目的作收。一方面勸勉後世的國君當惜才而用，一方面勸勉類似賈誼這種有狷介之操的臣子，不可一不見用，便憂傷病沮，不能復振，應有善於自用其才的作法。

這篇不足千字的歷史人物論，在寫作方法上，是論點逐層推進，見解十分新穎，道前人所未道，並有理有據，思路清晰，既有反面的論證，又有正面的貶議，雖是翻案文章，卻立論穩妥，無偏激之病。清吳楚材《古文觀止》卷十曾云：「賈生有用世之才，卒廢死於好賢之主。其病原欲疎間絳、灌舊臣，而為之痛哭，故自取疏廢如此。所謂不能『謹其所發』也。末以苻堅用王猛責人君以全賈生之才，更有不盡之意。」《蘇文忠公文鈔》引王慎中之言曰：「（本篇）文字翻騰變幻，無限煙波。」

教戰守策

首段提出「當今生民之患，在知安而不知危，能逸而不能勞」的論點。次段引古為例，正面說明教戰守的好處。

夫當今生民㊀之患，果㊁安在哉？在於知安而不知危，能逸而不能勞。此其患不見於今，而將見於他日。今不為之計㊂，其後將有所不可救者。

昔者先王㊃知兵之不可去也，是故天下雖平，不敢忘戰。秋冬之隙㊄，致民田獵以講武㊅，教之以進退坐作㊆之方；使其耳目習於鐘鼓旌旗㊇之間而不亂，使其心志㊈安於斬刈殺伐㊉之際而不懾⑪。是以雖有盜賊之變⑫，而民不至於驚潰⑬。及至後世，用迂儒之議⑭，以去兵⑮為王者之盛節⑯，天下既定，則卷甲⑰而藏之。數十年之後，甲兵頓弊⑱，而人民日以安於佚樂⑲；卒⑳有盜賊之警，則相與㉑恐懼訛言㉒，不戰而走㉓。開元、天寶㉔之際，天下豈不大治？惟其民安於太平之樂，酣豢㉕於遊戲酒食之間，其剛心㉖勇氣，消耗鈍眊㉗，痿蹶㉘而不復振。是以區區之祿山㉙一出而乘之㉚，四方之民，獸奔鳥竄㉛，乞為囚虜之不暇㉜；天下分裂㉝，而唐室固以微矣㉞。

三段論「能逸而不能勞」的危險性。

蓋嘗試論之：天下之勢，譬如一身。王公貴人所以養其身者，豈不至㉟哉？而其平居常苦於多疾。至於農夫小民，終歲勤苦而未嘗告病㊱。此其故何也？夫風雨霜露寒暑之變，此疾之所由生也。農夫小民，盛夏力作㊲，而窮冬暴露㊳，其筋骸之所衝犯㊴，肌膚之所浸漬㊵，輕霜露而狎風雨㊶，是故寒暑不能爲之毒㊷。今王公貴人處於重屋㊸之下，出則乘輿㊹，風則襲裘㊺，雨則御蓋㊻，凡所以慮患之具莫不備至㊼；畏之太甚而養之太過，小不如意，則寒暑入之㊽矣。是故善養身者，使之能逸而能勞，步趨㊾動作，使其四體狃㊿於寒暑之變；然後可以剛健強力，涉險(51)而不傷。夫民亦然。今者治平之日久，天下之人驕惰脆弱，如婦人孺子，不出於閨門(52)。論戰鬭之事，則縮頸而股慄(53)；聞盜賊之名，則掩耳而不願聽。而士大夫亦未嘗言兵，以爲生事擾民，漸不可長(54)；此不亦畏之太甚而養之太過歟？

四段舉西、北兩處邊防的危險形勢，說明戰爭不可避免，教民戰守之不可忽視。

且夫天下固有意外之患也。愚者見四方之無事，則以爲變故無自而有(55)，此亦不然矣。今國家所以奉西、北之虜(56)者，歲以百萬計。奉之者有限，而求之者無厭(57)，此其勢必至於戰。戰者，必然之勢也，不先(58)於我，則先於彼，不出於西，則出於北；所不可知者，有遲速遠近，而要(59)以不能免也。天下苟不免於用兵，而用之不以漸(60)，使民於安樂無事之中，一旦出身(61)而蹈死地(62)，則其爲患必有不測(63)。故曰天下之民知安而不知危，能逸而不能勞，此臣所謂大患也。

五段提出教民戰守的具體措施，並反駁可能出現的反對論調。

臣欲使士大夫尊尚武勇，講習兵法；庶人之在官者(64)，教以行陣之節(65)；役民之司盜者(66)，授以擊刺之術。每歲終則聚於郡府，如古都試之法(67)，有勝負，有賞罰；而行之既久，則又以軍法從事(68)。然議者必以爲無故而動民(69)，又撓以軍法⑳，則民將不安；而臣以爲此所以安民也。天下果未能去兵，則其一旦將以不教之民而驅之戰㉑，夫無故而動民，雖有小恐，然孰與夫一旦之危哉㉒？

今天下屯聚㉓之兵，驕豪而多怨，陵壓㉔百姓而邀其上㉕者何故？此其心以爲天下之知戰者，惟我而已。如使平民皆習於兵，彼知有所敵㉖，則固已破其姦謀㉗而折其驕氣㉘。利害之際㉙，豈不亦甚明歟？

末段論寓兵於民，可以消除「屯聚之兵」的驕橫與多怨。

【解題】

本文選自《經進東坡文集事略》卷十七，原文無「策」字，現依舊選本增。「策」，文體名，唐宋時，朝廷設題考試，讓應試者對答，叫「策問」，應試者的對答，叫「對策」。本文就是蘇軾在宋仁宗嘉祐元年（西元一〇五六年）至嘉祐六年（西元一〇六一年）間，應試時所進時務策的一部分。這些進策共二十五篇，屬於總論性質的共五篇，稱爲《策略》；屬於專題性的共十七篇，稱爲《策別》；屬於結論性的共三篇，稱爲《策斷》。《策別》中共談了四個主題：即「謀百官」、「安萬民」、「厚貨財」、「訓兵旅」。在「安萬民」題目下，又分爲六個子目，〈教戰守策〉就是其中的第五個子目。

文章寫於北宋所謂百年無事的「太平盛世」，朝廷上下都沈溺於安樂享受之中，恥讀兵事，以爲是擾民；而沒有意識到雖號稱政通人和，但內因朝廷昏庸，外有遼人西夏的犯邊，屈辱求和，危機四伏，當時蘇軾深感長此以往，不堪設想。於是藉著應制科考試的機會，寫下了這篇名垂不朽的「策論」。

文中論述了生民「知安不知危，能逸而不能勞」的危險性，並提出了重視戰備，教民戰守，以防不測之患的政治主張。其立論顯然受到孟子「生於憂患而死於安樂」（《孟子・告子下》），和蘇洵「古者夷狄憂在外，今者夷狄憂在內」（〈審敵〉），以及「六國破滅，非兵不利，戰不善，弊在賂秦，賂秦而力虧，破滅之道也」（〈六國論〉）的影響。

通觀全文，結構謹嚴，層次井然，由提出論點，寫到要「爲之計」的原因，再寫到「怎樣爲之計」，並提出教民戰守的具體措施；然後說明教民戰守的好處。環環相扣，節節深入，誠如明陳繼儒所評「見析懸鏡，機沛湧泉。」（見《蘇長公合作》卷五）另外作者還巧妙地運用了對比、比喻、提示、設問、反詰等各種修辭技巧，使文氣直貫而下，滔滔雄辯，一氣呵成。中間用養身比況治國一段文字，尤覺切情合理，令讀之者歎服！

【注釋】

㈠ **生民**　即人民。

㈡ **果**　究竟之意。

㈢ **爲之計**　給這種情況想個辦法。計，謀劃、想辦法。

㈣ **先王**　指古代的帝王。

㈤ **秋冬之隙**　指秋冬農閒之時。《周禮・夏官・大司馬》：「中秋，教治兵，如振旅之陣。」「仲冬，教大閱。」

㈥ **致民田獵以講武**　言招集民衆到野外打獵，講習武事。致民，召集民衆。田獵，有組織地進行打獵活動。以講武，借此機會講習武事。

(七) **進退坐作**　均爲古代軍隊操練時的基本動作。進，前進。退，後退。坐，跪倒。作，起立。案：《周禮・夏官・大司馬》：「以教坐作、進退，疾徐、疏數之節。」鄭玄注：「習戰法。」

(八) **鐘鼓旌旗**　這是古時指揮作戰部隊前進後退的標誌。

(九) **心志**　精神和意志。

(一〇) **斬刈殺伐**　指面對殺戮。斬刈，殺戮。

(一一) **懾**　害怕。

(一二) **變**　變亂。

(一三) **驚潰**　驚慌失措而潰散逃亡。

(一四) **迂儒之議**　迂腐而不通事理的讀書人的見解。迂，迂闊不切實際。

(一五) **去兵**　放棄軍備。

(一六) **盛節**　美好的措施。節，制度。引申爲規定、辦法。《漢書・倪寬傳》：「昭姓考瑞，帝王之盛節也。」

(一七) **卷甲**　把武器收藏起來。甲，鎧甲，此處泛指兵器。

(一八) **頓弊**　敗壞。頓，通鈍，音ㄉㄨㄣˋ。

(一九) **佚樂**　安佚享樂。佚，通逸。

(二〇) **卒**　音ㄘㄨˋ，通猝，突然、忽然。

㉑ **相與**　互相、彼此。

㉒ **訛言**　即謠言。此處有人心浮動，謠言四起之意。

㉓ **走**　逃跑。

㉔ **開元天寶**　皆唐玄宗李隆基的年號，「開元之治」是中國歷史上政績卓著的朝代，號稱「盛世」。

㉕ **酣豢**　作沈醉、安享解。歐陽修〈釋惟儼文集序〉：「尚安能酣豢於富貴。」豢，音ㄏㄨㄢˋ。

㉖ **剛心**　指剛強的意志。

㉗ **消耗鈍眊**　文承上句，指勇氣銷耗淨盡，以致動作遲緩，眼睛失神，弄得衰老昏聵。鈍，遲鈍，眊，音ㄇㄠˋ，眼睛失神。

㉘ **痿蹶**　音ㄨㄟˇ ㄐㄩㄝˊ，因肢體麻痺而跌倒。痿，肌肉萎縮。蹶，衰竭，麻木。《呂氏春秋・盡數》：「處足則爲痿爲蹶。」高誘注：「痿，不能行。蹶，逆疾也。」

㉙ **是以區區之祿山**　因此小小的安祿山之亂。此指唐玄宗天寶年間，安祿山任平盧、范陽、河東節度使，擁兵十五萬。天寶十四年（西元七五五年）起兵作亂，攻佔洛陽、長安，自稱燕帝，後爲其子安慶緒所殺。

㉚ **乘之**　即趁著人們安於享樂，缺乏戰備之時。

㉛ **獸奔鳥竄**　形容百姓受到驚擾，四處逃散，像受驚的鳥獸一樣。

㉜ **乞爲囚虜之不暇**　言請求當囚犯俘虜都來不及。不暇，來不及。《資治通鑑・唐紀三十三》：「時海內久承平，百姓累世不識兵革，猝聞范陽兵起，遠近震駭，河北皆祿山統內，所過州縣，

望風瓦解。守令或開門出迎，或棄城竄匿，或為所擒戮，無敢拒之者。」

㉝ **天下分裂** 指唐肅宗（西元七五六年——七六一年在位）以後，形成了藩鎮割據的形勢。

㉞ **唐室固以微矣** 言唐朝因為安史之亂延續七、八年之久，國勢從此趨向衰落了。微，衰弱。

㉟ **至** 周到、備至。

㊱ **告病** 稱說有病。

㊲ **力作** 努力耕作。

㊳ **窮冬暴露** 嚴寒的冬天，在野外勞動。窮冬，隆冬。窮，極。暴露，在野外。

㊴ **其筋骸之所衝犯** 言其筋骨經常受到摧殘損傷。筋骸，即筋骨。

㊵ **肌膚之所浸漬** 言其皮肉經常受到雨水浸泡。浸漬，雨水浸泡。

㊶ **輕霜露而狎風雨** 是說輕視霜露，迎風冒雨。輕，輕視。狎，習，與「輕」互文。也有輕忽之意。《左傳・昭公二十年》：「水懦弱，民狎而翫之。」杜預注：「狎，輕也。」

㊷ **為之毒** 成為他們的危害。毒，危害。

㊸ **重屋** 高樓深宅。《周禮・考工記》孫詒讓《正義》引孔廣森說：「殷人始為重擔，故以重屋名。」一說屋有上下兩層叫重屋，即今之樓房。

㊹ **乘輿** 坐轎。

㊺ **襲裘** 加穿皮襖。襲，加穿。裘，皮襖。

㊻ **御蓋** 撐傘。御，使用。蓋，傘。

㊼**莫不備至**　是說無不應有盡有。

㊽**入之**　指侵入身體之內。

㊾**步趨**　行走。

㊿**狃**　音ㄋㄡˇ，習慣。

(51)**涉險**　經歷寒暑之變的危險。

(52)**閨門**　通往內室的門。

(53)**縮頸而股慄**　是說縮起脖子而兩腿發抖。

(54)**漸不可長**　指不能讓剛出現的情況，繼續發展下去。漸，事情發生之初。長，滋長。

(55)**變故無自而有**　言意外的變化和事故，沒有發生的可能。變故，變化事故。無自而有，無從發生之意。

(56)**奉西北之虜**　指進獻給西夏和契丹的財物。奉，進獻。西指西夏，北指契丹。虜，古代對敵方的稱謂。案：《宋史・畢士安傳》：「宋眞宗景德元年（西元一〇〇四年），宋與契丹訂立澶淵之盟，規定宋每年給契丹銀絹茶三十萬。」又《宋史・夏國傳上》：「宋仁宗慶曆四年（西元一〇四四年），宋與西夏定約，年給西夏銀綺絹茶二十萬五千。」蘇軾於仁宗嘉祐年間寫此文，親見此事，故甚感痛心。

(57)**厭**　滿足。

(58)**先**　指首先發動戰爭。

（五九）**要**　總歸，歸根究柢。

（六〇）**用之不以漸**　意謂既要用兵，而又不事前逐步練習。漸，逐步漸進。

（六一）**出身**　投身、獻身。

（六二）**蹈死地**　走上戰場。蹈，奔赴。死地，戰場。

（六三）**不測**　不可預料。

（六四）**庶人之在官者**　指平民在官府服役供職者。庶人，平民。

（六五）**行陣之節**　指戰鬥行列，布置陣勢的規則。行陣，軍隊的行列和陣式。節，規則、節度。

（六六）**役民之司盜者**　指從民間抽調的差役，掌管緝捕盜賊者。司，掌管。《文獻通考・職役一》：「宋制耆手、弓手、壯丁以逐捕盜賊。」

（六七）**都試之法**　即集軍士於都城，考試武藝的辦法。案：漢制，每年秋八月，各郡太守，都尉召集所屬部隊，在郡府所在地作軍事演習，進行考試。《後漢書・李通傳》：「期以材官都試騎士日。」李賢注：「漢法以立秋日都試騎士，謂課殿最也。」都，郡府治所所在地。試，考試。

（六八）**從事**　處理，處置。

（六九）**動民**　驚動人民。

（七〇）**撓以軍法**　以軍法擾動百姓。撓，困擾、擾亂。

（七一）**以不敎之民而驅之戰**　指未經過軍事訓練的人民去作戰。《論語・子路》：「以不教民戰，是謂棄之。」

㉒ **然孰與夫一旦之危哉**　是說同突然讓沒有經過軍事訓練的人上戰場的危險比較，那個更可怕呢？孰與，與之相比又如何，此常用於反詰句型。一旦之危，指上文所說的「一旦以不教之民而驅之戰」的危險。

㉓ **屯聚**　集中屯紮。案：指駐紮在各地的正規軍。

㉔ **陵壓**　欺壓。

㉕ **邀其上**　言要挾他們的上級。邀，通「要」，要挾。

㉖ **彼知有所敵**　讓他們知道有了對手。彼，指上述「屯聚之兵」。敵，敵對者。

㉗ **破其奸謀**　即消除他們不正當的謀劃。

㉘ **折其驕氣**　挫傷他們驕橫的氣燄。

㉙ **利害之際**　指利與害之間的界限。際，界限。

【賞析】

蘇軾在宋仁宗嘉祐六年（西元一〇六一年）應制科考試時，向皇帝陳述政見，寫下了這篇歷久彌新的作品。〈教戰守策〉的意思，就是教人們如何臨敵作戰和平時守備的策論。當時遼和西夏有隨時犯境的可能，但北宋沈醉於百年太平的好夢，全國上下苟安偷生，痲痺不仁；作者洞燭機先，提出了「知安而不知危，能逸而不能勞」的危險性，具體地主張平時教民習武，作好準備，以便應付外患。所謂「天下雖平，忘戰必危」，足見作者之深謀遠慮。

本文在立論上有設喻淺近，說理透徹，結構嚴謹，層層深入，令人信服的特點。例如開頭即以設問方式，直截了當地提出論點，指明問題的嚴重性，所謂「當今生民之患，果安在哉？」接著自答：「在於知安而不知危，能逸而不能勞。」言簡意賅，絕不拖泥帶水。並且認爲這種危險性，目前一時看不出，不久就會浮現，假如現在不迅速採取對策，將來定將不可收拾。問題一經點破，下面必然的是要列舉事實，分析道理，並從容不迫地進行說明。

其次，作者先從先王不廢軍備與後世放棄軍備的對比中，指出其不同結果。言先王知軍備之不可放棄，所以天下雖然太平，不敢忘記戰爭。於是趁每年秋冬農閒之時，召集百姓打獵，藉此講習武事，由於平時有充分準備，一旦有盜賊突變，百姓決不至驚惶失措甚而潰散奔逃。但到了近代，因一般知識分子，視廢棄軍備爲皇上的盛德，以致軍隊痲痺，士無鬥志。一旦突然有敵人入侵，大家必會謠言四起，人心浮動，不戰而走了。這種正反對比的論證，爲平時加強軍備，突顯了它的重要性。

第三段，作者爲了強化論點的可信度，又徵引史實爲例證。他首先以唐朝安史之亂爲論據。是說在唐朝開元、天寶年間，號稱太平盛世，一般人均沈溺於安樂之中，熱衷於宴遊之上，他們的剛心勇氣，消磨殆盡，所以一個區區的安祿山的叛亂，就使四方百姓鳥飛獸竄，守城官吏棄城投降。從此唐朝一蹶不振，國勢逐漸衰落。事實上，當時「天下豈不大治？」根據《通鑑・唐紀三十五》的記載：「時海內久承平，百姓累世不識兵革，猝聞范陽起兵，遠近震駭，所過州縣，望風瓦解。守令或開門出迎，或棄城竄匿，或爲所擒戮，無能拒之者。」作者引用這個史實，強調了太平時期不加強戰備的嚴重後果。

第四段，是作者利用淺近的比喻，作對比性的論證。他把天下形勢比成一個人的身體，王公貴人千方百計保養身體，住於高樓大廈之下，出則乘車，冷則服裘，雨則撐傘，照顧得無微不至。但卻常疾病纏身。而農民百姓終年辛勞，受風雨霜露的摧折，寒暑變化的考驗，卻很少生病。所以作者認爲「善養身者，使之能逸而能勞，步趨動作，使其四肢狃於寒暑之變，然後可以剛健強力，涉險而不傷。」個人養身如此，政府治國亦應如此。現在太平日久，人們皆「驕惰脆弱」，一聽到戰爭，便縮頭縮腦，兩腿發抖，然而士大夫們談到軍備，便認爲是「生事擾民」，這種「畏之太甚」，「養之太過」的比喻，淺顯曉暢，切中時弊，從而突顯了「能逸而不能勞」的重要性。

第五段，進一步說明凡事不能只顧眼前的享樂，要考慮到意外事變的發生。以當時的情況而言，國家每年要給北方的契丹銀絹茶三十萬，給西夏銀綺絹茶二十萬五千，以求苟安，這種「奉之者有限，而求之者無厭」的情形，令人痛心疾首，最後「勢必至於戰」。如果百姓一味沈迷於安樂無事之生活，而於作戰毫無所悉，眞的打起仗來，後果不堪設想。所以作者以爲「天下之民知安而不知危，能逸而不能勞」，舉眼前事實，證突發之事變，並回應首段提出的論點。

第六段，作者陳述了自己加強軍備的方法。如士大夫必須「尊尙武勇，講習兵法」，在官府服役的庶民，必須「教以行陣之節」，緝捕盜賊的差役們，必須「授以擊刺之術」；爲了考查訓練的績效，規定「每歲終則聚於郡府，如古都試之法，有勝負，有賞罰，而行之既久，則又以軍法從事。」有人認爲以軍法威嚇百姓，使百姓不安。作者認爲這正是國家長治，百姓久安的良法。同時現在的「小恐」與將來的「一旦之危」比起來，其結果那個更壞呢？可想而知，寧可讓百姓平時有點「小恐」，免得將來一旦事變，就不會出現大危險了。作者正面陳述教民戰守，加強軍備的具體措施，並反駁可能引起的錯誤論調，從而結束全文。

綜觀全文，層次分明，邏輯謹嚴，然而當世王公大臣卻未採納其建議，最後竟不幸重蹈「天寶之亂」的覆轍，蒙受「靖康之恥」的大辱。政令北宋君臣「獸奔鳥竄」，乞為囚虜之不暇。所以明唐文獻說：「坡公此策，說破宋室膏肓之病，其後靖康之禍，如逆睹其事者，信乎有用之言也。」李贄讀了本文後，不禁發出「時不用公，可奈之何」的悲嘆！近人王文濡《古文辭類纂評註》云：「兵農既不能合一，則就在官者與司盜者整齊而訓練之，未始非治標之法；並此而不講，無怪金人之入，勢如破竹也。」可見此文立論精確，及其說服力與感召力為如何了！

稼說送張琥

首段論種田必須更休，待成熟而沒收割，才得「美稼」。

盍嘗(一)觀於富人之稼乎？其田美(二)而多，其食足而有餘。其田美而多，則可以更休(三)，而地力得完。其食足而有餘，則種之常不後時(四)，而斂之常及其熟(五)。故富人之稼常美，少秕(六)而多實，久藏而不腐(七)。今吾十口之家，而共百畝之田，寸寸而取之(八)，日夜以望之(九)，鋤耰銍艾(一○)，相尋於其上者如魚鱗(一一)，而地力竭(一二)矣。種之常不及時，而斂之常不待其熟，此豈能復有美稼哉？

次段言治學之道須注意「自養」，以待其成，不可隨意輕用。

古之人，其才非有以大過(一三)今之人也，其平居所以自養，而不敢輕用以待其成者(一四)，閔閔焉如嬰兒之望長(一五)也。弱者養之以至於剛(一六)，虛者養之以至於充(一七)。三十而後仕(一八)，五十而後爵(一九)，信於久屈之中(二○)，而用於至足之後(二一)，流於既溢之餘(二二)，而發於持滿之末(二三)，此古之人所以大過人，而今之君子所以不及也。

末尾說明寫作本文的目的，其中又分兩層：一言成名過早，二是贈言勉勵。

吾少也有志於學，不幸而早得與吾子同年(二四)，吾子之得亦不可謂不早也。吾今雖欲自以爲不足，而衆且妄推(二五)之矣。嗚呼，吾子其(二六)去此而務學(二七)也哉。博觀而約取(二八)，厚積而薄發(二九)，吾告子止於此矣。子歸過京師(三○)而問焉，有曰轍子由者(三一)，吾弟也，其亦以是語之(三二)。

【解題】

本文選自《經進東坡文集事略》卷五十七。根據吳雪濤的《蘇文系年考略》，知此文作於宋仁宗嘉祐八年（西元一〇六四年）。張琥，字邃明，後改名璪，滁州全椒（今安徽全椒縣）人，與蘇軾同在嘉祐二年登進士第，後任鳳翔府法曹，又共事於扶風。嘉祐八年，琥解法曹任，命知縉雲縣（今浙江省縉雲縣）。蘇軾此文，即作於張琥離鳳翔法曹任時。

「說」，文體名，與「論」近似。如〈師說〉。有的不如「論」的莊重，但有從小見大，就淺透深，觸此悟彼，借古諷今，懲前毖後，以雜示純，言簡意賅，語重心長，故稱之爲「雜說」。「雜說」又叫「雜文」，此體古已有之。蘇軾「雜說」一類的文章，可說是比較典型的雜文。如〈稼說送張琥〉，從題目上看，似乎說的是種莊稼，其實講的是治學修業之道，不過爲了把理說透，且能引人入勝，採用以虛寫實的手法，來說理論事。

其實古人講做學問道理的散文不少，如《荀子・勸學》、韓愈的〈師說〉、〈進學解〉、柳宗元的〈答韋中立論師道書〉、歐陽修的〈答吳充秀才書〉、宋濂的〈文說〉等皆是，但蘇軾這一篇卻與衆不同，它是一篇「雜說」體的贈序，既生動有趣，又富有深刻的哲理。

【注釋】

㈠ **盍嘗** 即「可曾」，有「過去是否」之意。

㈡ **美**　肥美，形容良田。

㈢ **更休**　指讓農田輪流休整。更，輪流更替。休，休整。這裡是說農田不種莊稼，讓它暫時閑置，以恢復地力。

㈣ **不後時**　不錯過播種時節。時，時節。

㈤ **斂之常及其熟**　收割莊稼總是等到莊稼成熟。斂，收集，這裡指收割莊稼。

㈥ **秕**　中空或不飽滿的穀粒。

㈦ **腐**　敗壞、腐爛。

㈧ **寸寸而取之**　指每一點土地都不能使它空閒。即不休更，以致地力枯竭。

㈨ **望之**　盼望莊稼成熟。

(一〇) **鋤耰銍艾**　鋤，鋤頭，這裡用做動詞，作「鋤草」解。耰，音ㄧㄡ，古代農具，沒齒的耙，用來平田和擊碎土塊。銍，音ㄓˋ，割禾用的短鐮刀。艾，音ㄧˋ，作「穫」解，與「刈」通。

(一一) **相尋於其上者如魚鱗**　此承上句為說，指鋤耰銍艾一次又一次，如魚鱗般地在田裡耕種。相尋，相繼不斷。

(一二) **竭**　枯竭、盡。

(一三) **大過**　遠遠超過。

(一四) **平居所以自養二句**　言平時所以努力自我修養，不敢輕易顯露，以等待學業成熟的態度。平居，日常，平時。自養，自我修養。

⑮ **閔閔焉句**　是說小心翼翼地像期待嬰兒的健康成長。閔閔，擔心、憂懼。望長，期待健康成長。

⑯ **剛**　剛強。與「弱」相對。

⑰ **充**　充實，與「虛」相對。

⑱ **仕**　做官。

⑲ **爵**　爵位。

⑳ **信於久屈之中**　在長期壓抑滯塞中得以伸展。信，通「伸」，伸展。

㉑ **用於至足之後**　在知識極爲充足之後，才開始使用。

㉒ **流於既溢之餘**　是說滿出容器之後，餘水才能外流。溢，水滿外流。

㉓ **發於持滿之末**　是說弓拉滿之後，箭才能發射有力。持滿，弓拉到圓形。

㉔ **早得與吾子同年**　言過早地與您同年中進士。吾子，對人親敬的稱呼，指張琥。同年，在科舉制度中，稱同榜考中進士的人爲同年。

㉕ **妄推**　虛妄不實地推崇。妄，虛妄。

㉖ **其**　副詞，加強語氣，相當於「要」「一定」之意。

㉗ **務學**　從事學業的增進。

㉘ **博觀而約取**　廣泛地閱覽，而精要的汲取。約，精要。

㉙ **厚積而薄發**　深厚地累積，而適當地發揮。發，使用、表達之意。

㉚ **京師**　指北宋國都汴京（今河南省開封）。

㈡ **有曰轍子由者**　是說有個名叫轍，字子由的人。

㈢ **其亦以是語之**　請把這些話轉告他。其，語氣詞，表希望。是，指代詞，這些。之，代名詞，指蘇轍。

【賞析】

本文既是一篇「雜說」體的贈序，其內容以種莊稼爲喻，說明治學也是如此，又有類乎寓言故事。以如此奇特的作品，其結構布局自必有其不同之處。綜其大較，約分三段。第一段論農夫耕田，必須有機會輪休調整，莊稼要待完全成熟後方可收割，這樣才能獲得「美稼」。作者以問句振起，先講富人耕稼之優裕，貧戶種田之窘迫，一正一反，突顯了農夫想有美稼，必須厚基礎、飽地力、平播種，待其成熟而後收穫。爲士人治學用世，埋伏了鮮活的譬喻，作全文發端。

第二段，再講「古人」，說明治學之道，注意自養，以待其成，不可隨意輕用；並強調溢而後流，滿而後發，以與今人對比，暗含對今人疏於積學，而急於求進的不滿。

第三段，聯繫自身，勸勉友人，強調努力學習的必要性。筆鋒很自然地由古人落到今人，由自身過渡到對方，沒有自居高明，教訓別人之嫌。並以「博觀而約取，厚積而薄發」的治學主張，勸勉張琥，言簡而意賅，誠如沈德潛在《唐宋八家文讀本》說：「千古爲學之方，盡此十字。」最後，又說及子由。看似贅語，實把張琥置於自己愛弟之列，用意更是親切深厚。

綜觀本文的寫作特點：一、是巧於借喻，加強印象，使人易於理解：作者借助具體事物，加強論辯的效果。〈稼說〉就是以種莊稼的事作比喻，所以謂「富人」田多而美，收種及時，所以糧食「少秕而多實」；而吾家「寸寸而取之」，收種不及時，所以沒有「美稼」，在兩相對比中，因土地不同，種法差異，結果收成也不同。雖未涉及治學的主旨，但言在此，意在彼，已爲治學預留空間。二、是廣泛聯繫，緣事論理：爲了說理深刻，達到觸類旁通的效果，作者有目的雜採不同類型的材料，從不同的角度，由遠及近，由淺入深，逐步逼近文章的中心。如舉「古之人」「其才」大小在於「自養」的例子，說明人的才學非與生俱來，而是有一個發展過程，由「弱」到「剛」，由「虛」到「實」，以至於到達「至足」、「既溢」、「持滿」的程度，這完全是「自學」的結果。這樣就事論理，深入挖掘，提出「務學」之理——「博觀而約取，厚積而薄發」。文行至此，「道」緣事而出，「理」隨文而明，收到了使人心領神會，自勉自勵的效果。林紓在《古文辭類纂選評》中說：「此篇著眼在一『早』字，歸重在一『足』字。」頗有畫龍點睛之識解。至於文中多偶句排句，氣勢通貫，說理條達，讀者開卷自得，恕不煩贅。

日喻

首段指出盲人識日的荒謬論。導出「道不可求」，和「莫之求而自至」的命題。

生而眇㊀者不識日，問之㊁有目者。或㊂告之曰：「日之狀如銅盤。」扣盤㊃而得其聲，他日聞鐘，以爲日也。或告之曰：「日之光如燭。」捫㊄燭而得其形，他日揣籥㊅，以爲日也。日之與鐘、籥亦遠㊆矣，而眇者不知其異，以其未嘗見而求之人也。道之難見也甚于日㊇，而人之未達㊈也，無以異于眇。達者告之，雖有巧譬善導㊉，亦無以過于盤與燭也。自盤而之鐘，自燭而之籥，轉而相之⑪，豈有既⑫乎？故世之言道者，或即其所見而名之⑬，或莫之見而意之⑭，皆求道之過⑮也。然則道卒⑯不可求歟？蘇子曰：道可致而不可求⑰。何謂致？孫武曰⑱：「善戰者致人，不致于人。」子夏曰⑲：「百工居肆，以成其事，君子學以致其道。」莫之求而自至，斯以爲⑳致也歟！

次段通過「北人學沒」的故事，提出「學以致其道」的見解，闡發踐履篤行的重要性。

南方多沒人㉑，日與水居也，七歲而能涉㉒，十歲而能浮㉓，十五而能沒矣。夫沒者豈苟然哉㉔？必將有得於水之道者㉕。日與水居，則十五而得其道；生不識水，則雖壯㉖，見舟而畏之。故北方之勇者，問於沒人，而求其所以沒㉗，以㉘其言試之河，未有不溺者也。故凡不學而務求道，皆北方之學沒者也。

末尾談古論今，抨擊時

昔者以聲律取士㉙，士雜學㉚而不志於道；今也以經術取士㉛，士知求道而不務學。渤海吳君彥律㉑，有志于學者也，方求舉㉒于禮部㉓，作〈日喻〉以告之。

弊，並說明寫作目的，激勵後進。

【解題】

本文選自《經進東坡文集事略》卷五十七，題目一作〈日喻說〉。根據吳雪濤《蘇文繫年考略》，此文是蘇軾爲吳彥律將赴京師應試而作。〈東坡烏臺詩案〉：「知徐州作〈日喻〉一篇」條云：「元豐元年，軾知徐州，十月十三日，在本州監酒正字吳琯鎖廳得解，赴省試，軾作文一篇，名爲〈日喻〉。以譏諷近日科場之士，但務求進，不務積學，故皆空言而無所得。」因知此文作於宋神宗元豐元年（西元一〇七八年）十月十三日。

文章的主旨，在於闡明「君子學以致其道」，既反對「雜學而不志於道」，又反對「求道而不務學」；主張「學」「道」統一，反對只憑道聽塗說，崇尚空談的惡習。全文即圍繞著「學」與「道」的問題，巧用比喻進行說理，既有生動感性的故事，又有精闢周嚴的議論，具有極強的說服力。

文中有對話、有排比、有反詰，生動活潑而富於變化。理趣深長，是一篇帶有寓言色彩而又深入淺出的短論，頗具「雜說」的特色。

【注釋】

㊀ **眇** 音ㄇㄧㄠˇ，原指一目失明或視力微弱，此處指雙目失明。

㈡ **之** 指代詞，作「日」解。

㈢ **或** 無定代名詞，指「有人」。

㈣ **扣盤** 敲盤子。

㈤ **捫** 摸。

㈥ **揣籥** 即用手摸到籥。揣，音ㄔㄨㄞˇ，原作揣度、猜想，此處解作「摸」，用手摸到。籥，音ㄩㄝˋ，古代一種竹製似笛狀的管樂器。

㈦ **遠** 言相差甚遠。

㈧ **道之難見也甚于日** 言「道」比太陽還更難看到。道，指法則、規律、思想、道理、原則等，這裡指儒家孔孟思想。因爲道是抽象的，無聲無臭，所以說「道」比太陽還難以看到。見，看見、捉摸。

㈨ **未達** 不懂得。達，通達、懂得。

㈩ **巧譬善導** 巧妙的譬喻，高明的誘導。

⑪ **轉而相之** 輾轉比附的牽扯下去。相，互相。

⑫ **既** 盡頭、完結。

⑬ **即其所見而名之** 言就其所見來稱呼它。名之，稱呼它。

⑭ **莫之見而意之** 是說沒有看到它而加以臆測。莫之見，即「莫見之」，此賓語提前的句式。意，臆測，憑主觀猜想。

（二五）**過**　過失、錯誤。

（二六）**卒**　終於、畢竟。

（二七）**道可致而不可求**　這句話在強調只要學習的工夫夠了，道可以自然得到，不可刻意追求。致，使其自至之意。

（二八）**孫武曰二句**　孫武說，善於作戰的，時時處於主動，使敵人不自覺地落入陷阱；而不使自己被敵人牽制。孫武，即孫武子，春秋時期齊國傑出的軍事家，著有《孫子兵法》，引文見今本《孫子・虛實》篇。致，此處解作「招致」。

（二九）**子夏曰三句**　子夏說，工匠們只有住在自己的工作室裡，才能把活幹好；君子只有通過不斷地學習，才能自然而然得到那個「道」。子夏，名卜商，孔子弟子。引文見《論語・子張》篇。邢昺疏：「肆，謂官府造作之處也。致，至也。言百工處其肆，則能成其事；猶君子勤於學，則能至於道也。」

（三〇）**斯以為**　這就是所謂。

（三一）**沒人**　能潛水的人。沒，動詞，潛水。《莊子・達生》篇郭象注：「沒人，謂能鶩（水鴨）沒於水底。」

（三二）**涉**　步行過河。

（三三）**浮**　浮在水面游泳。

（三四）**豈苟然哉**　難道是隨便就有這樣的技巧嗎？豈，難道。苟然，偶然，隨便。

㉕**必將有得於水之道**　言一定有摸清水性。水之道，指水性。

㉖**雖壯**　即使到了壯年。三十歲爲壯，見《禮記．曲禮上》。

㉗**求其所以沒**　請教其潛水的方法。

㉘**以**　按照。

㉙**昔者以聲律取士**　指北宋前期，沿襲唐代科舉以詩賦取士的作法，雖也有「明經」科，但多不爲士子重視。（詳情參見《宋史．選舉志》）聲律，在此指詩賦，因詩賦作法重視聲韻、格律。

㉚**雜學**　宋人以儒家思想爲「正學」，學習其他的學問則爲「雜學」。

㉛**今也以經術取士**　北宋自王安石變法後，主張「除去聲病對偶之文，使學者得專意經術。」於是在宋神宗熙寧四年（西元一〇七一年）罷詞賦科，改以經術取士。（詳情參見《宋史．選舉志》）經術，即經學。蓋蘇軾以爲這是造成知識分子空談仁義之道，不務實學的流弊。

㉜**渤海吳君彥律**　渤海，唐朝郡名，於宋屬河北路濱州，在今山東省陽信縣南。吳君彥律，名琯，字彥律，當蘇軾任徐州知州時，吳彥律任監酒正字，嘗與蘇軾唱和。（詳情參見蘇軾〈快哉此風賦序〉）。

㉝**求舉**　應試。

㉞**禮部**　宋代主管教育、考試的中央機關。

【賞析】

這是一篇說理性的散文，其爲文目的在篇末已交代，是爲了防止當時學子空談求「道」，而不致力學習，忽視實踐的流弊。針對此點，闡述了「道可致而不可求」，以及「學以致其道」的觀點。

蘇文之好議論，甚至「以議論爲詩」；如他的〈琴詩〉：「若言琴上有琴聲，放在匣中何不鳴？若言聲在指頭上，何不於君指上聽。」又〈題西林壁〉：「橫看成嶺側成峰，遠近高低各不同。不識廬山眞面目，只緣身在此山中。」詩中均含蘊著「哲理」，和耐人尋味的「詩趣」；而「理」就在「趣」中。議論不礙有趣，故這兩首詩都被稱爲寫有「理趣」的名詩。〈日喻〉這篇文章，同樣可以體現蘇軾才思縱橫，洋洋釃釃，滔滔不絕，如長江大河，巧譬善喻，形象生動，富有「理趣」的感染力。

第一段、先寫盲人識日的故事作比喻，侃侃而談，從對「道」的感知上，讓人琢磨其中含義。接著由比喻引入正題，辨析「道」比「日」更難以捉摸。最後以設問自答方式，引述孫武和子夏的話，說明「道可致而不可求」，揭示本文主旨所在。第二段、又深入一層，先寫南方「沒人」識水性，是「日與水居」的結果，再言北人學沒，由於「生不識水」，缺乏實踐，未有不溺。導出士子不注重學習而強行求「道」的偏頗。最後一段、從當時的政治背景下筆，先將過去以聲律取士和當前以經術取士作一對比，並就此闡發士子不可「雜學而不志於道」，更不可「知求道而不務於學」，一方面表明作者此文是有感而發，另一方面藉此策勵吳君彥律，並在筆酣墨飽之際，對後進寄於殷切之期望。

本文最大特色有三：首先、是寓深奧的道理於通俗的比喻：第一個用盲人識日的臆測，來比喻人們對客觀規律的片面了解，具體地說明缺乏實踐經驗，無切身感受，於是不可避免地得出盲目的結論。道理淺顯，發人深思。第二個比喻是以「沒人」試「水之道」，說明要學本領，必須通過實際的鍛煉，如果紙上談兵，輕率從事，勢必像「北方之勇者」，成爲「試河」的「溺者」。兩個比喻都新穎、貼切、形象。前一個比喻用之於文章的開頭，從正面敘事；後一個比喻用之於主要部分的結尾，從正反兩面夾敘夾議。前呼後應，各從不同角度闡發「務學」「求道」之理。

其次、是布局謹嚴，靈活多變：全文以盲人問日開始，進而引起聯想，再上升到理論上，得出「世之求道者」的通病，引而不發，點醒讀者，然後又兩借古人言辭，正面說明「道可致而不可求」的見解，提出「莫之求而自至」的理論。並以「南方之沒人」的生動實例加深觀點，最後簡明扼要地說明寫〈日喩〉的因由。其靈活多變的論證方法，或用比喩、或述事例、或反面貶斥、或正面疏導，將抽象的道理，講得淺明易懂。章有章法，句有句法，既曲折又清晰，既深刻又淺近。

最後一點、是文字清新雅潔：作爲一篇議論性文字，最容易也最忌諱的是概念式的說理，枯燥無味，如同嚼臘。然而〈日喩〉卻清新流暢，寓莊於諧，以富有情趣的敘述，闡發深邃的哲理。在文如行雲流水中，更充滿了對後輩殷殷教誨之情。

三、雜記文選讀

此類作品在蘇文中不但分量多，藝術價值也最高，最富有獨創性；甚而有不少作品尚廣泛流傳，迄今不衰。

蘇軾文集中，爲樓臺亭榭題記的文字很多，作者在這些作品裡，並非單純地記述名勝建築，而是借以表達個人的識見和襟懷，寄託某種啓迪和警勸作用。劉熙載《藝概》說：「敘事有寓理、有寓情、有寓氣、有寓識。」東坡敘事的文字正是如此。如〈喜雨亭記〉、〈超然臺記〉都是作者於記敘亭臺之外，從而抒發個人襟抱的作品。〈放鶴亭記〉、〈韓魏公醉白堂記〉，都是題寫他人亭堂，或言隱居之樂，或針砭揚己傲物的文士，皆能得心應手，機趣橫生。落筆似遠而實近，似泛而實切，頗能體現出蘇文汪洋恣肆的藝術風格。蘇軾的遊記散文，善於捕捉自然景物的特徵，而給予生動逼眞的描繪。如〈石鐘山記〉、〈記承天寺夜遊〉、〈記遊定惠院〉等，無一不講究文字色澤，語言聲韻，用詞精警，文采斐然。蘇軾於敘事記遊散文中，常常把議論、描寫、抒情等手法結合起來，交錯運用，在文體上也不拘常格，勇於創新。有時在散行中雜以韻語，有時散文駢體交錯變化，而奔瀉的氣勢，如意之所欲出。

在風格上，這類作品更體現出《莊子》和禪宗文字的影響，因物賦形，汪洋恣肆，變化跌宕，波瀾層出，確實達到了「行於所當行，止於所不可不止」的藝術境界。

李氏山房藏書記

首段用對比法，說明書籍既有欣賞價值，又有實用價值，是取之不盡、用之不竭的知識寶庫。

象犀㈠珠玉怪珍㈡之物，有悅於人之耳目，而不適於用。金石草木絲麻五穀㈢六材㈣，有適於用，而用之則弊，取之則竭。悅於人之耳目，而適於用；用之而不弊，取之而不竭；賢不肖之所得，各因其才；仁智之所見，各隨其分㈤；才分不同，而求無不獲者，惟書乎！

次段論古人得書之難，而其學術修養反爲後世君子所不及。

自孔子聖人，其學必始於觀書㈥。當是時，惟周之柱下史老聃爲多書㈦。韓宣子適魯㈧，然後見《易象》與《魯春秋》。季札聘於上國㈨，然後得聞《詩》之風、雅、頌㈩。而楚獨有左史倚相⑪，能讀《三墳》、《五典》、《八索》、《九丘》⑫。士之生於是時，得見《六經》⑬者蓋無幾，其學可謂難矣。而皆習於禮樂，深於道德，非後世君子所及。

三段言今人束書不觀，游談無根，其道德文章方面的成就，反而不如古人。

自秦、漢以來，作者益衆，紙與字畫日趨於簡便⑭，而書益多，士莫不有，然學者益以苟簡⑮，何哉？余猶及見老儒先生⑯，自言其少時，欲求《史記》、《漢書》⑰而不可得，幸而得之，皆手自書，日夜誦讀，惟恐不及。近歲市人⑱轉相摹刻⑲諸子百家⑳之書，日傳萬紙，學者之於書，多且易致如此，其文詞學術，當倍蓰㉑於昔人，而後生科擧㉒之士，皆束書不觀，游談無根㉓，此又何也？

四段讚揚李公擇藏書之多、讀書之勤、成就之高，以及將藏書以遺來者之風範，是爲今人榜樣。

余友李公擇㉔，少時讀書於廬山㉕五老峰下白石庵之僧舍。公擇既去，而山中之人思之，指其所居爲李氏山房。藏書凡九千餘卷。公擇既已涉其流，探其源，採剝㉖其華實㉗，而咀嚼其膏味，以爲己有，發於文詞，見於行事㉘，以聞名於當世矣。而書固自如㉙也，未嘗少損。將以遺來者，供其無窮之求，而各足其才分之所當得。是以不藏於家，而藏於其故所居之僧舍，此仁者之心也。

末段以自己雖年老多病，仍渴望讀書的心情作結。點明人須認眞讀書，爲世所用的主旨。

余既衰且病，無所用於世，惟得數年之閑，盡讀其所未見之書，而廬山固所願遊而不得者，蓋將老焉。盡發公擇之藏，拾其餘棄以自補，庶有益乎？而公擇求余文以爲記，乃爲一言㉚，使來者知昔之君子見書之難，而今之學者有書而不讀，爲可惜也。

【解題】

宋神宗熙寧元年（西元一〇七六年）蘇軾四十歲，在密州作。李氏指李常，字公擇，南昌軍建昌（今江西南城縣）人，做過齊州（今山東濟南）知州，是黃庭堅的舅父，蘇軾認識黃庭堅，是經過李常介紹的。李常早年力學，藏書很多，蘇軾〈約李公擇飲〉詩，有「先生生長在廬山，山中讀書三十年」之句。李氏山房在廬山。本篇即是應李常之請，寫的一篇藏書記。文中記述了李氏讀書的成就和藏書的情況，指出了李氏藏書「以遺來者」的深遠用意，同時還從書籍的社會作用，對學者的裨益，均簡要地作了歷史性考察，從而批評了當時科舉士子有書不讀的不良風氣，強調了認眞讀書的必要性。

【注釋】

㈠ **象犀** 象牙、犀牛角。

㈡ **怪珍** 奇異珍寶。

㈢ **五穀** 即稻、黍、稷、麥、菽等五種穀類。《孟子‧滕文公上》：「樹藝五穀」。

㈣ **六材** 指幹、角、筋、膠、絲、漆等六種裝弓的材料。或以爲土、金、石、木、獸、草等六種工匠所用的材料。

㈤ **仁智之所見各隨其分** 言仁者、智者會因天分才智之不同，而各有所見。分，稟賦、天分。

㈥ **自孔子聖人其學必始於觀書** 言從孔子這樣的聖人開始，人之爲學必由看書起步。《史記‧孔子世家》：「孔子晚而喜《易》……讀《易》，韋編三絕。」謂孔子勤苦讀書如此。

㈦ **周之柱下史老聃爲多書** 是說周朝時候的柱下史老聃，擁有很多藏書。柱下史，掌管王室藏書的官員，常侍立於殿廊柱下，故曰「柱下史」。聃，老聃，即老子，姓李名耳，字伯陽，諡號聃，春秋時楚國苦縣（今河南省鹿邑縣）人，曾任東周王室柱下守藏史，所以說「多書」。

㈧ **韓宣子適魯** 指韓宣子被派往魯國訪問。韓宣子，名起，春秋時魯國大夫。《左傳‧昭公》二年載：晉平公派韓宣子訪問魯國，「觀書於太史氏」，見《易象》與《魯春秋》曰：「周禮盡在魯矣。吾乃今知周公之德與周之所以王也。」

㈨ **季札聘於上國** 言季札訪問魯國。季札，春秋時吳王壽夢第四子，《左傳・哀公》二十九年載，季札訪問魯國時，觀賞魯國的樂舞〈周南〉、〈召南〉和〈國風〉、〈雅〉、〈頌〉，並一一加以評論。聘，訪問。上國，春秋時稱中原各國爲上國，此指魯國。

㈩ **詩之風雅頌** 《詩經》包括十五〈國風〉，一百六十篇，〈大雅〉、〈小雅〉一百零五篇，〈周頌〉、〈魯頌〉、〈商頌〉四十篇。〈國風〉多爲反映社會人民生活之民歌，〈雅〉、〈頌〉乃士大夫歌頌祖先功德的詩篇。

⑪ **左史倚相** 即春秋時楚國的左史倚相。左史，即內史，史官名。倚相，人名。因學識豐富，被楚靈王稱爲「良史」。《左傳・昭公》十二年載，楚靈王對大臣子革讚揚左史倚相：「是良史也，子善視之！是能讀《三墳》《五典》《八索》《九丘》。」文中所列的四種古籍，皆遠古文獻，久已亡佚，種種臆說，多不足採信。

⑫ **三墳五典八索九丘** 皆爲傳說中的我國古代典籍。《三墳》，孔安國《尙書・序》：「伏羲、神農、黃帝之書，謂之《三墳》。」《五典》，孔安國《尙書・序》以爲「少昊、顓頊、高辛、堯、舜之書。謂之《五典》。《八索》、《九丘》，孔安國《尙書・序》以爲《八索》是八卦之說，《九丘》爲九州之方志。」

⑬ **六經** 指《詩》、《書》、《禮》、《樂》、《易》、《春秋》。《莊子・天運》：「丘治《詩》、《書》、《禮》、《樂》、《易》、《春秋》六經，自以爲久矣。」其中「樂經」毀於秦火，流傳至今者只有五經。

㊃ **紙與字畫日趨於簡便**　言紙張和文字筆畫一天比一天簡易方便。蓋秦漢以前的文字主要刻寫在甲骨、青銅器、石頭、竹簡、木片等材料上，秦漢以來，竹木簡冊和帛書，成爲主要書寫材料。東漢蔡倫發明紙張，六朝隋唐時間帛、紙並用，五代時發展成印刷術。字畫，文字的筆畫書法，戰國以前爲籀文、大篆，秦代簡化爲小篆、隸書，三國時期又簡化爲楷書，後又有印刷體文字。所以說書寫材料和書寫技術與文字筆畫，皆日趨便捷。

㊄ **益以苟簡**　言學者越發馬虎，不認眞。苟簡，草率簡略。

㊅ **老儒先生**　老年的學者、先生們。

㊆ **史記漢書**　《史記》爲我國第一部紀傳體的通史，其內容記載上起黃帝，下終漢武，三千年間的史實，西漢司馬遷著。《漢書》爲我國第一部紀傳體的斷代史，其記事上起漢高帝，下止王莽，共二百三十年的史實。東漢班彪及其子女班固、班昭相繼寫成。

㊇ **市人**　指出版商或書商們。

㊈ **轉相摹刻**　輾轉翻印之意。隨著印刷術的進步，北宋刻書業不斷發展，尤其神宗時取消了擅刻圖書的禁令後，坊刻、私刻圖書業日益繁榮。

㊉ **諸子百家**　泛指春秋戰國以來的各種學術流派。

㉑ **倍蓰**　超出一倍或五倍。蓰，五倍。

㉒ **科舉**　隋代開始建立的以考試取士的制度。應試人員須通過一定的科目考試，故稱科舉。

㉓ **游談無根**　東拉西扯的漫談，沒有學問做根柢。

㉔ **李公擇** 名常，字公擇，建昌（今江西省南城縣）人，曾任齊州（今山東省濟南）知州。

㉕ **廬山** 在今江西省九江以南，北倚長江，東南傍鄱陽湖。

㉖ **剝** 分析。

㉗ **華實** 指作品的菁華。華，同花，指辭采；實，果實，指內容。

㉘ **行事** 做事，實踐，指表現於行動。

㉙ **自如** 原來的樣子。有照舊或保存良好之意。

㉚ **乃爲一言** 指寫了這篇藏書記。

【賞析】

這是一篇以議論爲主，議敘結合的藏書記。文章先強調讀書的重要性，然後記敘李君在廬山讀書、藏書的情況，和讚揚李君遺書來者，使書爲更多人所閱讀的用心。

全文可分五段：第一段、由比喻入手，先說象牙、犀牛角、珠寶、美玉等，雖然珍貴、好看，但並不適用。接著深入一層，說金石、草木、五穀等雖然適用，但卻有限。所謂「用之則弊，取之則竭。」兩者皆美中不足，各有缺陷。最後道出一個正面肯定的命題，即又能使人愉快、適用，又能「用之而不弊，取之而不竭」，而且無論是賢者或不賢者，仁者還是智者，身分和才能各不相同的人，都可以從中「求無不獲者，惟書乎？」作者把「書」放在比象牙、珠寶等稀世之物更爲珍貴，比絲、麻、五穀等使人生存所不可缺少的物質更爲重要的位置上，突出「書」的重要性，爲下文論讀書之重要，及藏書以遺來者之可貴等，打下了一個堅實的基礎。

第二段、開頭便突出「自孔子聖人，其學必始於觀書」，這一句語如鐵鑄，毫不含糊、不游移、不容置疑，引古人以證明自己觀點的正確，同時也加強了論述的力量。「當是時」三字則將文意一轉，敘述古人得書之不易，只有像老子那樣掌理圖書之官，才「多書」，而韓宣子、季札、倚相等人亦只能利用工作之便，讀到《詩》《書》《易》《三墳》《五典》等書。這些在當時社會地位相當高的人，觀書尚且如此之難，可以想見一般讀書人能「得見六經者」，實在是寥寥無幾。然而就在這種書籍甚少，得之不易的情況下，古人卻刻意尋書，勤奮求學，甚而有「皆習於禮樂，深於道德，非後世君子所可及」的造詣。

第三段、寫秦漢以來，「書益多，士莫不有，而學者益以苟簡。」到了近世，作者一方面稱贊老師宿儒年少時讀書勤奮，幸而得到《史記》、《漢書》等，「皆手自抄書，日夜誦讀，惟恐不及。」同時，後生科舉之士，可以很容易得到很多的書，但卻「皆束書不觀，游談無根。」並對這些束書不觀者，提出了中肯的批評和深深地惋惜與慨歎！

第四段、具體敘述朋友李公擇好讀書，喜藏書的情形。先敘其人，其時、其地，次敘「李氏山房」名稱的由來和藏書總數等。接著從兩方面稱許李氏：一、是讀書能探源索流，汲取精華，融匯貫通，指導實踐。二、是李氏將書不藏於家，藏於居此多年的白石庵僧舍。其目的在「將以遺來者，供其無窮之求。」使更多的人能讀到他豐富的藏書，從而滿足不同程度的人對知識的渴求，讓書籍發揮更大的社會效益，作者稱此爲「仁者之心也」。

最後、是作者自述心曲，說自己「既衰且病，無所用於世」，只想能有幾年時光，將公擇藏書全部取來閱讀，拾取他所丟棄的知識，來補充自己的不足。文末再用「畫龍點睛」之法，點明寫這篇「記」的主旨，在使「來者知昔之君子見書之難，而今之學者，有書而不讀，爲可惜也。」警策在後，綰結有力，有發人深省的作用。

綜觀本文，其藝術上的特色有三：首先、是以議爲主，敘議結合，議中有敘，敘中夾議，將一篇很容易寫得平淡的記敘文，寫得議論橫生，說理嚴密。其次、是立意明確，中心突出。層層推進，結構嚴謹，不管是敘述或議論，卻緊扣「書」字闡發，如驪龍戲珠，抱而不脫。立意在於規勸人們認眞讀書，讚美友人遺書來者的仁者之心。運筆由遠而近，層層推證，形同剝筍。再其次、是用對比手法，抑揚鮮明，褒貶有力，這是本文寫作的又一特色。對比，可以使一事物與另一事物之間，同中之異或異中之同，變得格外醒目，能增強文章的感情色彩和說服力，文章一開筆，便以珠寶、五穀等或好看，或適用的東西，與書籍作一對比，突出了書的重要性。下面又以古之聖人君子得書少而難，但讀書勤苦，與今之科舉之士得書多而易，卻束書不觀，作一古今鮮明對比，孰是孰非，在對比中不言自明，毫不費力，就收到了揚古抑今的效果。爲了突出李氏，作者一方面在科舉之士束書不觀的背景上，寫李氏讀書之勤苦，另一方面又謙虛自抑，以自己決心「盡發公擇之藏，拾其餘棄以自補」，來抬高和烘托李氏「聞於當世」的學者形象。通過前者的反襯，和後來的正襯，使文中主人翁李氏公擇的形象，十分鮮明突出地呈現在讀者面前。總之，在以議敘結合，抒寫「藏書記」之類的散文中，〈李氏山房藏書記〉是一篇具有特色的代表作。

喜雨亭記

首段起筆點題，並引古爲例，說明有喜則以名物。

亭以雨名，志㈠喜也。古者有喜，則以名物㈡，示不忘也。周公得禾，以名其書㈢；漢武得鼎，以名其年㈣；叔孫勝狄，以名其子㈤；其喜之大小不齊，其示不忘一也。

次段寫久旱得雨，萬衆歡騰之情景。

余至扶風㈥之明年，始治官舍，爲㈦亭于堂之北，而鑿池其南㈧，引流種樹，以爲休息之所。是歲之春，雨麥㈨于岐山之陽㈩，其占爲有年⑪。既而彌月⑫不雨，民方以爲憂。越三月⑬乙卯，乃雨⑭，甲子又雨，民以爲未足；丁卯，大雨，三日乃止。官吏相與慶于庭，商賈⑮相與歌于市，農夫相與忭⑯于野，憂者以⑰樂，病者以愈，而吾亭適成。

三段說明無雨之可憂，反襯得雨之可樂。

于是舉酒于亭上以屬客⑱，而告之曰：「五日不雨可乎？」曰：「五日不雨則無麥。」「十日不雨可乎？」曰：「十日不雨，則無禾。」無麥無禾，歲且薦飢⑲，獄訟繁興⑳，而盜賊滋熾㉑。則吾與二三子㉒，雖欲優游㉓以㉔樂于此亭，其可得耶？今天不遺斯民，始旱而賜之以雨，使吾與二三子，得相與優游而樂于亭者，皆雨之賜也。其又可忘邪？

末尾借歌發議，說明以

既以名亭，又從而歌之。曰：使天而雨珠，寒者不得以爲襦㉕；使天而雨喜雨名亭的原因。

玉，飢者不得以爲粟㉖。一雨三日，繄㉗誰之力？民曰太守㉘，太守不有。歸之天子，天子曰不。歸之造物㉙，造物不自以爲功，歸之太空。太空冥冥㉚，不可得而名，吾以名吾亭。

【解題】

本文錄自《經進東坡文集事略》卷四十八。蘇軾於宋仁宗嘉祐六年（西元一〇六一年）十二月赴鳳翔府（今陝西省鳳翔縣）任簽判，本年初在府廨北修葺園亭。適值早春乾旱，至三月普降三場及時之雨，於是官吏慶賀，百姓雀躍，府廨內的亭子也恰好落成，便命名爲「喜雨亭」。本文即爲此亭所作，當時作者年方二十六歲。

全文極寫建亭經過及久旱得雨的喜悅，表現出蘇軾對農業生產的重視，和人民生活的關切，充分反映了作者「民富樂，官安逸。」的思想。文章標題爲〈喜雨亭記〉，但對亭子本身並未多所描述，而是從「喜」、「雨」、「亭」三個字生發開來。借「憂」字脫出「喜」字，以無雨之可憂，脫出得雨之可喜。又用記敘、描寫、議論等不同方法，或倒敘、或對話、或歌詠等多種技巧來表情達意。以虛托實，虛實結合，筆調靈活，含意深刻。不愧爲一篇傳世佳作。

【注釋】

㈠ **志**　標誌、記。

㈡ **名物** 給物題名之意。

㈢ **周公得禾以名其書** 周成王把唐叔進獻的異株共穗的禾，賜予周公，周公周作〈嘉禾〉，以頌揚天子的恩賜。《尙書・周書・微子之命》：「周公旣得命禾，旅（宣揚）天子之命，作〈嘉禾〉。」周公，名旦，周武王之弟，周成王的叔父，西周初年的政治家。〈嘉禾〉，《尙書》的篇名，今僅存篇名，原文已佚。

㈣ **漢武得鼎以名其年** 是說漢武帝元狩七年夏六月，得寶鼎於汾水，遂改年號爲元鼎元年（西元前一一六年）。事見《史記・武帝本紀》。《通鑑考異》以爲得寶鼎應在元鼎四年，元鼎年號是後來追改的。鼎，古代炊器，大多用青銅鑄成，一般爲圓形，兩耳三足，古人視爲立國的寶器。

㈤ **叔孫勝狄以名其子** 言狄人侵魯，魯文公命叔孫得臣率兵迎擊，活捉了狄君僑如，遂把兒子宣伯更名爲僑如，以記其功。事見《左傳・文公十一年》文。

㈥ **扶風** 鳳翔府，今陝西省鳳翔縣。唐初爲津川縣，唐太宗貞觀八年置扶風縣，屬鳳翔府管轄，宋代亦如此。

㈦ **爲** 作建造解。

㈧ **鑿池其南** 即在堂之南開鑿池沼。作者〈次韻子由岐山下詩序〉言亭建於公堂北面空地上，「亭前爲橫池，長三丈，池上爲短橋」，與公堂相接。公堂之南有走廊，「廊之兩旁各爲一小池，三池皆引汧水種蓮、養魚於其中。池邊有桃、李、杏、梨、棗、櫻桃、石榴、樗、槐、松、檜、柳三十餘株。」

(九) **雨麥** 播種麥子。一說天上落下麥子。雨，在此用作動詞。

(一〇) **岐山之陽** 在岐上的南面。岐山，山名，在今陝西省岐山縣東北。陽，山南爲陽。

(一一) **其占爲有年** 言占卜爲豐收的年成。占，占卜。有年，豐收的年成。

(一二) **彌月** 整整一個月。彌，滿。

(一三) **越三月** 即至三月。越，此處作「至」解。

(一四) **乙卯乃雨** 根據《續資治通鑑》記載，宋仁宗嘉祐七年農曆的三月初一爲戊申，則乙卯爲三月初八日。下文「甲子又雨」的甲子，爲三月十七日，「丁卯大雨」的丁卯，爲三月二十日。

(一五) **商賈** 商人。賈，音ㄍㄨˇ，古時特指坐商。

(一六) **忭** 音ㄅㄧㄢˋ，喜樂、歡欣。

(一七) **以** 因，介詞。「以」後省略了賓語「之」（指雨）。

(一八) **屬客** 以酒勸客。屬，音ㄓㄨˇ，同囑字，囑咐之意。

(一九) **歲且荐饑** 今年要鬧饑荒。荐饑，連年災荒。荐，通「洊」，屢次，接連。《左傳‧僖公十三年》：「冬，晉荐饑。」孔穎達疏引李巡曰：「連歲不熟曰荐。」

(二〇) **獄訟繁興** 言與獄訴訟多次發生。

(二一) **盜賊滋熾** 強盜和小偷更加猖獗。滋，增多。熾，火旺，引申爲勢盛、猖狂。

(二二) **二三子** 指與蘇軾志同道合的幾位朋友。

(二三) **優游** 從容閒適，悠然自得。

㉔ **以** 而。

㉕ **襦** 音ㄖㄨˊ，短棉襖。這裡泛指衣服。

㉖ **不得以爲粟** 不能拿它當糧食吃。粟，小米，在此泛指糧食。

㉗ **繄** 音ㄧ，語助詞，無意。

㉘ **太守** 州府的行政長官，當時鳳翔府太守宋選，字子才，鄭州滎陽（今河南省滎陽縣）人。

㉙ **造物** 造物主宰，指上天，相傳上天創造萬物。

㉚ **冥冥** 高遠渺茫不可測知。

【賞析】

亭子落成，邀二三知交把酒歡敘，本爲生活中的瑣事，無須大張旗鼓，構思費時，提煉成文。蘇軾卻憑他高超的藝術造詣，深入探討其蘊含的意義，小中見大，寫下了這篇與民憂戚相共的佳作。

文似看山不喜平。本文篇幅短小，但文筆曲折，波瀾起伏。作者緊緊圍繞著一個「喜」字，然後再一層深似一層的傾訴「喜雨」之情。其開頭落筆破題時，即說「亭以雨名」古有先例。接著寫久旱逢雨，適值修亭落成之時，於是把以「喜雨」命「亭」的必然關係、意義加以交代。文中又先說有豐年，繼而久旱不雨，正值「民以爲憂」時，沛然降雨，但「民以爲未足」，接著「丁卯大雨」三日，人們喜悅之情洋溢，所以官吏們「慶於庭」，商賈們「歌於市」，農夫們「忭於野」，鼓舞雀躍，不勝其樂。行文至此，「亭以雨名」「志喜」之事，似已結束。但又以峰回路轉之筆，出現第三段。「舉酒」以屬客，並改用問答方式，先敘後議，談無雨之危害，以及天賜喜雨的作用。進一步闡發「亭以雨名」的必要。文意至此已無路可走，但作者卻能絕處逢生，以一首歌詩拓意淩境，大張喜雨之功，再次強調以「喜雨」命「亭」之必要。全文自始至終，洋溢著一片喜悅氣氛，充分體現作者關心農事，與民同樂，與民共憂的思想感情。因此，〈喜雨亭記〉不是閑散之作，而是一篇內容充實，具有較高藝術境界的文章，綜其大要，本文約有以下幾個特色：

一、是結構嚴謹：全文首尾呼應，並以「喜」「雨」「亭」三者的關係，進行內在的聯繫和形式上的構思。「亭」與「喜」本無瓜葛，但經過作者的精心設計，用「雨」作爲二者的觸媒，並突出強調「雨」對國計民生的重要作用，最後卻仍將「喜」「雨」立足在「亭」上。段與段之間，銜接緊湊，層層深入，同時有張有弛，有賓有主，有虛有實，極具波瀾起伏之致。

二、是靈活多變：充分顯示作者運筆不拘成法。本文不過三百八十字左右，作者卻就題中「喜」「雨」「亭」三字，時而分寫，時而合寫，時而倒寫，時而順寫，時而惜墨若金，時而大筆揮灑，寫來無不得心應手。又本文原應是敘述性文字，但作者卻將敘事、抒情、議論冶爲一爐；同時，夾以對話和歌唱。因而，全文抑揚開闔，錯落有致。不僅在形式上富於變化，在寫法上更是多采多姿。所以既有生動扼要的敘事，又有透闢精警的議論，和沁人肺腑的抒情。讀來曲折迴盪，引人入勝。

三、是語言藝術：文中多處運用對偶、排比的修辭方式。其中排比句式的運用，如文章開頭舉了三個古人喜以名物的事例：「周公得禾，以名其書；漢武得鼎，以名其年；叔孫勝狄，以名其子。」用相同的複句，如層浪排空，文氣一貫。並以此「蓄勢」，論證了亭以喜名，古有先例。在描寫人們謝雨的歡慶時，作者略去詳盡的敘事，而以精煉簡潔的傳神筆觸，描繪三類典型人物，在不同環境中，用不同方式慶賀的情景：「官吏相與慶於庭，商賈相與歌於市，農夫相與忭於野。」連用排比，變換交錯。這三個排比句式，把官吏、商賈、農夫的歡欣神情表現得活靈活現，將一幅有聲有色的畫面，呈現在讀者面前。在寫主客問答時，採用的是疑問排比句式，設想假如不下雨的後果，從而襯托得雨時的喜悅。而吟唱歌詞時，作者又運用兩對假設句型：「使天而雨珠，寒者不得以為襦；使天而雨玉，飢者不得以為粟。」重疊排比，正反對陳，宣染喜雨的情感。上述多種排比句式，足見蘇軾靈活多變的行文藝術，和具有獨到的語言技巧。

蘇軾一生為樓臺亭榭作題記的文章頗多，且不乏名作。本篇寫於他初出仕途的早期，文中涵藏著一股奮發有為的勃勃英氣。沒有他晚期散文中因仕途坎坷，宦海浮沈而流露出超然物外的佛道思想的痕跡。〈喜雨亭記〉以它的深邃思想和優美的語言藝術，得到後世讀者的喜愛。它早已超越了時代界閾，千年以來傳誦不絕。

放鶴亭記

首段記敘放鶴亭的建造緣起、命名由來，及亭子周圍的景色。

熙寧十年㈠秋，彭城㈡大水，雲龍山人張君之草堂㈢，水及其半扉㈣。明年春㈤，水落，遷于故居之東，東山之麓。升高而望，得異境焉，作亭于其上。彭城之山㈥，岡嶺四合，隱然如大環，獨缺其西十二。而山人之亭，適當其缺。春夏之交，草木際天㈦，秋冬雪月㈧，千里一色。風雨晦明之間㈨，俯仰百變㈩。山人有二鶴，甚馴而善飛。旦則望⑪西山之缺而放焉，縱其所如⑫，或立于陂田⑬、或翔于雲表⑭，暮則傃⑮東山而歸，故名之曰「放鶴亭」。

次段用對話手法發表議論。提出論點後，先引經論鶴，次引古論酒。論酒是用來作論鶴的陪襯，再以「酒」「鶴」相對，最後引山人的話作結。

郡守⑯蘇軾，時從賓客僚吏⑰，往見山人。飲酒于斯亭而樂之，挹山人⑱而告之，曰：「子知隱居之樂乎？雖南面之君⑲，未可與易也⑳。《易》曰㉑：『鳴鶴在陰，其子和之。』《詩》曰㉒：『鶴鳴于九皋，聲聞于天。』蓋㉓其爲物，清遠閑放，超然于塵垢之外。故《易》、《詩》人以比賢人君子、隱德之士㉔，狎㉕而玩之，宜若㉖有益而無損者，然衛懿公好鶴則亡其國㉗。周公作《酒誥》㉘，衛武公作《抑戒》㉙，以爲荒惑敗亂無若酒者㉚，而劉伶、阮籍㉛之徒，以此全其眞而名後世㉜。嗟夫！南面之君，雖清遠閑放如鶴者，猶不得好；好之，則亡其國。而山林遁世之士㉝，雖荒惑敗亂如酒者，猶不能爲害，而況于鶴乎？

由此觀之，其爲樂未可以同日而語也！」山人欣然而笑曰：「有是哉㉞！」

乃作〈放鶴〉〈招鶴〉之歌曰：「鶴飛去㉟兮，西山之缺。高翔而下覽兮，擇所適㊱。翻然斂翼㊲，宛將集兮㊳！忽何所見㊴，矯然而復擊㊵。獨終日于澗谷之間兮，啄蒼苔而履白石㊶」。「鶴歸來兮！東山之陰㊷。其下有人兮，黃冠草屨㊸，葛衣而鼓琴㊹。躬耕而食㊺兮！其餘以汝飽㊻。歸來歸來兮！西山不可以久留。」元豐元年十一月初八日記。

末尾借作〈放鶴〉〈招鶴〉之歌，抒寫個人對隱居生活之讚羨與嚮往。

【解題】

本文選自《經進東坡文集事略》卷五十一。宋神宗元豐元年十一月初八日作於任徐州太守時。當時作者與張天驥交遊甚密，亭子落成，就爲亭作記。此亭在今江蘇省銅山縣南雲龍山。文中所謂「雲龍山人張君」即張師厚，字天驥，一字聖塗，居雲龍山，故號雲龍山人。

內容是借友人張君之亭、張君之鶴，而自抒襟抱的文字。着力讚頌了清雅出塵的山林隱逸之樂。認爲隱居不仕之樂，較諸南面之君，有不可同日而語處。在一般人群趨於膜拜權勢，鑽營利祿的庸俗社會風氣下，這種高邁軼世之論，正像是一股爽利的清風，沁人心脾。

文章敘事如行雲流水，立意若平湖起浪，筆走龍蛇，千姿百態，驅遣古人，任意隨心，脈絡清晰，自然地道出了文章主旨。清沈德潛《唐宋八家文讀本》曾評此文說：「玲瓏跳脫，賓主分明，極行文之能事。」

【注釋】

㈠ **熙寧十年**　即西元一〇七七年。熙寧，宋神宗年號。翌年，神宗改元為元豐。

㈡ **彭城**　縣名，治所在今江蘇徐州。

㈢ **雲龍山山人張君之草堂**　張君，即張師厚，字天驥，居雲龍山（在徐州南），號雲龍山人。邵博《邵公見聞錄》卷十五：「或問東坡，雲龍山人張天驥者，無知村夫耳。公為作〈放鶴亭記〉，以比古隱者，又遺以詩，有『脫身聲利中，道德自濯澡。』過矣。東坡笑曰：裝鋪席耳。東坡之門，稍上者不敢言，如琴聰、密殊之流，皆鋪席中物也。」草堂，古代對隱退住所的稱謂。

㈣ **扉**　門扇。

㈤ **明年春四句**　蘇軾〈訪張山人得山中字二首〉云：「魚龍隨水落，猿鶴喜君還。舊隱丘墟外，新堂紫翠間。」麓，山腳下。

㈥ **彭城之山四句**　蘇軾〈徐州上皇帝書〉：「臣觀其地，三面被山，獨其西平川數百里。」岡嶺四合，四面山巒連接。隱然如大環，像大環似的隱隱約約，氣勢威重。獨缺其西，只缺西邊一塊。十二，十分之二。

㈦ **際天**　接天。

㈧ **秋冬雪月**　即秋月冬雪。

㈨ **風雨晦明之間**　指颳風、下雨、天陰、天晴的時候。

(一〇)**俯仰百變**　言瞬息之間，變化多端。

(一一)**望**　向著。

(一二)**縱其所如**　任牠到什麼地方。如，往。

(一三)**陂田**　臨堤下沼澤的田裡。陂，音ㄆㄧˊ。

(一四)**雲表**　雲天之外。

(一五)**傃**　音ㄙㄨˋ，向，朝著。

(一六)**郡守**　宋代官名，又稱太守。管理一郡政務的長官。

(一七)**賓客僚吏**　指賓客，官佐，僚屬，差役。

(一八)**挹山人**　敬山人一杯酒。挹，音ㄧˋ，酌取，在此引申爲敬酒。

(一九)**南面之君**　指帝王。古代以面向南爲尊。帝王的座位，座北朝南，所以稱「帝王」爲「南面」或「南面之君」。賈誼〈過秦論中〉：「秦滅周祀，並海內，兼諸侯，南面稱帝，以四海養。」

(二〇)**未可與易**　不肯和他交換。易，交易。

(二一)**易曰三句**　《易經・中孚・九二》說：「鳴叫著的白鶴，站在陰暗的地方，牠的小白鶴，也隨聲附和的應和牠」。陰，陰暗。和，應和。

(二二)**詩曰三句**　《詩經・小雅・鶴鳴》之詩說：「白鶴在最低漥的沼澤裡鳴叫，聲音傳到天上」。九皋，深澤有水的漥地。

(二三)**蓋**　因爲的意思。

㉔ **隱德之士**　指隱居而有德操的人。

㉕ **狎**　親暱（音ㄋㄧˋ）。

㉖ **宜若**　應該似乎。

㉗ **衛懿公好鶴則亡其國**　言春秋時代衛國國君懿公，因愛好養鶴，他的國君被狄人滅亡了。《左傳・閔公二年》：「冬十二月，狄人伐衛。衛懿公好鶴，鶴有乘軒（大夫所乘之車）者。將戰，國人受甲者皆曰：使鶴，鶴實有祿位，余焉能戰？……及狄人，戰於熒澤，衛師敗績，遂滅衛。」

㉘ **周公作酒誥**　言周公作〈酒誥〉，告誡康王不要酗酒誤國。周公，姬姓，名旦，周武王之弟，成王之叔，武王死後，成王年幼，周公攝政。〈酒誥〉，《尚書・周書》篇名。根據孔安國傳云：「康叔監殷民，殷民化紂嗜酒，故以誡酒誥。」

㉙ **衛武公作抑戒**　言春秋時衛武公虛心聽取臣下意見，作〈抑戒〉詩來警惕自己。〈抑〉，《詩經・大雅》篇名。其第三章有「顚覆厥德，荒湛於酒」的詩句。

㉚ **以爲荒惑敗亂無若酒者**　認爲荒廢光陰，迷惑心性，敗壞聲譽，擾亂事務的，沒有像「酒」這麼厲害的。荒，荒廢。惑，迷惑。敗，敗壞。亂，擾亂。

㉛ **劉伶阮籍**　劉伶，西晉沛國人，字伯倫，曾爲建威將軍，著有〈酒德頌〉。阮籍，三國時魏國尉氏人，字嗣宗，曾爲步兵校尉，博學嗜酒，著有〈詠懷詩〉八十餘篇。二人皆「竹林七賢」中人。由於對當時政治不滿，又擔心會招致迫害，乃以醉酒佯狂掩蓋自己的政治觀點，藉此保全性命。如劉伶常乘鹿車，攜酒一壺，使人荷鍤隨後，謂曰：「死便埋我」。阮籍常酗酒，不問世事，鄰

婦沽酒，阮籍「常詣飲，醉便臥其側。」兩人事，詳《晉書》本傳。

(三二) **以此全其眞而名後世**　言因此保全了他們的本性，從而名傳後世。名，動詞，作傳名解。

(三三) **山林遁世之士**　隱居山林，逃避世俗的人。遁，音ㄉㄨㄣˋ，逃避。

(三四) **有是哉**　有這樣的事嗎？

(三五) **去**　去到，不作「離開」解。

(三六) **擇所適**　揀個安適的地方。

(三七) **翻然斂翼**　翻轉身軀收斂起羽翼。翻然，轉身回飛貌。

(三八) **宛將集兮**　盤旋而下，將要擇木歇棲。宛，回旋貌。集，群鳥棲止在樹上。

(三九) **忽何所見**　是說忽然好像有所發現。

(四〇) **矯然而復擊**　於是昂起頭來，奮力拍翅，再飛上天空。矯然，矯健用力的樣子。

(四一) **啄蒼苔而履白石**　是說口啄著青苔，足踩著白石。履，踏。

(四二) **東山之陰**　東山的北坡。陰，山北或水南的地方。

(四三) **黃冠草屨**　戴著黃色的斗笠，腳上穿著草鞋。黃冠，古代指箬笠之類。草屨，草鞋。

(四四) **葛衣而鼓琴**　披著葛布的衣服，在那裡彈琴。葛衣，用葛布縫製的衣服。葛，植物名，其纖維可織布。

(四五) **躬耕而食**　自己耕種自己吃。躬耕，親自耕種。

(四六) **其餘以汝飽**　指多下來的都給你吃飽。

【賞析】

文章主旨是記隱士養鶴隱居之樂，但構思巧妙，引出「酒」來陪「鶴」。「荒惑敗亂」的酒，反而能使人保全眞性，「清遠閑放」的鶴，卻能導致身亡國滅。這說明隱士可以縱情隨志，而君主不可玩物喪志也；從而突顯隱居之樂，甚於南面之君遠矣的結論。文理自然、姿態橫生的文章，固然使人愛讀；命意新奇、閑暇怡樂的作品，也同樣具有吸引人的藝術魅力。

起頭一段，寫放鶴亭，由水災而遷居，由遷居而發現「異境」，因「異境」而「作序」其上，交代出「亭」的方位。而後就「異境」記述亭的地理環境，和四季宜人的景色。再敘山人放鶴的雅興，順勢言明以「放鶴」名亭的緣由。此段內容雖妙在烘托張君的隱士身分和放鶴的樂趣，暗含一個「樂」字，卻又不明言其「樂」，只是將「亭」與「鶴」巧妙地聯繫在一起。

次段，以「飲酒於斯亭而樂之」，將「亭」與「酒」聯繫起來，究竟其「樂」爲何？於是引出下面的一番議論。他首先以「子知隱居之樂乎？雖南面之君，未可易也。」樹立論點；接著便從「鶴」與「酒」兩方面加以論證。先言「南面之君」與「鶴」。文章引《周易・中孚・九二》「鳴鶴在陰，其子和之。」喻高雅之士，雖處幽昧，仍可爲品德相同者所應和。又引《詩經・小雅・鶴鳴》「鶴鳴於九皋，聲聞於天。」喻賢人君子雖隱居不仕而仍能聲名遠著。接著筆鋒一轉，寫出南面之君，因好鶴而亡其國，劉伶、阮籍因飲酒而全其眞。爲寫好鶴，而引《周易》《詩經》，讚鶴之清遠閑放；爲寫飲酒，而引〈酒誥〉〈抑戒〉，斥酒之荒惑敗亂。先抑後揚，有頓挫起伏之妙。

「嗟夫」一嘆，轉入對上述兩事的比較。「南面之君，雖清遠閑放如鶴者，猶不得好，好之，則亡其國；而山林遁世之士，雖荒惑敗亂如酒者，猶不能爲害，而況於鶴乎？」從而得出「隱居之樂」遠勝於「南面之君」，不可同日而語的結論。這段文字不論徵引或議論，都能關合眼前的放鶴和飲酒，觸物聯想，過渡自然，讀文至此，不禁會爲作者據事類義，援古證今的機智、幽默而解頤。

末尾、收束到山人放鶴，而以「放鶴、招鶴之歌」，描繪鶴的飄逸之姿，並藉此充分發抒心中的感慨，緊緊扣著上段的議論而作描述。其中寫鶴在天空自由翱翔，隨意所適的清遠閑放，寫山人張君的擺脫名利，翛然塵外的高雅情趣，隱然有飄然物外的遠韻逸響。最後一句「歸來歸來兮，西山不可以久留」，一反「放鶴」之題，故作驚人之筆，既扣緊題目而又不重複題目，反而賦予「放鶴亭」以新的命意。正所謂以「放鶴」始，以「招鶴」終，既點出全篇主旨，又寫盡作者之心境。可說前伏後應，機趣橫生，語言簡練，節奏明快，變化多端，縝密嚴緊。通篇雖以「鶴」字爲眼目，但作者的一支生花妙筆，卻透過「鶴」的影像，處處寫的是人、是情、是意境、是抱負。

石鐘山記

首段敘述前人對石鐘山命名之由來的兩種說法，以及作者的質疑和反駁。

《水經》㊀云：「彭蠡之口㊁，有石鐘山焉。」酈元㊂以爲「下臨深潭，微風鼓浪，水石相搏㊃，聲如洪鐘㊄。」是說也，人常疑之。今以鐘磬㊅置水中，雖大風浪不能鳴也，而況石乎？至唐李渤㊆，始訪其遺蹤㊇，得雙石于潭上。扣而聆之，南聲函胡㊈，北音清越㊉，枹止響騰（一一），餘韻徐歇（一二），自以爲得之（一三）矣。然是說也，余尤疑之。石之鏗然（一四）有聲者，所在皆是（一五）也，而此獨以「鐘」名，何哉？

次段言作者月夜訪遊，探明石鐘山命名由來之奧祕，及寫訪遊奇觀。

元豐七年六月丁丑（一六），余自齊安（一七）舟行適臨汝（一八）。而長子邁（一九）將赴饒之德興尉（二〇），送之至湖口，因得觀所謂「石鐘」者。寺僧使小童持斧，于亂石間擇其一二扣之，空空焉（二一），余固笑而不信也。至莫夜（二二）月明，獨與邁乘小舟，至絕壁下。大石側立（二三）千尺，如猛獸奇鬼，森然（二四）欲搏人（二五）；而山上棲鶻（二六），聞人聲亦驚起，磔磔（二七）雲霄間；又有若老人咳且笑于山谷中者，或曰：「此鸛鶴（二八）也。」余方心動欲還，而大聲發于水上，噌吰（二九）如鐘鼓不絕，舟人（三〇）大恐，徐而察之，則山下皆石穴罅（三一），不知其淺深，微波入焉，涵澹澎湃而爲此（三二）也。舟回至兩山間，將入港口，有大石當中流，可坐百人，空中（三三）而多竅（三四），與風水相吞吐，有窾坎鏜鞳㉟之聲，與向㊱之噌吰者相應，如樂作焉。因笑謂邁曰：「汝識之乎？噌吰者，周景王之無射㊲也；窾坎鏜鞳者，魏莊子之歌鐘㊳也。古之人不余欺㊴也。」

事不目見耳聞，而臆斷㊵其有無，可乎？酈元之所見聞，殆與余同，而言之不詳；士大夫終不肯以小舟夜泊絕壁之下，故莫能知；而漁工水師㊶，雖知而不能言，此世所以不傳也。而陋者㊷乃以斧斤考擊㊸而求之，自以爲得其實。余是以記之，蓋嘆酈元之簡，而笑李渤之陋也。

末段作者通過實地探訪，提出論斷，並對酈、李二說加以批評，照應首段作結。

【解題】

本文選自《經進東坡文集事略》卷四十九。石鐘山在江西省湖口縣，西鄰鄱陽湖，北靠長江，恰是湖北、江西、安徽三省交匯處。山分南北，位於縣城南的叫上鐘山，位於縣城北的叫下鐘山，各高五六百尺，兩山相向，當地人稱之爲雙鐘。根據文中記載，宋神宗元豐七年六月丁丑，即西元一〇八四年，陰曆六月初九日。蘇軾於元豐二年八月，因「烏臺詩案」，以作詩譏諷新法而被捕入獄，出獄後被貶爲黃州（今湖北黃岡縣）團練副使，元豐七年三月接到移貶汝州（今河南臨汝縣）的詔令，六月動身赴任，適長子蘇邁將赴任德興（今江西德興縣）尉。於是蘇軾從水路繞道江西，送蘇邁到湖口（今江西湖口縣），父子同遊石鐘山後，寫下了這篇著名的遊記。

全文圍繞著石鐘山命名的由來，反對盲從前人和主觀臆說，提倡「目見耳聞」的實地調查，這種求實求是的精神，給讀者帶來對事物的正確認識，富有啓示意義。《晚村精選八大家古文》云：「此翻案也，李翻酈、蘇又翻李，而以己之所獨得，詳前之所未備，則道元亦遭簡點矣。文最奇致，古今絕調。」

整篇文章，筆意跳脫，文情酣暢。尤其是描寫石鐘山夜景一段，幾筆點染，便突顯了一個陰森逼人的境界，很見工力。

【注釋】

㈠ **水經**　我國古代記述江河渠源流的一部地理書。文字精潔，很富科學價值。《唐書・藝文志》：「（漢）桑欽《水經》三卷，一作郭璞撰。」根據清代學者考訂，《水經》作者係三國時期的人，姓名不可知。北魏時，酈道元曾爲《水經》作注。

㈡ **彭蠡之口二句**　是說在鄱陽湖的湖口，有座石鐘山。按蘇軾所引《水經》及注中語，不見於今本。彭蠡，即鄱陽湖，位於今江西省九江縣東南，彭蠡之口，即鄱陽湖與長江交匯之處。蠡，音ㄌㄧˊ。

㈢ **酈元**　即酈道元（約活動於西元四六七年至五二七年），字善長，北魏時范陽涿鹿（今河北省涿鹿縣南）人，著名學者，官至御史中丞。因《水經》文字簡略，他作《水經注》四十卷。酈注不但補充了各河流水道的有關資料，且以文字的清麗，描述了各河道流經處的風土人情、歷史古跡以及有關的神話傳說等。蘇軾所引用的《水經》兩句和《水經注》四句，係轉引自李渤〈辨石鐘山記〉一文。

㈣ **相搏**　相互碰撞。

（五）**洪鐘**　大鐘。

（六）**磬**　音ㄑㄧㄥˋ。古代一種用玉或石製的打擊樂器。

（七）**李渤**　唐代洛陽人，曾隱居嵩山，唐憲宗元和年間任江州（今江西省九江）刺史，他曾尋訪過石鐘山，寫有〈辨石鐘山記〉一文。其中有云：「次於南隅，忽遇雙石。……詢諸水濱，乃曰：『石鐘也，有銅鐵之異焉。』……若非潭滋其山，山涵其英，聯氣凝質，發爲至靈，不然則安能產茲奇石乎！乃知山仍石名舊矣。如善長之論，則瀕流庶峯，皆可以斯名冠之。」

（八）**遺蹤**　舊址，陳跡。指石鐘山所在地。

（九）**南聲函胡**　南邊那塊石頭的聲音模糊厚重。南，南邊石頭的聲音。函胡，聲音重濁模糊。

（一〇）**北音清越**　北邊那塊石頭的聲音清脆悠遠。清越，清脆高亢。

（一一）**枹止響騰**　停下鼓槌，響聲還在向遠方傳播。枹，鼓槌。騰，升起，傳揚。

（一二）**餘韻徐歇**　餘音久久不靜止下來。餘韻，尾聲。徐歇，慢慢地停下來。按從「扣而聆之」以下五句：均見於李渤的〈辨石鐘山記〉一文。

（一三）**得之**　得到石鐘山命名的原因。之，代名詞，石鐘山命名的原因。

（一四）**鏗然**　敲擊金石所發出的聲音。鏗，音ㄎㄥ。

（一五）**所在皆是**　指類似發聲的石頭，各處都是如此。

（一六）**元豐七年六月丁丑**　即宋神宗元豐七年六月初九日。元豐七年（西元一〇八四年），丁丑，古人以干支記日，即農曆的六月初九日。

⑰ **齊安** 指黃州（今湖北省黃岡縣）。黃州在南齊時爲齊安郡。

⑱ **臨汝** 即汝州（今河南省臨汝縣）。作者於元豐二年（西元一〇七九年），因「烏臺詩案」被貶黃州團練副使，至此移汝州團練副使。四月離黃州赴任。

⑲ **長子邁** 蘇軾有三子：長曰邁，次曰迨，季曰過。蘇邁字伯達。

⑳ **饒之德興尉** 即饒州府德興縣縣尉。饒，饒州（今江西省波陽縣）。德興，今江西省德興縣。尉，縣尉，即縣的副首長。

㉑ **空空焉** 擊石聲。空空一本作「硿硿」。

㉒ **莫夜** 晚上，莫，一本作「暮」。

㉓ **側立** 斜立。

㉔ **森然** 陰森恐怖的樣子。

㉕ **搏人** 扑打人。搏，扑擊。

㉖ **棲鶻** 棲宿的鶻鳥。棲，鳥類止宿曰棲，鶻，音ㄏㄨˊ，鷙鳥，即隼，一種凶猛的鳥，性敏銳，速飛善獵，能俯擊小鳥而食之。

㉗ **磔磔** 音ㄓㄜˊ ㄓㄜˊ，摹聲詞，形容鳥鳴聲。

㉘ **鸛鶴** 水鳥名，外形如鶴而頂不紅，頸長嘴尖，羽毛灰白色，翅尾黑色，常巢居高樹上。

㉙ **噌吰** 音ㄔㄥ ㄏㄨㄥˊ，宏亮厚重的聲音。

㉚ **舟人** 船伕。

(三一) **石穴罅**　石頭的裂縫。罅，音ㄒㄧㄚˋ，裂縫。

(三二) **涵澹澎湃而爲此**　是說水浪激蕩著石穴裂縫而形成這種聲音。涵澹，水波激蕩的樣子。澎湃，波濤奔騰的樣子。

(三三) **空中**　即中空。

(三四) **竅**　音ㄑㄧㄠˋ，窟窿，小洞。

(三五) **窾坎鏜鞳**　形容鐘鼓撞擊的聲音。窾坎，音ㄎㄨㄢˇ ㄎㄢˇ，擊物聲。鏜鞳，音ㄊㄤ ㄊㄚˋ，鐘鼓聲。

(三六) **向**　剛才。

(三七) **周景王之無射**　言如同周景王無射鐘上發出的聲音。周景王，姬姓，名貴，東周時繼周靈王而登帝位，約活動於西元前五四四年至前五二〇年。無射（音ㄧˋ），鐘名，據《國語・周語下》記載：周景王二十四年（西元前五二一年），鑄成一口大鐘，律中無射，稱「無射鐘」。無射又爲律呂之名，六律之一。

(三八) **魏莊子之歌鐘**　是說如魏莊子編鐘上發出的聲音。魏莊子，魏絳，（按各本多作「魏獻子」。獻子爲莊子之子魏舒。）春秋時晉國大夫，死後諡號莊子。歌鐘，即編鐘。古時的樂鐘。根據《左傳・魯襄公十一年》記載，鄭人以歌鐘二肆（按肆，即套。列，十六件爲一律）及其他樂器獻給晉侯。晉侯將其半數賜給魏絳。孔穎達疏：「歌鐘者，歌必先金奏，故鐘以歌名之。」

(三九) **不余欺**　不欺余，沒有欺騙我們。

(四〇) **臆斷**　即依照自己的主觀想像、猜測來作判斷。

㊷ **漁工水師**　指漁人、船伕。

㊸ **陋者**　識見淺薄鄙陋的人，如文中所指李渤一類的人。

㊹ **考擊**　敲打。考，敲。

【賞析】

〈石鐘山記〉是以遊記爲題，內容也以描寫山水爲主；但觀其全文構思，卻是一篇以論說爲主而兼具描寫與記敘之長的作品。提到唐宋八家的遊記，往往讓人聯想到柳宗元的〈永州八記〉和王安石的〈遊褒禪山記〉。其實，當你讀了蘇軾一系列以「記」爲題的散文，尤其像〈石鐘山記〉後，就會發現這裡也是萬紫千紅，別有洞天。無論是記遊、寓理，均與那些向稱優秀的記遊之作，旗鼓相當，可謂春蘭秋菊，各極其妙。

全文五百餘字，除了思路清晰，結構嚴謹，說理透闢，文字流暢之外，從記遊和說理兩方面發展，按照層次可以劃分三個段落：第一段、提出問題，第二段、考察經過，第三段、發表見解。其第一段、以記敘、議論結合的方式講明石鐘命名的兩大疑案，爲下文親臨石鐘山下探訪預留地步。文章開門見山，借酈道元和李渤對石鐘山命名原因的兩種說法作爲發端。酈道元認爲「下臨深潭，微風鼓浪，水石相搏，聲如洪鐘。」似乎言之成理，但作者不敢輕信，以爲「今以鐘磬置水中，雖大風浪不能鳴也，而況石乎！」此一反詰，足令酈說難以立足。李渤的看法，是「扣而聆之，南聲函胡，北音清越，枹止響騰，餘韻徐歇。」而作者亦不敢輕信，以爲「石之鏗然有聲者，所在皆是也，而此獨以鐘名，何哉？」其間理由充足而又富幽默感。在這裡，作者問而不答，使人不能不產生探其究竟的意念；爲以下實地考察設下了埋伏。這種開篇之法，不落俗套，給人耳目一新之感。

第二段、在實地考察過程中，先交待遊山的時間與因由，次寫白天訪問寺僧，以下重點寫夜遊所見，行文極力宣染夜景之陰森恐怖，剛想回舟，卻忽有發現。於是，引出深入考察之所得，進一步證實了酈道元之說。行文跌宕有致，筆法多變，文勢不平。借用典故寫鐘聲之美，以鐘聲之美，比喻石鐘山水石相擊聲之奇。至於作者因有新發現而呈現的快意，隱然在於言外。吳楚材《古文觀止》評曰：「坡公身歷其境，聞之眞，察之詳，以前所有疑案，一一破盡，爽心快目。」正道出本段文字的妙趣。

第三段、是考察後發表自己的看法，作者站在理論的高度，其考察後的感想，是「事不目見耳聞而臆斷其有無，可乎？」這裡的反詰語氣，旨在加重其肯定的態度，寄寓深刻的道理。接著，作者便一一列舉了前人所以認識不清的種種原因：一爲酈道元作《水經注》時，「言之不詳」，二爲「士大夫終不肯以小舟夜泊絕壁之下，故莫能知」，三爲「漁工水師雖知而不能言」，四爲「陋者乃以斧斤考擊而求之」，盲目的自以爲是。四點原因，均針對一個問題，說得頭頭是道，分析得鞭辟入裡，作者亦由「疑之」，變成對酈說之「嘆」，和對李說之「笑」，褒貶鮮明，深化了主題。沈德潛《唐宋八家文讀本》說：「通體神行，末幅尤極得心應手之樂。」

《石鐘山記》將敘事、說理、寫景、抒情治於一爐，內容豐富，說理透徹，描寫眞切，情節感人，詳略得當，見解精闢，尤其提出的調查研究的重要性，對我們仍具有現實的教育意義。不過石鐘山到底是以聲得名，或以形得名，蘇軾主張以聲得名，而劉克莊的〈坡公石鐘山記〉、清同準的〈石鐘山記〉均贊同蘇說，而又有所發揮。明代地理學家羅洪先於〈念菴羅先生文集〉卷五則認爲「上下兩山，皆若鐘形，……東坡艤涯，未目其麓，故猶有遺論。」清曾國藩《求闕齋讀書錄》卷九、俞樾《春在堂隨筆》卷七均同意羅說。蘇軾考察石鐘山命名之由來，其論斷、議論容或有不盡人意之處，然而正如劉克莊所說：「坡公所記、議論，天下之名言也；筆力，天下之至文也。」就文章本身而言，把抽象的說理，寓於生動的記敘之中，融記敘、抒情、議論於一體，在這一點上，它和王安石的散文〈遊褒禪山記〉，有著異曲同工之妙。可以說本文既闡明了一個深刻的道理，又給人以藝術的美感。這一點，正是蘇軾散文的一大特色。

記承天寺㈠夜游

首段記夜遊，分別點明月夜尋張懷民的時間、原因、地點。

元豐六年㈡十月十二日，夜，解衣欲睡，月色入戶，欣然起行，念無與爲樂者。遂至承天寺，尋張懷民㈢。懷民亦未寢，相與㈣步于中庭㈤。

次段，承上寫承天寺的月色。

庭下如積水空明㈥，水中藻、荇交橫㈦，蓋竹柏影也。

末段借月色抒發感慨。

何夜無月，何處無竹柏，但少閑人㈧如吾兩人者耳。

【解題】

本文作於宋神宗元豐六年（西元一〇八三年），蘇軾罪謫黃州的第四年，是《東坡志林》卷五中的一則。題目依《東坡集》定，《志林》原題作「夜月尋張懷民」，一本「承天寺」又作「承天」。《志林》，筆記。傳本卷數不一，常見者爲五卷。分記遊、懷古等二十九類。另有十二卷本，包括後人所加的《仇池筆記》在內。書中所記，除作者日常生活外，還有對政治、歷史事件的評述。作者通過對月夜尋張懷民的記述，表現出落拓不羈，隨緣自適，不求名利的襟抱。蘇軾爲文善於捕捉日常生活中的片段，鮮明而自然地揭露自己的心境。本文雖寥寥八十五字，卻將深秋月夜的景色，寫得具體細膩，情景交融，特色獨具。儲欣稱其「仙筆也，讀之覺玉宇瓊樓，高寒澄澈。」（《唐宋十大家全集錄・東坡集錄》卷九），今人呂叔湘也說：「此篇寥寥數十字，其意境可與陶淵明之『採菊東籬下，悠然見南山。』相比，但淵明未曾一語道破，更見含蓄，此則詩與文不同也。」（《筆記文選讀》），此文的優點，不僅文字省儉，寫景宛然在目，還在於他運筆時意到筆隨，境界寂寥而情思遙深。所謂「字裡行間，自然韻流，有在筆墨蹊徑之外者。」（見吳忠匡記錢基博《東坡文講錄》）

【注釋】

㈠ **承天寺** 根據《黃州府志》：「承天寺在大雲寺前，今廢。即東坡乘月訪張懷民處。」又蘇軾〈與陳季常書〉云：「臨皋雖有一室可憩從者，但南日可畏，承天寺極相近，門前一大舸亦可居。」寺址在今湖北省黃岡縣城（黃州）南，宋時承天寺在大雲寺前，與臨皋亭相近。

㈡ **元豐六年** 即西元一〇八三年，這時爲蘇軾因案貶謫黃州的第四年。元豐，宋神宗年號。

㈢ **張懷民** 名夢得，又名偓佺，清河（今河北省清河縣）人。元豐六年貶謫黃州，寓居承天寺。後曾「即其廬之西南爲亭，以覽觀江流之勝。」故蘇轍說：「張君（指懷民）不以謫爲患，竊會計之餘功，而自放山水之間。」（見〈黃州快哉亭記〉）

㈣ **相與** 相偕，一同。

㈤ **中庭** 一作「庭下」。

㈥ **積水空明** 言月色洒滿庭院，如同積水充滿院落，是那樣清澈透明。空明，明澈如空。

㈦ **藻荇交橫** 言藻荇交互錯雜。藻，水藻。荇，荇菜，水草名，白莖葉紫赤色，正圓，直徑寸餘，根生水底，葉浮水面。

(八) **閑人** 當時蘇軾是以「檢校尚書水部員外郎，黃州團練使，本州安置」的身分謫居黃州的，不得簽署公事，故可稱「閑人」。又作者〈臨皋閑題〉說：「江山風月，本無常主，閑者便是主人。」

【賞析】

通篇記遊寫景，但超逸之意，怨悱之情，貫串其中，它並非採用寄託方式，讓情意曲曲傳出，而是別出新裁：如寫庭中月色，十幾個字就描繪出一個冰清玉潔的透明世界，令人神往。他用「積水空明」，形容庭中融融月色，又就積水這個比喻，正面落筆到「水中藻荇交橫」，正當讀者想像藻荇形態時，他又輕輕點破，「蓋竹柏影也」，把那靜態的月色寫得如此搖曳多姿，令人心動神移。文章之妙還不在此，而在結尾處加上一個攄發感慨的句子：「何夜無月？何處無竹柏？但少閑人如吾兩人耳！」蓋不閑，則無暇亦無趣，難以領略這寺院中特有的月色；此時之「閑」亦並非心甘情願，故而產生難以排遣之心理負擔；而夜不能寐，就是這種心理的表現。讀了這篇短文，不禁使我們聯想起那首著名的〈水調歌頭〉來。他在詞中寫道：「我欲乘風歸去，又恐瓊樓玉宇，高處不勝寒。」這是一種複雜的心情：一方面嚮往超世絕塵的境界，另一方面又忍受不了那難堪的「高寒」。兩篇作品雖不作於同時，而意境卻有異曲同工之妙。

記游定惠院㈠

首段寫遊定惠院東小山，觀賞海棠、枳木，醉酒花下，並暗示園圃主人之情誼。

次段寫憩於尚氏宅第之瀟灑和不拘形跡，以及聽崔成老彈琴的感受。

三段記入何氏園，竹陰置酒之雅興，與席上餅餌之酥美。

末段論歸途乞叢菊移植的清趣，與寫作本文之緣由。

黃州定惠院東小山上，有海棠㈡一株，特繁茂。每歲盛開，必攜客置酒，已五醉其下矣。今年復與參寥師㈢二三子訪焉，則園已易主。主雖市井人㈣，然以予故，稍加培治。山上多老枳㈤，木性瘦韌，筋脈呈露，如老人項頸，花白而圓，如大珠纍纍，香色皆不凡。此木不爲人所喜，稍稍伐去；以予故，亦得不伐。

既飲，往憩于尚氏之第。尚氏亦市井人也，而居處修潔，如吳越間人；竹林花圃皆可喜，醉臥小板閣上。稍醒，聞坐客崔成老彈雷氏琴㈥，作悲風曉月㈦，錚錚然㈧，意非人間也。

晚乃步出城東，鬻大木盆，意者謂可以注清泉、瀹㈨瓜李。遂夤緣小溝㈩，入何氏、韓氏竹園⑪。時何氏方作堂竹間，既闢地矣，遂置酒竹陰下。有劉唐年主簿者，餽⑫油煎餌，其名爲「甚酥」⑬，味極美。

客尚欲飲，而予忽興盡，乃徑歸。道過何氏小圃，乞其藂橘，移種雪堂之西。坐客徐君得之⑭，將適閩中，以後會未可期，請予記之，爲異日拊掌⑮。時參寥獨不飲，以棗湯代之⑯。

【解題】

本文是應坐客徐得之的要求而寫。內容在記幾位客人前往定惠院訪海棠的一段生活經歷。寓意雖不深，卻反映出作者情趣之高雅與性格之洒脫。此記全依出遊順序敘述，先寫對海棠贊賞依戀之情，繼寫山上老枳的龍鍾之態，並以「筋脈呈露，如老人頸項」相比何等妙喻！何等傳神！寫尚氏「居處修潔」，竹林花圃，令人可喜。寫作者醉臥板閣，聽琴音錚錚。表現作者醉仙般的心境與高妙的音樂素養，兩相融合，氣氛又是何等和諧！詩情畫意，濃鬱之至！篇末寫「客尚欲飲而予忽盡興，乃徑歸。」寥寥數語，突顯作者坦率、任眞、揮洒自如的風格，眞是文如其人。無怪乎前人說：「文至東坡，眞是不須作文，只隨手記錄便是文。」（見明王聖俞〈蘇長公小品〉）信然。

【注釋】

㈠ **定惠院**　根據《東坡志林》卷十：「元豐七年二月一日，東坡居士與徐得之、參寥子步自雪堂，並柯池入乾明寺、觀竹林、謁乳姥任氏墳、鋤治茶園，遂造趙氏園探梅堂，至尚氏第觀老枳，偃蹇如龍蛇形，憩定惠僧舍，飲茶任公亭師中庵，乃歸。且約後日攜酒尋春於此。」知蘇軾在黃州時常遊此地。院址在湖北黃岡縣城東南，文作於元豐七年三月三日。

㈡ **海棠**　作者有〈寓居定惠院之東，雜花滿山，有海棠一株，土人不知貴也〉詩，云：「江城地瘴蕃草木，只有名花苦幽獨。嫣然一笑竹籬間，桃李漫山總粗俗。也知造物有深意，故遣佳人在空谷……天涯流落俱可念，爲飲一樽歌此曲。」紀昀批點《蘇文忠公詩集》卷二十，稱此詩「純以海棠自喻。」可見作者「攜客置酒，已五醉其下。」寓有深意。

③ **參寥師**　僧道潛。師，對僧人尊稱，又稱參寥子，于潛（今浙江省臨安縣）人。住錫杭州智果寺。能詩文，有《參寥子集》十二卷，是蘇軾通判杭州時之老友。

④ **市井人**　即市井中人，生意人或商人。

⑤ **枳**　樹名，即枸橘，似橘而小於橘，高五、六尺，莖上多刺，果實可入藥，春天開白花，秋天結果，果酸不能食。

⑥ **雷氏琴**　即雷琴，唐時蜀人雷威所製琴，質地精美，音色極好，稱爲「雷琴」。宋時雷琴特別貴重，受到愛樂人士之重視。

⑦ **作悲風曉月**　指琴韻之美如悲風淒涼，曉月清輝。

⑧ **錚錚然**　玉石撞擊聲，此處形容琴聲清脆。

⑨ **瀹**　浸洗。

⑩ **夤緣小溝**　謂沿著小溝前行。夤緣，循沿。小溝，作者〈水龍吟〉言：「小溝東接長江，柳隄葦岸連雲際。」

⑪ **何氏韓氏竹園**　指何聖可，韓毅甫的竹園。

⑫ **餽**　以食物送人。

⑬ **爲甚酥**　油果名。《竹坡詩話》：「東坡在黃州時，嘗赴何秀才會，食油果正酥，因問主人：此

名爲何？主人對以無名。東坡又問：爲甚酥？坐客皆曰：是可以爲名矣！」又：「潘長官以東坡不能飲，每爲設醴，坡笑曰：此必錯煮水也！他日忽思油果，作小詩求之。云：『野飲花前百事無，腰間惟繫一葫蘆。已傾潘子錯煮水，更覓君家爲甚酥。』」

㈣ **徐君得之**　即徐大正，字得之，黃州知州徐大受（字君猷）之弟。

㈤ **拊掌**　鼓掌，在此指談笑資料。

㈥ **以棗湯代之**　言以棗湯代酒之意。

【賞析】

四部叢刊初編影元刊卷二十三「上巳日，與二三子攜酒出遊，隨所見輒作數句，明日集之爲詩，故辭無倫次」詩，注引「東坡志林」，謂此次遊定惠院爲元豐七年（西元一〇八四年）三月初三日事。

本文記述了與二三友人一天愉快的遊賞。開篇點題，言黃州定惠院東小山上，有海棠一株，特繁茂，每歲必攜客置酒，今年復與參寥師及二三子往訪。於往遊之地，同遊之人，以及院東小山上之海棠，一一提點。次言園已易主，山上老枳之性狀，接敘於既飲之後，休憩於尙氏府第，醉臥小板閣上，瀟灑而不拘形跡，聽崔成老彈琴的感受。繼而寫入晚，步出城東，買大木盆，入何氏園，於竹陰下置酒的雅興，席上餅餌的酥美，歸途乞叢橘移植的清趣。最後揭示寫作本文之原因。並以「參寥獨不飲，以棗湯代酒」之事，暗指參寥師身分之特殊。

全文凡十餘件野遊細事，時光由早至晚，地點由定惠院東之小山上而園圃、而尙氏之園、而步出城東，買大木盆、而入何氏、韓氏園、而食劉唐年所餽之油煎餌、而盡興徑歸、而道過何氏小圃，乞叢橘移種等，一一寫來，不嫌堆砌，不覺平板，不拘體式，彷彿率意揮洒，而情韻遂現，娓娓動聽，引人入勝，是東坡遊記小品中之佳作也。

於海棠之繁茂，著一「特」字，而精神全出，並引出以下「五醉其下」之事。所謂：「也知造物有深意，故遣佳人在空谷」者也。寫老枳，說他性瘦韌，筋脈呈露，如老人之項頸。寫老枳之花，說它花白而圓，如大珠纍纍。皆唯妙唯肖，如見其形。寫聞坐客崔成老彈雷氏琴之感受，說作悲風曉月，錚錚然，意非人間之樂。令人讀來，爲之神往。凡爲文字，大多不經雕琢，但一經寫出，即辭采爛然，妙趣橫生。

四、書札題跋文選讀

書札、題跋、雜著等雜文，在東坡散文中佔有重要分量和地位。這類作品或敘友情、或寫懷抱、或談文藝、或論學術，最能直接體現作者的心志和胸懷，性格和識見。其中不少有價值的篇章，迄今讀來，還親切動人，餘味無窮！

蘇軾廣於交遊，勤於翰墨，因而書札文字甚多。他喜愛「簡易疏達，表裡洞然」的性格，不希望友人「深中而多數」。他自己待人就是比較率眞，曾自謂：「與人無親疏，輒輸寫腑臟，有所不盡，如茹物不下，必吐出乃已！」因此，他的書札多是隨筆揮洒，不假雕飾，眞情流露，使人洞見肺肝。黃庭堅說：「東坡道人書尺，字字可珍。」從研究東坡其人及其文學來說，這話並非過譽。讀東坡書札之文，不免為作者敢寫敢罵，開朗而風趣的風格所吸引。如〈上梅直講書〉，表達作者青年時代非凡的志氣和得意的心情，寫來墨飛筆舞，淋漓酣暢。〈與李公擇書〉表達作者於逆境中堅持操守，談吐剛毅，氣宇凜然。當時東坡身遭文字獄，僥倖免死，貶謫黃州，友人李公擇為他悲愁交加，東坡特寫此書開解對方。此書筆鋒蒼勁，語言錚錚有聲，生動地顯示了左代敢於堅持操守的正直知識分子的形象。〈答秦太虛書〉抒寫東坡在艱苦的貶謫生活中開朗樂觀的胸襟，此書以白描手法，寫家常瑣事，筆鋒細膩，描摹入微。又東坡興趣廣泛，通曉詩文書畫，所寫題記序跋頗多。或品詩、或評畫，或談書法文章，有的更總結了自己或他人的創作經驗，探討了文章的成敗得失，表現了作者對文藝問題的眞知灼見。如〈江行唱和集敘〉結合自己的創作經驗，提出了文章「非能爲之爲工」的論點。強調了生活觸發的創作靈感不可缺少。〈書吳道子畫後〉，在評論前人的名畫時，概括出「出新意於法度之中，寄妙理於豪放之外」的創作經驗，指出要在對必然性認識的基礎上實行創新。〈書陳懷立傳神〉，總結前人的經驗，說明「傳神之難在於目」，論述了把握描述對象特點和追求神似的必要性。如上所述，都是頗具卓見的。

又東坡的題記序跋，有類於文藝隨筆和短篇評論，文藝性極強。它不是用概念化的語言，作抽象的論證，而是結合文藝創作的特徵，由具體到概括地予以生動闡述。如〈文與可畫篔簹谷偃竹記〉，評文與可畫竹的高超技巧和造詣，提出「胸有成竹」的卓見。〈書蒲永昇畫後〉中，作者總結了唐宋以來畫水的經驗，寥寥數筆，把畫家筆下的各種水態、音響、聲勢、氣氛，烘托得如在眼前，突出了不同畫派的不同筆法與特點，語言簡潔，文筆眞切，令人爲之歎賞不絕！

至於在東坡書札中存留的一些治學心得，回答或勉勵後學之作，其中更有不少獨到之識見，經驗中的肺腑之談，足資我們借鑒。如〈送進士詩敘〉中，作者強調士人讀書求仕，要有獨立思想，講求個人操守，不能看風轉舵，遇勢投機。〈又答王庠書〉中，言青年爲學，不可著重那些應科文字，治學「實無捷徑必得之術」，只要勤奮刻苦，「積學數年，自有可得之道。」但讀書自然要講求方法，因爲「書富如入海，百貨皆有，人之精力，不能兼收盡取。」並爲他介紹自己讀書的經驗，即對重要著述，要反覆研讀，每次要依據一定目的專力從某一角度探求，他曰自能「八面受敵」，應付裕如。其效用「與大致涉獵者不可同日而語」也。在這些書札、題跋、雜著中，東坡無夸夸的泛論，皆能化抽象爲具體，由近而遠，深入淺出地說明自己的體驗和見解。行文也大都短小精赅，明快生動，頗具有啓發力量。

答謝民師㊀書

首段敘述作者與謝民師，一見如故。

近奉違㊁，亟辱問訊㊂，具審起居佳勝㊃，感慰深矣。某受性剛簡㊄，學迂材下㊅，坐廢累年㊆，不敢復齒搢紳㊇。自還海北㊈，見平生親舊，惘然⑩如隔世人，況與左右⑫無一日之雅⑬而敢求交乎？數賜見臨，傾蓋如故⑭，幸甚過望⑮，不可言也。

次段說明崇尚「自然」和注重「辭達」的藝術主張。批評揚雄的雕琢和艱澀。最後引歐陽修的言論，進一步闡發其文藝觀點。

所示書教⑯及詩賦雜文，觀之熟矣。大略如行雲流水，初無定質⑰，但常行于所當行，常止于所不可不止，文理自然，姿態橫生⑱。孔子曰：「言之不文，行而不遠⑲。」又曰：「辭，達而已矣⑳。」夫言止于達意，即疑若不文，是大不然㉑。求物之妙，如繫風捕影㉒，能使是物了然于心者㉓，蓋千萬人而不一遇也，而況能使了然于口與手者乎？是之謂辭達。辭至于能達，則文不可勝用矣㉔。揚雄㉕好爲艱深之辭，以文淺易之說㉖；若正言之㉗，則人人知之矣。此正所謂「雕蟲篆刻」㉘者，其《太玄》、《法言》皆是類也㉙，而獨悔于賦㉚，何哉？終身雕篆而獨變其音節㉛，便謂之「經」，可乎？屈原作《離騷經》，蓋風、雅之再變者，雖與日月爭光可也㉜，可以其似賦而謂之「雕蟲」乎？使賈誼見孔子，升堂有餘矣；而乃以賦鄙之，至與司馬相如同科㉝。雄之陋如此比者甚衆。可與知者道，難與俗人言也㉞，因論文偶及之耳。歐陽文忠公言：「文章如精金美玉，市有定價，非人所能以口舌定貴賤也㉟。」紛紛多言，豈能有益于左右，愧悚㊱不已。

所須惠力「法雨堂」兩字㊲，軾本不善作大字，強作終不佳，又舟中局迫㊳難寫，未能如教㊴。然軾方㊵過臨江㊶，當往游㊷焉。或僧有所欲記錄，當爲作數句留院中，慰左右念親之意㊸。今日至峽山寺㊹，少留即去，愈遠㊺。惟萬萬以時自愛㊻。不宣㊼。

末段寫作者與謝民師的交往，照應首段，以見兩人情誼作收。

【解題】

這是蘇軾逝世前一年（宋哲宗元符三年，西元一一〇〇年）寫的書信體的文論。作者用舒卷自如的文筆，生動簡潔的語言，形象深刻地吐露自己暮年渡海北歸，惘如隔世的情懷，並借對謝民師「書教及詩賦雜文」的稱讚，闡述了他崇尚「自然」「生動」，如行雲流水，舒卷自如。所謂「常行于所當行，常止于所不可不止。」而「文理自然，姿態橫生」，同時也不忽視文辭在文章中的作用，所謂：「言之不文，行而不遠。」從這一點出發，他進一步說明「言止於達意」，並對孔子的「辭達」說，作了新的詮釋。認爲做到「辭達」，必須要具備兩個條件：一是作者「能使是物（即描寫對象）了然於心」，二是作者「能使了然於口與手。」強調的是作者藝術表現力和文字帶動的能力。信中還特意說到揚雄之刻意雕琢和追求艱澀，是不良的文風；屈原、賈誼的詩賦，文辭條暢，情感深切，足以與日月爭光。把文風和文章價值聯繫在一起。這封文論書簡，也和作者論文一樣，恰似行雲流水，揮灑自如，小事情，大道理，隨意寫來，皆親切雋永，回味無窮。

【注釋】

㈠ **謝民師**　名舉廉，新淦（今江西省新淦縣）人。元豐八年（西元一〇八五年）中進士第，工詩，有《藍溪集》。元符三年（西元一一〇〇年）五月，蘇軾從儋（音丹）州（今海南島儋縣）內調，九月，路過廣州，謝民師對任廣州推官，曾攜所著詩文拜見蘇軾，得到蘇軾的讚賞。宋曾敏行《獨醒雜志》卷一曾稱：「謝民師博學工詞章，遠近從之者嘗百人。」還說：「東坡自嶺南歸，民師袖書及舊作遮謁，東坡覽之，大見稱賞。詔民師曰：『子之文，正如上等紫磨黃金，須還子十七貫五百。』遂留語終日，反師著述極多，今其族摘坡語名曰《上金集》者，蓋其一也。」

㈡ **近奉違**　原文開頭有「軾啓」二字。全句是說近來沒有寫信問候之意。奉，敬詞。違，別離，離開。案：蘇軾十一月初五、六離開廣州，大約七、八天後即到清遠峽，故稱「近奉違」。

㈢ **亟辱問訊**　屢次承蒙寫信問候。亟，屢次。辱，謙詞，承蒙。問訊，來信問候。

㈣ **具審起居佳勝**　是說完全了解生活情況良好。具，完全。審，明白、了解。起居，指生活情況。

㈤ **某受性剛簡**　言我秉性剛直簡慢。某，蘇軾自稱。

㈥ **學迂材下**　言學識迂闊，材能低下。

㈦ **坐廢累年**　指因事被貶多年。按：宋哲宗元祐年間，蘇軾曾累遷翰林學士，紹聖元年（西元一〇九四年），以爲文譏斥先朝的莫須有罪名，貶謫惠州（今廣東省惠陽縣），後又貶瓊州（今海南島）別駕，直至宋徽宗即位（西元一一〇〇年，即宋哲宗元符三年），始赦還。

㈧ **復齒搢紳** 再居於士大夫之列。齒，並列，引申爲同類。搢，一作縉，插。紳，大帶。蓋古時官吏插笏於紳，故後世稱士大夫爲搢（縉）紳。

㈨ **自還海北** 言自從被召從海南島北還。案：作者於宋徽宗即位後，奉命從海南島貶所渡海北還之事。作者時年六十五歲，是其逝世的前一年。

㈩ **惘然** 悵惘、迷茫的樣子。

⑪ **左右** 本指身邊侍從，在此是對於對方的敬稱，舊時書信中常用之。

⑫ **無一日之雅** 言平時素無交往。雅，平素。《漢書・谷永傳》：「永斗筲之材，質薄學朽，無一日之雅，左右之介。」顏師古注：「雅，素也，介，紹也，言非宿素之交。」

⑬ **數次見臨** 承蒙多次來訪。數，多次。見臨，光臨、造訪。

⑭ **傾蓋如故** 猶言雖初次見面，但一見如故。蓋，車蓋。傾蓋，兩人在途相遇，停車交談，兩蓋傾斜靠近。西漢鄒陽〈獄中上梁王書〉云：「諺曰：『白頭爲新，傾蓋如故。』何則？知與不知也。」

⑮ **過望** 超過自己的希望。

⑯ **書敎** 指書啓，諭告之類的官場應用文章。或以爲指來信。教，是對人來信的敬稱。

⑰ **初無定質** 本無固定形態，初，本、原來。質，形態，形體。

⒅**但常行于所當行四句**　蘇軾〈文說〉：「吾文如萬斛泉源，不擇地而出，在平地滔滔汩汩，雖一日千里無難，及其與山石曲折，隨物賦形而不可知也。所可知者，常行于所當行，常止于不可不止，如是而已矣。其他雖吾亦不能知也。」故陳獻章《三蘇文範》卷十二說：「『行雲流水』數語，此長公（蘇軾）文字本色。」文理，指文章理路，即今人所謂之「脈絡布局」。姿態橫生，指千姿百態，富於變化。案：以流水、行雲喻文，早於蘇軾的有田錫，他在〈昭宋小著書〉中說：「援毫之際，屬思之時，以情合於性，以性合於道。……隨其運用而得性，任其方圓而寓理，亦猶微風動水，了無定文，太虛浮雲，莫有常態；則文章之有生氣也，不亦宜哉！」

⒆**言之不文二句**　指語言如無文采，流傳不會久遠。語出《左傳・襄公二十五年》。仲尼曰：「志有之：言以足志，文以足言；不言，誰知其志，言之無文，行而不遠。」

⒇**辭達而已矣**　言文辭只要達意就足夠了。說見《論語・衛靈公》，朱熹註：「辭取達意而止，不以富麗爲工。」案：蘇軾〈答王庠書〉也說：「辭多於達，足矣，不可以有加矣。」

㉑**夫言止于達意三句**　是說文辭止於達意，別人就疑爲不重視文采，其實完全不是如此。夫，語首助詞。疑若不文，似乎是說不需要文采。

㉒**求物之妙二句**　言了解觀察事物的奧妙，很不容易，就像拴住風，捉住影子一樣困難。繫風捕影，成語，比喻說話或作事，毫無事實依據。這裡指求物之難。見《漢書・郊祀志》下：「聽其言洋洋滿耳，若將可遇；求之，蕩蕩如繫風捕景（影），終不可得。」

㉓**能使是物了然于心者**　言能使所描寫客觀事物的奧妙，心裡徹底明瞭，很不容易，千萬人中碰不

到一人，而能進一步用口和筆表達出來，那就更難了。是物，即此物，指所求事物之奧妙處。了然，明白。了然於口與手，指用嘴和筆表達明白。案：此處是蘇軾闡述「辭達」的內涵，從「了然于心」到「了然于口與手」。蘇軾〈答虔倅俞括書〉云：「孔子曰：『辭，達而已矣！』，物固有是理，患不知；知之，悉不能道於口與手，所謂文者，能達於是而已。」

㉔**辭至於能達二句**　言文辭能夠做到「達」的地步，那麼「文采」已經用之不盡了，不可勝用，用不盡，指能寫出各種用途的文章。案：這裡的話是回答上文「言止于達意，即疑若不文」的問題。

㉕**揚雄**　字子雲，四川成都人，西漢著名經學家、文學家和語言文字學家。《漢書》有傳。

㉖**以文淺易之說**　來文飾淺薄簡單的內容。文，掩飾、遮掩。說，內容。

㉗**正言之**　直截了當地正面直說。

㉘**雕蟲篆刻**　意爲作文如雕琢字句，如雕琢蟲書，篆寫刻符，是小技小道。揚雄《法言・吾子》篇：「或曰：『吾子少而好賦？』曰：『然。童子雕蟲篆刻。俄而曰：壯夫不爲也。』」雕蟲篆刻，蟲、刻，皆屬秦書八體之一，爲西漢學童所必習。蟲書與刻符，皆纖巧難工，以喻作賦繪景狀物，與雕琢蟲書，篆寫刻符相似，都是童子所習的小技。

㉙**其太玄法言皆是類也**　言其所著的《太玄》、《法言》均是雕蟲篆刻一類的東西。《漢書・揚雄傳贊》：「其意欲求文章成名於後世，以爲經莫大於《易》，故作《太玄》；傳莫大於《論語》，作《法言》。」

㉚**獨悔於賦**　唯獨對其早年寫的辭賦表示後悔。

㈡變其音節　不再用辭賦的格律節奏，而改用散文形式從事寫作。案：揚雄作《太玄》、《法言》仍未脫模擬雕琢之習，只不過把辭賦的句式，改成散文形式而已。《御選唐宋文醇》卷三十九引李光地說：「朱文公論文亦曰：『子云《太玄》、《法言》，蓋亦〈長楊〉、〈校獵〉之流而粗變其音節。』」

㈢屈原作《離騷經》三句　言屈原作《離騷經》，是繼承《詩經‧風‧雅》精神，加以變化而形成的，即使說它能和日月爭光奪彩，也是可以的。案：西漢劉向編《楚辭》，東漢王逸作《楚辭章句》，皆尊〈離騷〉爲經，〈九章〉、〈九歌〉爲傳。〈風〉、〈雅〉、〈詩經〉詩體名，後來常用來做《詩經》的代稱。其中有部分抒寫憂怨、諷刺之情的，〈毛詩序〉稱這一部分的作品爲「變風」、「變雅」；〈離騷〉中也有抒寫怨悱之情的，所以蘇軾以〈離騷〉可上繼〈風〉、〈雅〉，故稱之爲「再變」。

㈢使賈誼見孔子四句　是說假使賈誼見到孔子，他的學問在孔門弟子中，快到入室的階段；而揚雄甚至因爲賈誼作過賦而鄙視他，把他和司馬相如等量齊觀，揚雄這類見識淺陋的例子很多。賈誼，西漢名政論家、文學家，著有《新書》十卷。升堂有餘，孔子把門弟子的學問造詣由淺更深，分爲入門、升堂、入室三階層，升堂，喻學問造詣已有相當深度，升堂有餘，是說快到「入室」的階段。以賦鄙之，賈誼作有〈鵩鳥賦〉、〈惜誓賦〉、〈弔屈原賦〉，揚雄輕視他的賦作。司馬相如，西漢辭賦家，作有〈子虛賦〉、〈上林賦〉等。同科，同一類型，等量齊觀。陋，見試淺陋。比，類。

㉔**可與知者道二句**　言以上指涉，可以和聰明人談，難和平庸的人說清楚。知，同智。司馬遷〈報任安書〉：「然此可爲智者道，難爲俗人言也。」

㉕**歐陽文忠公言四句**　言歐陽文忠公說過：「文章如同精美的金玉，要買它是有一定價格的，不能單憑人的一張嘴巴，就能決定它的貴賤啊！」歐陽文忠公，即歐陽修，死謚文忠。精金美玉，質地上好的金玉。歐陽修〈蘇氏文集序〉讚蘇舜欽的文章時云：「斯文，金玉也，棄擲埋沒糞土，不能銷蝕；其見遺於一時，必有收而寶之於後世者。」案：蘇軾本人亦常用金玉說明文章價值。如其〈答毛滂書〉：「文章如金玉，各有定價，先後進相汲引，因其言以信於世，則有之矣。至其品目高下，蓋付之衆口，決非一夫所能抑揚。」又〈答劉沔書都曹書〉：「以此知文章如金玉珠貝，未易鄙棄也。」

㉖**愧悚**　慚愧惶恐。

㉗**所須惠力「法雨堂」兩字**　是說你需要我爲惠力寺「法雨堂」寫兩個字。須，需要。惠力，佛寺名，或作慧力寺，據《嘉慶重修一統志．臨江府》，寺在江西省清江縣南二里瀕江。法雨堂，惠力寺中的一個堂名。謝民師求蘇軾爲惠力寺題寫「法雨堂」的匾額。

㉘**局迫**　地方狹小。

㉙**如敎**　遵從你的吩咐。敎，命令。

㊵**方**　將要。

㊶**臨江**　即臨江軍，治所在今江西清江縣。案：軍，宋朝行政區域的名稱，與州、府、監，都屬路

管轄，路，相當於現在的省。

㊷ **當往遊**　言當往惠力寺遊覽。

㊸ **慰左右念親之意**　安慰你思念父母之意。案：謝民師可能曾在寺中為父母祈福許願，故求蘇軾寫字題匾以酬謝寺僧。一說謝民師的家鄉是新幹縣，與清江縣相鄰，蘇軾題字相酬，在安慰他思念鄉親的心意。未知二說孰是，故併陳參考。

㊹ **峽山寺**　即廣慶寺。是古代名刹之一，在今廣東清遠縣峽山上。蘇軾於紹聖元年來惠州時曾遊其地，並寫有〈題廣州清遠峽山寺〉詩、文。

㊺ **愈遠**　謂彼此相去越來越遠。

㊻ **以時自愛**　隨時保重自己的身體。

㊼ **不宣**　舊時書信末尾常用的客套話，即不一一陳述之意。

【賞析】

信分三段，開頭和結尾，簡述了他對這位新結識的友人的敬重，回憶自己垂老投荒，遇赦北還時的複雜思緒。作者掰分懇摯、謙抑的心情，溢於言表。

本文重點在中間一段，旨在推崇如行雲流水般的自然文風。所謂：「大略如行雲流水，初無定質，但常行于所當行，常止于所不可不止，文理自然，姿態橫生。」這幾句話既讚賞了謝民師的作品，也表達了作者的文學主張。

他所謂的「自然」，實即指在思想上和藝術上都能擺脫刻板式的束縛，言由衷發，不事模擬，不假雕琢，在遵循藝術規律的基礎上，根據內容的需要，充分發揮其獨創性，達到內容充實與形式活潑的有機統一。

作者以「行雲流水」來喻作文之法，可謂妙手拈來。白雲蒼蒼，變化無常，洪波微瀾，沸漾不已。兩者均被視爲永恆的動象，而人居處社會，其思想感情更是不斷地發展變化，如爲文一味的重複舊有的模式，固定的樣板去表現，此不僅產生令人生厭的雷同，並嚴重地失去眞實，試問作品一旦失去眞實，還有甚麼意義和藝術價值可言。據此，東坡以爲作文之法，應遵循「常行于所當行，常止于所不可不止」的自然法則，亦即他在〈自評文〉中說的：「吾文如萬斛泉源，不擇地而出，在平地滔滔汩汩，雖一日千里無難，及其與山石曲折，隨物賦形，而不可知也。」形式應受內容的制約。不同的體材，其表現手法也自然有所差別，這才可以寫出由差別而呈現的不同作品的千姿萬態的風貌。因爲他體現了各自的眞實而獨具的形象，所以才有「文理自然，姿態橫生」的情韻和風神。蘇軾這個「文尚自然」的主張，在北宋時代就系統化地提出來，是對文學理論的重大貢獻。

接著剖析「辭達」問題。「夫言止于達意，即疑若不文」，作者認爲這是對孔子之言的誤解。聯繫後文的「辭至于能達，則文不可勝用矣」的句意，可見「辭」與「文」是屬同一範疇而非對立的兩個概念。「辭達」是要求辭能達意。何謂「意」？如何之「辭」方能達意？蓋「意」即事物自然之理，或曰事物的本質特徵。能夠表現事物的必然之理或事物本質特徵的語言，才能稱做「辭達」。而事物的必然之理或本質特徵，又非一經接觸，即可眞相大白的。東坡以爲：「求物之妙，如繫風捕影，能使是物了然于心者，蓋千萬人而不一遇也。而況能使了然于口與手者乎？」故歷代以來，不知有多少著名作家，爲著「求物之妙」而使「辭至于能達」，付出了畢生精力。如大詩人杜甫之「老大漸於詩律細」，歐陽修之寫〈醉翁亭記〉與〈晝錦堂記〉，王安石之寫〈泊船瓜洲〉一詩，全是經過苦心經營，在知識的海洋裡反覆探索，從而煉就了「火眼金睛」，言人之所未曾言，言人之所不敢言，言人之所欲言而不能言；新意疊出，巧奪天工，像這種「達意」之辭，也必定是「其文不可勝用」的光芒四射的文辭。

繼而，東坡批評了西漢末年的揚雄，說他好以「艱深之辭，文淺易之說」。其目的就是要從根本上制止北宋文壇「狂怪艱僻」的傾向，揭露其「雕蟲篆刻」，實際上是批判當時炫世驚俗，譁衆取寵的行爲。一方面作者斥揚雄之「雕篆」作風，另一方面又極力推崇〈離騷〉的成就。至於評賈誼升堂有餘，說文章如精金美玉，市有定價，這都是十分公允，且極有分寸的論點。是代表當時大多數堅持古文運動方向的進步作家的意見，也是蘇軾晚年從事創作經驗的總結。

東坡沒有文學評論專著，因而這封短信特別引起後人的重視。它對於發展自然的、寫實的文學理論和創作實踐，提供了探討和借鑑的價值。

全信皆屬妙手天成、雋永有味之作。在五百多字的短文中，五處用了比喻，無一不佳。如以「隔世人」喻遇赦北歸的自己，悲涼諧趣，落寞迷惘，一分風骨卓爾的知識分子形象，十分突顯。用「行雲流水」比喻文風，以「繫風捕影」比喻掌握摹寫對象特徵之難，都給人以直觀、親切、醒豁的印象。讀來，眞有咀嚼不盡之感。

書吳道子㈠畫後

首段從藝術史的角度，詳價吳道子的造詣。

知者創物㈡，能者述焉㈢，非一人而成也。君子之于學，百工之于技，自三代㈣歷漢至唐而備㈤矣。故詩至于杜子美㈥，文至于韓退之㈦，書至于顏魯公㈧，畫至于吳道子，而古今之變，天下之能事㈨畢矣。

次段對吳道子人物畫的評論。

道子畫人物，如以燈取影㈩，逆來順往，旁見側出，橫斜平直，各相乘除，得自然之數，不差毫末⑪，出新意于法度之中，寄妙理于豪放之外⑫，所謂游刃餘地⑬，運斤成風⑭，蓋古今一人而已。

三段寫吳道子的畫風格獨具，自成一家。

余于他畫，或不能必其主名⑮，至于道子，望而知其眞僞也。然世罕有眞者，如史全叔⑯所藏，平生蓋一二見而已。

文末附記本文寫作的時間。

元豐八年⑰十一月七日書。

【解題】

本文是宋神宗元豐八年（西元一〇八五年）蘇軾爲史全叔收藏的吳道子畫題跋，吳道子名道玄，陽翟（今河南省禹縣）人，是唐代傑出畫家，尤擅畫僧道人物，有「畫聖」之稱。

這是一篇題跋類散文，「題跋者，文章之短兵也。」（陳繼儒〈蘇黃題跋序〉），蘇軾即爲運用此一短兵之高手。題跋，一般指對書籍、字畫、碑帖題識之辭，此一文體，唐人未加重視，至宋始獨樹一幟，蔚爲壯觀，而歐陽修的《集古錄跋尾》，就成了我國第一部題跋方面的專集。題跋內容，大抵是考證與品鑑相結合，因而須有淵博的學識和高深的造詣，否則，下筆惟艱，很難得心應手。歐陽修以一代文學宗匠，成爲題跋領域的開拓者。繼之而起又爲其中能手者，當推蘇軾。蘇軾師事歐陽修，而在題跋方面，卻青出於藍，有凌駕歐公之成就。

〈書吳道子畫後〉是蘇軾題跋代表作之一，本文引杜、韓、顏三家作陪，突出吳道子畫人物的技法尤爲精妙，如不能掌握繪畫理論與實踐的人，是斷難寫出的。蘇軾本人就是名畫家、名書法家，故深知吳道子畫中三昧。所謂「出新意於法度之中，寄妙理於豪放之外」，不僅繪畫如此，寫詩、作文亦無不如此。這是蘇軾提出的一個重要創作理論，具有深刻的指導意義。

【注釋】

㈠ **吳道子** 名道玄，唐代名畫家，東京陽翟（今河南禹縣）人。生年不可考，卒於唐德宗貞元八年（西元七九二年），年九十以上。初學書於張旭、賀知章，不成，乃學畫。曾爲小吏，居蜀，因繪蜀道山川，創山水之體，自成一家。開元中，玄宗召入供奉，任內教博士，擅畫佛教、道教人物及神鬼、山水，世人譽爲「畫聖」。其畫筆法超妙，著色於焦墨痕中，略加微染，自然突出，稱爲「吳裝」。有時則只見墨蹤，意態已足。其畫法對後世影響極大。本文旨在稱揚吳道子畫人物，不但形似，且得神趣，與莊子所謂「所好者道也，進乎技矣」，同一境界。

㈡**知者創物**　即有智慧的人，能化無爲有，開創事物。知，同智。創，化無爲有曰創。

㈢**能者述焉**　有能力的人遵循前人的創造加以發揮。述，遵循、繼承。以上二句語出《周禮・考工記》。

㈣**三代**　指夏、商、周三個朝代。

㈤**備**　詳細完備。

㈥**杜子美**　杜甫，字子美，鞏縣（今屬河南省）人，唐代詩人。子美博極群書，善爲詩歌，涵渾汪洋，千態萬狀，憂時憂國，世號「詩史」。

㈦**韓退之**　韓愈，字退之，河南河陽（今河南孟縣西）人，唐代傑出古文家，其作品在文體、文風和語言藝術的革新方面均有卓越貢獻。

㈧**顏魯公**　顏眞卿，字清臣，京兆萬年（今陝西西安）人，封魯郡公。中唐時期的書法家。其正楷端莊雄偉，行書遒勁鬱勃，開創了書壇新風氣，世稱「顏體」。

㈨**能事**　特別擅長的事。

㈩**以燈取影**　言吳道子畫人物，如用燈光照出人的身影一樣傳神。此非泛泛讚揚之語，乃工筆人物畫的先決條件，造型精確的要素。畫家能夠在畫出人物臉形的同時，也畫出了人物的神韻，故用「以燈取影」之法，形象化的加以比況。

㈡**逆來順往六句**　此數句是讚揚吳道子運筆自如，不管順著畫，逆著畫，都能旁見側出，無閒筆，無廢筆；不管橫斜平直，各種筆勢，都能互襯互補；不管消長變化，描寫人物的技法，均能掌握自然之趣，栩栩如生，無毫釐之差失。乘除，比喻作畫時，筆法的消長變化。自然之數，自然的道理，此處「道理」可引申爲「規律」。毫末，比喻極其細微；毫，細毛；末，樹枝。

㈢ **出新意於法度之中二句** 這是由抽象角度，論吳道子繪畫的藝術特徵。吳畫極富創新精神，如用狀似蘭葉或蓴菜（海帶）條的筆法來表現衣褶，具有飄然高舉的效果，故人稱「吳帶當風」；用焦墨勾線，略加淡彩設色，又被稱爲「吳裝」。這些成就，既是他的創新，又與藝術規律的法度符合，所以能贏得當時人的承認和後代人的推崇。從風格上說，吳道子的人物畫，筆跡磊落，狀勢雄偉，別有一種不可言傳自由豪放的奇趣妙理，蘊藉於逆來順往之外。所以沈德潛《唐宋八家文讀本》卷二十四有云：「千古行文之妙，不出此二句。」足見「畫論」和「文論」的密切關係。

㈢ **游刀餘地** 形容吳道子作畫技巧，輕鬆俐落，有得心應手，意到筆隨之妙。語出《莊子・養生主》：「今臣之刀十九年矣，所解數千牛矣，而刀刃若新發於硎，彼節者有間，而刀刃者無厚，以無厚入有間，恢恢乎其於游刃必有餘地矣。」

㈣ **運斤成風** 比喻吳道子作畫，手法熟練，技術高超，有精準、神妙，變化無端的妙境。語出《莊子・徐無鬼》：「郢人堊慢（白粉）其筆端，若蠅翼，使匠石斫之。匠石運斤（斧頭）成風，聽而斫之，盡堊而鼻不傷，郢人立不失容。」

㈤ **必其主名** 肯定畫的作者姓名。主名，作者姓名。

㈥ **史全叔** 人名，生平事跡不詳。

㈦ **元豐八年** 即西元一〇八五年，元豐，宋神宗年號。

【賞析】

這篇散文，是蘇軾觀看了史全叔所藏吳道子人物畫而後寫成的，故題爲〈書吳道子畫後〉。第一段、是從歷史的視角評價吳道子：作者首先把「創造」者和「評述」者的分工和職能作一交代，接著他從縱橫兩方面來論述。他以爲詩歌到了杜甫、散文到了韓愈、書法到了顏眞卿、繪畫到了吳道子，都可以說是達到「古今之變」，天下所能達到的技巧，都反映出來了。在這裡，爲了在藝術領域突出吳道子，先以「君子」「百工」爲陪襯，再以最著名的詩人、散文家、書法家相輝映，從而彰顯吳道子畫技的精湛無雙。

第二段、是對吳道子人物畫的評論。作者以爲吳道子之畫人物，已經達到「如以燈取影」的地步。意思是指他構思迅速，運筆嫻熟，一揮而就，無不神形畢肖，氣韻俱佳。作者在〈傳神記〉中說過：「吾嘗於燈下顧自見頰影，使人就壁模之，不作眉目，見者皆失笑，知其爲吾也。目與顴頰似，餘無不似者。」又在〈王維吳道子畫〉中說：「道子實雄放，浩如海波翻，當其下手風雨快，筆所未到氣已吞。」參照各說，這「如以燈取影」之喻，實包含著深切的創作體驗，非泛泛讚揚之語。是不懂得繪畫藝術三昧說不出來的。繼而是描述吳道子怎樣運筆作畫：「逆來順往，旁見側出，橫斜平直，各相乘除，得自然之數，不差毫末。」是說吳道子運筆自如，不管順畫逆塗，都能旁見側出，無閒筆，無廢筆，不管橫斜平直，各種筆勢都能互襯互補，能得自然之趣，栩栩如生，沒有毫釐差失。作者雖然以不能「創物」自謙，實際上，這種精到的分析，還是得力於作者本身就是一名了不起的畫家。在此基礎上，作者對吳道子畫技作出了帶有總結性的讚揚和評價：「出新意於法度之中，寄妙理於豪放之外，所謂游刃餘地，運斤成風，蓋古今一人而已。」前兩句是說吳道子的畫既合於法度，又能表現出新的意趣情態，在豪放的風格之外，寄託著微妙的神理。由於這兩句話說得合乎藝術規律，它不僅成了評價吳道子畫作的名言，也成了蘇軾「傳神論」美學思想的主要特徵。而且，也成了歷來繪畫、雕塑等各種造型藝術家們共同遵守的創作準則。

第三段、寫吳道子風格獨具，自成一家。作者從自己的鑒賞體會說起，然後道出了吳畫有獨到之妙，另闢蹊徑之功。接著說：「然世罕有眞者」，這又從「多有僞造者的角度」，說明吳畫的珍貴，世所罕見，價値連城。段末、以「如史全叔所藏，平生蓋一、二見而已。」扣住了〈書吳道子畫後〉的文題，說明因觀畫而作此文。

最後，記寫作此文的時間。這篇雜誌題跋散文，深刻地表達了作者對繪畫藝術的精到見解。乍讀本文，開端處頗有離題之感，但細玩全篇，便發現脈理清晰，構思合理，能在漫筆揮灑之中，表現出異乎尋常的結構美、形式美，有主輔乘除，和諧統一的特點。

書蒲永昇㊀畫後

首段評我國繪畫史中所謂「形似」一派之風格。

古今畫水多作平遠細皺㊁，其善者不過能爲波頭起伏，使人至以手捫之㊂，謂有窪隆㊃，以爲至妙矣。然其品格㊄，特㊅與印板水紙㊆爭工拙于毫釐間㊇耳。

次段舉例說明我國繪畫藝術中所謂「神似」一派之風格。

唐廣明㊈中，處士㊉孫位⑪始出新意，畫奔⑫湍巨浪，與山石曲折，隨物賦形⑬，盡水之變，號稱神逸⑭。其後蜀人黃筌⑮、孫知微⑯皆得其筆法。始知微欲于大慈寺壽寧院⑰壁作湖灘水石四堵⑱，營度經歲⑲，終不肯下筆。一日，倉皇⑳入寺，索筆墨㉑甚急，奮袂如風㉒，須臾㉓而成，作輸瀉跳蹙㉔之勢，洶洶欲崩屋㉕也。知微既死，筆法中絕㉖五十餘年。

末段評論蒲永昇的繪畫藝術，是「神似」作品之翹楚，畫中之極品。

近歲成都人蒲永昇，嗜酒放浪㉗，性與畫會㉘，始作活水㉙，得二孫本意，自黃居寀兄弟㉚、李懷衮㉛之流，皆不及也。王公富人或以勢力使之，永昇輒嘻笑舍去㉜，遇其欲畫，不擇貴賤，頃刻而成。嘗與余臨壽寧院水㉝，作二十四幅，每夏日挂之高堂素壁，即陰風襲人㉞，毛髮爲立。永昇今老矣，畫亦難得，而世之識眞者亦少。如往時董羽㉟、近日常州戚氏㊱畫水，世或傳寶之；如董、戚之流，可謂死水，未可與永昇同年而語㊲也。元豐三年㊳十二月十八日夜，黃州臨皋亭㊴西齋戲書。

【解題】

本文於宋神宗元豐三年（西元一〇八〇年）十二月在黃州時作。這是一篇題畫小品，又名〈畫水記〉。

作者透過對蒲永昇繪畫藝術的評介，認為古今畫家畫水有兩種境界：一是作「死水」，如同印板水紙；一是作「活水」，能隨物賦形，畫水之變。他讚賞「活水」，貶抑「死水」，因此他特別強調藝術家不應該滿足於對事物形似的模寫，而應著力表現事物的神理。這種說法，深得藝術奧祕。

文章本身寫人論畫頗為傳神，作者往往運用了多重映襯、對比的方法，突出主題，寥寥幾筆，人物就躍至紙上，畫中「活水」歷歷在目。如寫孫知微構思成熟後的創作過程，所謂「奄袂如風」、「輸瀉跳蹙」，那種創作衝動和神似的畫作，宛然在目。寫蒲永昇的畫德是「欲畫不擇貴賤」，畫法是「陰風襲人，毛髮為立」，卻能用典型的事例，省淨的筆觸，寫得神采飛動，呼之欲出。清沈德潛《唐宋八家文讀本》卷二十四評此文：「活水死水，可悟行文之法。中『蒼黃入寺』一段，尤能狀出神來之候。蓋古今妙文，無有不成於神來者，天機忽動，得之自然，人力不與也。」

【注釋】

㈠ **蒲永昇** 四川成都人，宋代畫家。根據郭若虛《圖畫見聞誌》卷二，知其「性嗜酒放浪，善畫水。……蘇子瞻內翰嘗得永昇畫二十四幅，每觀之，則陰風襲人，毛髮為立。子瞻在黃州臨皐亭，乘興書數百言寄成都僧惟簡，具述其妙。」則知此文是寫給「成都僧惟簡」的作品。

(二) **平遠細皺**　言水面平靜廣遠，有細微的波紋。皺，音ㄓㄡˋ，紋路曲折。

(三) **以手捫之**　用手摸畫時。捫，音ㄇㄣˊ，摸。根據沈括《夢溪筆談》卷十七〈書畫〉的記載，當時看畫的人以手摸之，並認爲「色不隱指者（按：手指摸得出顏色）爲佳畫。」又范鎮《東齋記事》卷四，也有同樣的記載。

(四) **窪隆**　凹凸不平。窪，音ㄨㄚ，低下。隆，高起。

(五) **品格**　指書畫的高下等級。

(六) **特**　僅、只。

(七) **印板水紙**　謂用雕板水印的工藝技術，複製出來的畫作。印板水紙，古代複製書畫作品的工藝技巧。

(八) **爭工拙於毫釐間**　言爭繪畫技法之精妙笨拙於毫釐之間。工拙，指繪畫技法言。毫釐間，相差無幾，不相上下。

(九) **廣明**　唐僖宗李儇的年號（西元八八〇至八八一年）。

(一〇) **處士**　有才德而隱居不仕的人。

(一一) **孫位**　唐末畫家，初名位，改名遇。居會稽山，號會稽山人。北宋黃休復《益州名畫錄》卷上云：「孫位者，東越人也。僖宗皇帝車駕在蜀，自京入蜀，號會稽山人。……其有龍拏水洶，千狀萬態，勢愈飛動；松石墨竹，筆精墨妙，雄狀氣象，莫可記述。」他擅長畫人物、鬼神、龍水、杜石、墨竹，尤以龍水著名，筆勢超逸，氣象雄渾。

(一二) **奔湍**　奔騰的急流。湍，音ㄊㄨㄢ。

(一三) **山石曲折隨物賦形**　指流水隨著山石形狀的變化，而賦予水不同的形狀。賦，賦予。

(一四) **神逸**　神韻飄逸。

(一五) **黃筌**　字要叔，四川成都人，五代後蜀畫家，爲翰林待詔，累官至如京副使。根據郭若虛《圖畫見聞誌》，知黃筌善畫禽鳥山水，兼工佛道人物山川龍水。其花鳥師刁處士，山水師李昇，人物龍水師孫遇。與江南徐熙並稱「黃徐」，爲五代時花鳥畫的兩大流派。尤其他畫的宮中珍禽異卉，格調富麗。北宋初，翰林圖畫院曾將他和他的兒子黃居宷（音ㄘㄞˇ）的畫，作爲評畫的標準。

(一六) **孫知微**　字太古，今四川彭山縣人，宋代畫家。根據范鎮《東齋記事》卷四，及郭若虛《圖畫見聞誌》卷三的記載，知其精黃老學，善佛道，長於山水、仙官、星辰、人物，性高介，不娶，隱於大面山。時常往來於導江、青城，故二邑人家多收藏孫畫，亦藏畫於成都。

(一七) **大慈寺壽寧院**　在四川成都。郭若虛《圖畫見聞誌》卷三：「孫知微……畫於成都壽寧院熾盛光九曜及諸牆壁，時輩稱服。」

(一八) **堵**　按照古制，牆的量度單位，長高各一丈稱一堵。

(一九) **營度經歲**　經營和醞釀了一年之久。營度，在此指構思，計畫、布置。

(二〇) **倉皇**　匆匆忙忙。

(二一) **索筆墨**　索討筆墨。

⑫ **奮袂如風**　言運筆作畫，衣袖擺動，快捷如風。奮，揮開。袂，音ㄇㄟˋ，衣袖。

⑬ **須臾**　一會兒工夫。

⑭ **輸瀉跳蹙**　形容水勢自上傾瀉而下，奔騰湧起之狀。蹙，音ㄘㄨˋ，激蕩。

⑮ **洶洶欲崩屋**　言水流洶湧澎湃，要沖破房屋的樣子。洶，音ㄒㄩㄥ，水勢凶惡。

⑯ **中絕**　中途斷絕。

⑰ **放浪**　指行爲狂放，不拘小節。

⑱ **性與畫會**　言性情和畫意相融合。會，融合。

⑲ **活水**　流動著的水。蘇軾常以「活水」喻畫、喻文。如〈文說〉：「吾文如萬斛泉源，不擇地而出，在平地滔滔汩汩。」又〈答謝民師書〉：「文大略如行雲流水。」

⑳ **自黃居寀兄弟**　黃居寀，黃筌第三子。其兄黃居實，善畫花雀，次子黃居寶，工花鳥松石，三子居寀，善山水、花鳥、竹石。兄弟三人中以居寀成就最高，曾在後蜀、北宋擔任過宮廷畫師。

㉑ **李懷袞**　宋代畫家，成都人，根據范鎮《東齋記事》卷四，知其長於山水，亦工木石、翎毛。

㉒ **舍去**　即捨去，離開。

㉓ **臨壽寧院水**　摹寫壽寧院中孫知微畫的水爲範本。臨，臨摹。

㉔ **陰風襲人**　即涼風襲人。作者〈與鞠持正〉文云：「兩日薄有秋氣，伏想起居佳勝。蜀人蒲永昇臨孫知微水圖四面，頗爲雄爽。杜子美所謂『白波吹素壁』者，願挂公齋中，眞可以一洗殘暑也。」可供參考。

㉟ **董羽** 字仲翔，俗呼董啞子，毘（音ㄆㄧˊ）陵（今江蘇常州）人，曾任南唐和北宋宮廷畫師，善畫龍水海魚。曾於清涼寺畫海水，有南唐後主李煜八分題名，李肅遠草書，時人稱爲三絕。

㊱ **常州戚民** 宋毘陵人中善畫水者有戚化元、戚文秀。此處指戚文秀，工畫水，筆力調暢，曾作〈清濟灌河圖〉，一筆長五丈，自邊際起，通貫於波浪中間。事見郭若虛《圖畫見聞誌》。

㊲ **同年而語** 猶同日而語，相提並論之意。

㊳ **元豐三年** 即西元一〇八〇年。元豐，宋神宗年號（西元一〇七八～一〇八五年）。

㊴ **黃州臨皋亭** 黃州治所在今湖北省黃岡，時作者貶爲黃州團練副使。臨皋亭，在黃岡縣南長江邊，蘇軾被貶時，曾家居於此。

【賞析】

蒲永昇宋代畫家，成都人，善畫水。據郭若虛《圖畫見聞誌》卷二：「蘇子瞻內翰嘗得永昇畫二十四幅，每觀之，則陰風襲人，毛髮爲立。子瞻在黃州臨皋亭，乘興書數百言，寄成都僧惟簡，具述其妙，謂董、戚之流爲死水耳。（惟簡住大慈寺勝相院，其書刻石在焉）」故知此文爲宋神宗元豐三年（一〇八〇年）寄惟簡之作。

這篇評畫跋文，總結了唐宋以來畫水的經驗，提出「死水」與「活水」的區別，具體地闡發了「形似」和「神似」的繪畫理論。作者認爲只滿足於水的外貌臨摹，千篇一律地畫「平遠細皺」之水，而使「能爲波頭起伏」、「有窪隆」，也只能算是死水。要畫出活水，就必須掌握水的神理，「隨物賦形，畫水之變」，同時要經過長期的醞釀，對所畫之水了然於心，並蘊積了充沛的創作靈感，方可迅速捕捉形象，奮筆作畫。這種認識是深得藝術奧祕的。正如王聖兪所說：「東坡善畫，故知畫；知畫，故言入底里。」（見《蘇長公合作》補卷下引）。

本文係跋蒲永昇畫，卻並不先寫和直接寫蒲永昇畫水，而是採取先反後正，由遠及近，正反比襯的手法，先烘托而後進入本題。首段概說「古今畫水」僅得形似，次段由反入正，寫唐代孫位和五代孫知微不拘成法，畫出水的神理。但「知微死，筆法中絕五十餘年」，就自然引出第三段，寫蒲永昇「始作活水，得二孫本意。」但又不直接寫蒲永昇怎樣畫水，而是寫他的爲人和個性，正面寫蒲氏二十四幅畫水名作，著眼其藝術效果，然後再用同時代其他畫家來反襯蒲永昇畫技之高。

本文「以記爲論」，把敘事、寫景、議論巧妙地熔爲一爐，既有引人入勝的文學性，又有發人深思，使人玩味不盡的哲理性。語言簡練，形象鮮明，寫孫位畫水「奔湍巨浪，與山石曲折」，寫孫知微畫水「作輸瀉跳蹙之勢，洶洶欲崩屋」，寫蒲永昇畫水清冷，「掛之高堂素壁，即陰風襲人，毛髮爲立。」寥寥幾筆，便把畫家筆下水的姿態、音響、聲勢、氣氛再現出來，神采飛動，令人嘆賞。

作者站在歷史的制高點上，俯仰古今，以評論家特有的眼光，沿著繪畫史的發展線索予以考察，從理論上提出帶有普遍性、規律性的問題，發前人所未發，令人讀來得益不淺。

文與可㈠畫篔簹谷㈡偃竹㈢記

首段記述自然是創作原形，畫家必須深入觀察研究，在胸中形成意象，然後奮筆直書，一氣呵成。此種經驗與理論，必須在實踐中運用，才能領悟掌握並借蘇轍的論述，突出與可的藝術造詣。

竹之始生，一寸之萌㈣耳，而節葉具焉；自蜩腹蛇蚹㈤，以至于劍拔十尋㈥者，生而有之㈦也。今畫者乃節節而爲之，葉葉而累之㈧，豈復有竹乎㈨？故畫竹必先得成竹于胸中㈩，執筆熟視⑪，乃見其所欲畫者，急起從之⑫，振筆直遂⑬，以追其所見，如兔起鶻落⑭，少縱則逝矣⑮。與可之教予如此。予不能然也，而心識其所以然⑯。夫既心識其所以然，而不能然者，內外不一⑰，心手不相應，不學之過也。故凡有見于中⑱，而操之不熟者，平居自視了然⑲，而臨事忽焉喪之，豈獨竹乎⑳？子由爲《墨竹賦》㉑以遺與可曰：「庖丁，解牛者也，而養生者取之㉒；輪扁，斲輪者也，而讀書者與之㉓。今夫夫子之託于斯竹也㉔，而予以爲有道者則非耶㉕？」子由未嘗畫也，故得其意而已。若予者，豈獨得其意，并得其法㉖。

次段記述與可生前瑣事，以及與作者的平素交往，仍緊扣畫竹的主題，表現與可脫落塵俗

與可畫竹，初不自貴重。四方之人，持縑素㉗而請者，足相躡于其門㉘。與可厭之，投諸地而罵曰：「吾將以爲襪材㉙！」士大夫傳之，以爲口實㉚。及與可自洋州還，而余爲徐州㉛。與可以書遺余曰：「近語士大夫：『吾墨竹一派，近在彭城㉜，可往求之。』襪材當萃于子矣㉝。書尾復寫一詩，其略曰：「擬將

的眞情實性。

末段補敘撰寫此文的時間和原委。說明爲睹物？懷人而作。再以曹操祭橋公語，表明二人之友情，點明上段意旨作結。

一段鵝溪絹，掃取寒梢萬尺長㉞。」予謂與可：「竹長萬尺，當用絹二百五十匹㉟，知公倦于筆硯，願得此絹而已！」與可無以答，則曰：「吾言妄矣！世豈有萬尺竹也哉？」余因而實之㊱，答其詩曰：「世間亦有千尋竹，月落庭空影許長㊲。」與可笑曰：「蘇子辯則辯㊳矣，然二百五十匹絹，吾將買田而歸老焉㊴！」因以所畫《篔簹谷偃竹》遺予曰：「此竹數尺耳，而有萬尺之勢。」篔簹谷在洋州，與可嘗令予作〈洋州三十詠〉㊵，篔簹谷其一也。予詩云：「漢川修竹賤如蓬㊶，斤斧何曾赦籜龍㊷，料得清貧饞太守㊸，渭濱千畝在胸中㊹。」與可是日與其妻游谷中，燒筍晚食，發函得詩，失笑噴飯滿案。

元豐二年正月二十日，與可沒于陳州㊺。是歲七月七日，予在湖州㊻，曝書畫，見此竹，廢卷而哭失聲。昔曹孟德祭橋公文，有「車過」、「腹痛」之語㊼，而予亦載㊽與可疇昔㊾戲笑之言者，以見與可于予親厚無間㊿如此也。

【解題】

文與可名同，字與可，自號笑笑先生、錦江道人，四川梓潼縣人，一說梓州永泰人。官司封員外郎，曾任洋州（今陝西洋縣）、湖州（今浙江吳興縣）知州，文同長蘇軾十八歲，是他的表兄、好友，北宋大畫家，尤長於畫竹。曾畫篔簹谷偃竹（仰斜的竹子）贈蘇軾。

篔簹，大竹名，左思〈吳都賦〉：「其竹則篔簹。」李善注：「篔簹生水邊，長數丈，圍一尺五六寸，一節相去六、七尺，或相去一丈，廬陵界有之。」篔簹谷，位於陝西省洋縣西北五里，谷中多竹。〈篔簹谷偃竹〉是文與可畫的一幅墨竹。

文與可在宋神宗熙寧八年（西元一〇七五年）任洋州知州，曾在谷中築亭。十年任滿返京後，將所畫〈篔簹谷偃竹〉贈給當時在徐州任職的蘇軾。神宗元豐二年（西元一〇七九年）正月二十日，與可死於陳州，同年七月七日，蘇軾在湖州曝曬書畫，見〈篔簹谷偃竹〉而不勝悲痛，之後，即寫此文，以紀念逝去的好友。

基本上，這是一篇悼念性的哀祭文，而蘇軾卻以「記」爲題。「記」是古代散文的一體，「記者，記事之文也。」（見《文章辨體序說》引《金石例》）可見「記」是以敘事爲正格，但唐宋古文家的「記」，卻長於思辨，喜歡在敘事中滲入議論，蘇軾這篇〈篔簹谷偃竹〉就是如此。它的主旨本在於表達作者對亡友的懷念之情，可以只記敘和文與可〈偃竹畫〉有關之事，但作者卻不苟流俗，既總結了文與可畫竹的經驗，又回憶了文與可的爲人，和兩人之間的情誼，字裡行間，且有大量的議論。作者說畫竹必先有成竹在胸，然後才能振筆直遂，以追所見；同時，也要掌握技巧，做到心手相應。

全文論畫精闢深邃，敘事灑脫生動，行文輕靈自然，隨手寫出，觸發天機，不拘成法，無意爲文而文采爛漫，可謂嘻笑怒罵皆成文章。作畫高技要心手相應，振筆直遂，文畫一理，此文正是東坡心手取得，任情揮灑，而妙趣天成的作品。

【注釋】

㈠ **文與可** 即文同（西元一〇一八～一〇七九年），字與可，自號笑笑居士，梓潼（今陝西省梓潼縣）人，宋代著名畫家、詩人，著有《丹淵集》，是蘇軾的表兄，宋仁宗皇祐元年（西元一〇四九年）進士，曾知洋州（今陝西省洋縣）和湖州（今江蘇省吳興縣），因稱「文湖州」。

㈡ **篔簹谷** 在洋州西北五里，谷中多生竿粗節長的篔簹竹，故名。文與可知洋州時，曾在谷中築亭以觀遊。篔簹，一種大竹之名。

㈢ **偃竹** 風中偃斜的竹子。偃，倒下之意。

㈣ **萌** 嫩芽。

㈤ **蜩腹蛇蚹** 蜩腹，蟬後腹上的橫紋。蛇蚹，蛇皮上的橫鱗。比喻破土萌發的竹筍。語出《莊子・齊物論》：「吾待蛇蚹蜩翼邪？」

㈥ **劍拔十尋** 比喻竹筍生長迅猛，挺直有力，如拔劍出鞘一般。十尋，言其高，並非實數。尋，長度單位，八尺。

㈦ **生而有之** 指從筍到竹，都有節有葉。

㈧ **今畫者乃節節而爲之二句** 謂今之畫者乃一節節地畫，一葉葉地畫。累，添加、堆砌。

㈨ **豈復有竹乎** 言怎能畫出竹子形象呢？米芾《畫史》：「子瞻作墨竹，從地一直畫至頂，余問何不逐節分？問：『竹生時何嘗逐節生？』運思清拔，出於文同與可，自謂與文拈一瓣香（佛家語、師承其法意）」。

⑩ **故畫竹必先得成竹於胸中**　是說畫前心中要有竹子的完整形象和神韻。故，所以。成語「胸有成竹」，即出於此。

⑪ **熟視**　凝視。

⑫ **從**　通「縱」，這裡指縱筆作畫。

⑬ **振筆直遂**　言揮筆落紙，一氣呵成。振，動。遂，完成。

⑭ **兔起鶻落**　言畫畫時，運筆之神速，如兔子飛跑，鶻鳥障落。鶻，鳥名，隼類，體小而猛捷。

⑮ **少縱則逝**　言稍一放鬆，靈感就失去了。蘇軾在〈王維‧吳道子畫〉中說：「當其下手風雨快」即指此意。逝，消失。

⑯ **心識其所以然**　言心裡明白該怎樣做。識，明白、了解。

⑰ **內外不一**　指心（內）與手（外）不一致，即手不稱心，想法和畫法不一致。

⑱ **有見於中**　是說心裡意識到的，即心知其所以然。中，內心。

⑲ **平居自視了然**　言平日家居自以爲清楚明白。平居，平日。了然，明白。

⑳ **豈獨竹乎**　難道只有畫竹如此嗎？按「竹」上省一「畫」字。

㉑ **子由爲墨竹賦**　言子由曾寫〈墨竹賦〉一文。子由，蘇軾弟蘇轍，字子由。曾寫〈墨竹賦〉一文，贈送文與可。

㉒ **庖丁解牛者也而養生者取之**　言庖丁是個善於解牛的人，而講求養生之道的人卻從他的話中，得

到修身養性的道理。庖，廚師。丁，廚師之名。解，剖開。養生者，指惠王君（梁惠王）。取，取法、悟得。引文詳見《莊子‧養生主》。

㉓ **輪扁斵輪者也而讀書者與之**　言輪扁是個善於做車輪的工匠，卻得到了讀書人的讚許。事出《莊子‧天道》，說桓公在堂上讀書，輪扁在堂下斲輪，他用自己的工作打比方，砍得快或慢都不行，不快不慢，得心應手，才能砍出好輪子來。意思是說有些道理，必須經過自己的實踐才能體會到。這一點對讀書人是有啓發性的。斲，砍。輪扁，造車輪的人名扁。與，動詞，讚許。

㉔ **今夫夫子之託於斯竹也**　是該如今您寄託在竹子上的道理。夫子，對文與可的尊稱。託，寄託。

㉕ **予以爲有道者則非耶**　是說我認爲這是把竹子生長的法則，表現於書畫方面，您是一個洞察事物者，有高深修養的人，難道不是嗎？予，蘇轍自稱。有道者，有高深修養的人。

㉖ **並得其法**　並且學到了畫竹的技法。按蘇軾是竹畫法，得於文與可。在北宋畫苑中，向以「文蘇」並稱。

㉗ **縑素**　縑，細絹；素，漂白的生絹。古人多用來寫字作畫。

㉘ **足相躡於其門**　腳互相踩踏，猶言接踵而至，形容人多。躡，踩踏。

㉙ **以爲襪材**　即「以之爲襪材」，省略代詞「之」，意思是說，把送來畫竹的縑素做成袜子穿。

㉚ **口實**　話柄、談話的資料。

㉛ **與可自洋州還而余爲徐州**　文與可於宋神宗熙寧八年（西元一〇七六年）知洋州，十年冬，返回京師（今河南開封）。蘇軾於熙寧九年十二月知徐州（今江蘇省銅山縣）。

㊂ **吾墨竹一派近在彭城**　指我畫的墨竹這一派，現已傳到彭城了。蘇軾是文與可所創立的湖州畫派的畫家，當時他任徐州知州。

㊃ **襪材當萃於子矣**　言求畫的縑素，將集中你那裡了。萃，原指叢生的草，引申爲聚集。

㊄ **擬將一段鵝溪絹二句**　擬，打算。鵝溪，在今四川省鹽亭縣西北八十里，此地產絹，負有盛名，唐宋爲貢品，是書畫用的珍貴材料。掃取，畫如掃，指用筆作畫，有執筆如帚，揮翰有力之意。取，動詞（掃）的後置成分，表示取得。寒梢，竹竿。竹竿是「歲寒三友」之一，不怕寒冷，所以稱竹竿爲「寒梢」。按文與可此詩，今本《丹淵集》中不錄，是蘇軾遭到迫害後，文與可的子孫怕受連累，將集中有關與蘇軾來往的文字，全部刪去。

㊅ **二百五十匹**　古時一匹（疋）爲四十尺，一萬尺，合二百五十匹的長度。

㊆ **實之**　證實有。實，證實，致使動詞，使之成爲事實之意。

㊇ **許**　如此、這樣。

㊈ **辯**　指巧言善辯。

㊉ **然二百五十匹絹二句**　言二百五十匹絹，我哪兒出得起，這麼多絹，足夠我買田養老了。歸老，歸田養老，即「退休」之意。

㊵ **洋州三十詠**　全題爲〈私文與可洋州園地三十首〉，現存東坡集中。下面所引〈篔簹谷〉一首，即爲此詠之一。

㊶ **漢川修竹賤如蓬**　言漢川的長竹竿，像蓬草一樣不值錢。漢川，漢水，流經洋州。修竹，長竹。

蓬，蓬草。

㊷ **斤斧何曾赦籜龍**　用斧頭砍竹筍之意。斤，斧頭。赦，赦免、放過。籜龍，竹筍。籜，筍殼。

㊸ **饞太守**　戲指文與可，時任洋州知州，相當於「太守」。

㊹ **渭濱千畝在胸中**　是說「饞太守」把渭濱千畝的竹筍都吞下去了。喻文與可胸中有豐富的墨竹畫稿，這是一種詼諧的比喻。渭濱，渭河邊上，《史記・貨殖列傳》：「渭川千畝竹……此其人皆與千戶侯同。」作者以此比喻洋州竹多。

㊺ **陳州**　地在今河南省淮陽縣。文與可於元豐元年（西元一〇七八年）十月除知湖州，從開封出發赴任，次年正月，走到蘇州的宛丘驛病逝，年六十一歲。

㊻ **予在湖州**　文與可死後，湖州之缺，朝廷命蘇軾繼任，蘇軾於元豐二年四月到任。

㊼ **昔曹孟德祭橋公文二句**　曹孟德，曹操，字孟德，根據《三國志・魏志・武帝紀》：曹操年輕時不被人重視，唯喬玄與何顒器重之。建安七年（西元二〇二年）春，曹操路過浚儀（古縣名，今在河南開封），令人持太牢祭橋玄，並作〈祀故太尉喬玄文〉：「又承從容約誓之言：『殂逝之後，路有經由，不以斗酒隻雞過相沃酹，車過三步，腹痛勿怪。』雖臨時戲笑之言，非至親之篤好，胡肯為此辭乎？」蘇軾引此比喻自己與文與可之間之深厚友誼。

㊽ **載**　記載、寫下。

㊾ **疇昔**　從前、往昔。疇，語助詞，無義。昔，往日、從前。

㊿ **無間**　沒有隔閡，關係密切。

【賞析】

這是一篇畫記，也是一篇哀悼文字，更是一篇說理精闢而有見地的文藝隨筆。寫於宋神宗元豐二年（西元一〇七九年），文與可逝世不久，當時作者任湖州知州，在曝曬書畫時，忽然看到文與可贈送的〈篔簹谷偃竹〉畫，不禁觸物傷情。回憶文與可的品德、作畫的技法、兩人深厚的情誼，於是爲這幅畫寫了這篇題記。可是作者爲文，卻不從曬書畫而傷情說起，而是落筆於偃竹的萌芽、抽節、峭拔、茁壯的形態寫起，逐步過渡到畫竹的技巧和構思的規律。

首段、記述文與可畫竹的經驗，說明作畫最重要的是立意，要意在筆先，也就是「胸有成竹」的問題。作者雖然在不少文章中，曾論及這個問題，但在本文中從理論與實踐的結合上，作了比較全面的闡發。「畫竹必先得成竹於胸中，執筆熟視，乃見其所欲畫者，急起從之，振筆直遂，以追其所見，如兔起鶻落，少縱即逝矣。」這段文字，言簡意明，概括了作畫、立意、運筆的過程。是對文與可畫竹的評論，也似是陳述自己作畫爲文的體悟和主張。從這段文字看，作畫必須對事物進行深入地考察，「了然於心」，然後奮筆揮灑，一氣呵成，否則，「心手不相應」，是「不學之過」。蘇轍曾徵引「庖丁解牛」、「輪扁斫輪」的典故，說明「萬物一理」（見〈墨竹賦〉），作者借用蘇轍的論述，來突出文與可深厚的藝術造詣，從而把與可的畫竹理論，昇華到規律性的高度。

次段、言文與可生前瑣事，以及和作者平素交往，仍扣住畫竹事，表現與可脫略萬物的性情。內容寫文與可投縑而罵、遺書諧謔、贈和詩篇，以及與可以所畫篔簹谷偃竹相贈，與可得作者〈篔簹谷〉

詩後情景，均歷歷如在目前。其中「日」字出現七次，或引書信、或引詩章、或記巧辯之言、或述詼諧之語，層層翻瀾、妙趣橫生。其「發函得詩，失笑噴飯。」的細節描寫，更把與可的音容笑貌再現於讀者眼前。有很強的藝術感染力，但又不說破，爲下文預留地步。

末段、補敘撰寫本文的時間、原委，表明爲睹物懷人之作，「廢卷而哭失聲」，足以見出痛悼之情。再以曹操祭橋公語，說明「予亦載與可疇昔戲笑之言者」，正表現二人「親厚無間」的友誼，點明上段意旨，從而收束全文。

在藝術上，這篇文章甚具特色：一、是構思新穎，不落俗套。作者既不介紹文與可生年，也不表示對亡友的深切悼念，而是先介紹文與可的繪畫理論，接著娓娓敘述文與可的畫竹逸事及其人品，往下再寫作者與文與可的書信往來與戲笑之語。最後、突然點出文與可的去世。如此寫來，文理自然，姿態橫生，當行則行，欲止則止，將兩人的情誼表現得酣暢淋漓，把對亡友之痛，表達得奪人心魄。二、是將敘事、記人、議論、抒情融爲一體，時而侃侃而談，把「成竹在胸」的藝術理論闡發得深刻透闢；時而宣洩感情，把懷念摯友的情懷，抒發得眞摯感人；時而勾勒描繪，把人物的個性，體現得生動傳神。三、是莊諧相間，語言清新自然，「蜩腹蛇蚹」的形象比喻，「劍拔十尋」的描述，眞實的展現出竹子的成長過程；「發函得詩，失笑噴飯滿案」的細節，活畫出人物詼諧的性格，瀟灑不羈的風度；以「兔起鶻落，少縱則逝」，狀靈感的飄忽不定。不僅饒有趣味，且平易淺顯，使人心領神會，眞像是「行雲流水，初無定質。」隨意所之，盡成妙文。

五、碑傳哀祭文選讀

蘇軾的碑傳哀祭類的散文不多，但每有佳作。〈方山子傳〉寫友人陳慥之為人。作者選取幾個典型事例進行描述。文章首先總括他一生的經歷變化，交待「方山子」一名之由來。接著重點寫他遊俠、隱居、安貧數事。全文以「欲以此馳騁當世，然終不遇」為核心。他早年的豪爽義俠，「自謂一世豪士」，如今之隱居安貧，襟懷恬淡，變化之大，判若兩人，變化之因，皆由「不遇」。這既是對方山子人生的寫照，也是作者身世的自況。本文摹寫生動，人物形象鮮明，或敘或議，錯綜變化；有順寫、有倒敘，而能前後呼應，首尾一體，文字簡潔，而情致橫溢，感慨深沈。還有像〈石氏畫苑記〉、〈李太白碑陰記〉，皆屬篇短小，章法嚴謹，說理透徹之作，因此，文章簡短，氣勢不凡。

〈潮州韓文公廟碑〉的寫法，又與他作不同。作者並不鋪敘韓愈在潮州的政績，以及潮人對韓愈的思念仰慕，而是從大處落筆。開頭就說：「匹夫而為百世師，一言而為天下法，是皆有以參天地之化，關盛衰之運」，突兀而至，氣勢磅礡。接著，作者就韓愈「文起八代之衰，道濟天下之溺，忠犯人主之怒，而勇奪三軍之帥」的歷史性功績，從本質上抓住韓愈在文學上、政治上的主要成就。同時又特意點出韓愈有才，而「不能使其身一日安之子于朝廷之上」。文章有敘、有議，不平、不俗，力大氣雄，震撼人心。既突顯了碑主的貢獻，又顯示了作者的才華。洪邁在《容齋隨筆》卷八曾說：劉夢得、皇甫持正、李漢等「皆稱頌韓公之文，各極其摯。……及東坡之碑一出，而眾說盡廢。」此說不為無由。

潮州韓文公廟碑

首段寫韓愈具「浩然之氣」，爲全文立論樹立基調。

匹夫而爲百世師㊀，一言而爲天下法㊁，是皆有以參天地之化㊂，關盛衰之運㊃。其生也有自來㊄，其逝也有所爲㊅。故申、呂自嶽降㊆，傅說爲列星㊇，古今所傳，不可誣㊈也。孟子曰：「我善養吾浩然之氣㊉。」是氣也，寓于尋常之中⑪，而塞⑫乎天地之間。卒然⑬遇之，則王公⑭失其貴，晉、楚失其富⑮，良、平失其智⑯，賁、育失其勇⑰，儀、秦失其辯⑱。是孰使之然哉？其必有不依形而立⑲，不恃力而行，不待生而存，不隨死而亡者矣！故在天爲星辰，在地爲河嶽，幽則爲鬼神⑳，而明㉑則復爲人。此理之常，無足怪者。

第二段敘述韓愈一生功業，並用「文」「道」「忠」「勇」四字加以概括。

自東漢已來㉒，道喪文弊，異端幷起。歷唐貞觀、開元之盛㉓，輔以房、杜、姚、宋㉔而不能救㉕。獨韓文公起布衣㉖，談笑而麾之㉗，天下靡然㉘從公，復歸于正㉙，蓋三百年于此矣㉚。文起八代之衰㉛，道濟天下之溺㉜，忠犯人主之怒㉝，而勇奪三軍之帥㉞，此豈非參天地、關盛衰，浩然而獨存者乎！

第三段說明韓愈之「精誠」可以動天感民，卻不能回昏君之惑、弭奸

蓋嘗論天人之辨㉟：以謂人無所不至㊱，惟天不容僞㊲；智可以欺王公，不可以欺豚魚㊳；力可以得天下㊴，不可以得匹夫匹婦之心。故公之精誠㊵，能開衡山之雲㊶，而不能回憲宗之惑㊷；能馴鱷魚之暴㊸，而不能弭皇甫鎛、李逢吉

臣之謗。

第四段承前文「能信於南海之民，廟食百世」，寫新建韓文公廟的由來。

文末採祭歌招魂，神化韓愈，並概括全文精神作結。

之謗[44]，能信于南海之民[45]，廟食[46]百世，而不能使其身一日安之于朝廷之上[47]。蓋公之所能者，天也[48]，其所不能者，人也[49]。

始潮人未知學，公命進士趙德[50]爲之師，自是潮之士，皆篤[51]于文行[52]，延及齊民[53]，至于今，號稱易治[54]。信乎孔子之言[55]：「君子學道則愛人，小人學道則易使也。」潮人之事公也，飲食必祭，水旱疾疫，凡有求必禱焉。而廟在刺史公堂[56]之後，民以出入爲艱。前守[57]欲請諸朝作新廟，不果。元祐五年[58]，朝散郎王君滌[59]來守是邦，凡所以養士治民[60]者，一以公爲師，民既悅服，則出令曰：「願新[61]公廟者，聽[62]。」民歡趨之，卜地[63]于州城之南七里，期年[64]而廟成。或曰：「公去國萬里而謫于潮，不能一歲而歸[65]，沒而有知，其不眷戀于潮審矣[66]！」軾曰：「不然。公之神在天下者，如水之在地中，無所往而不在也。而潮人獨信之深，思之至，焄蒿悽愴[67]，若或見之。譬如鑿井得泉，而曰水專在是，豈理也哉！」

元豐七年[68]，詔封公昌黎伯[69]，故榜[70]曰：「昌黎伯韓文公之廟。」潮人請書其事于石，因爲作詩以遺[71]之，使歌以祀公。其詞曰：

公昔騎龍白雲鄉[72]，手抉雲漢分天章[73]，天孫爲織雲錦裳[74]。飄然乘風來帝旁[75]，下與濁世掃粃糠[76]，西游咸池略扶桑[77]，草木衣被昭回光[78]。追逐李杜參翱翔[79]，汗流籍湜走且僵[80]，滅沒倒景不可望[81]。作書詆佛譏君王[82]，要觀南海窺衡湘(八三)，歷舜九疑弔英皇(八四)。祝融先驅海若藏(八五)，約束鮫鱷如驅羊(八六)。鈞天無人(八七)帝悲傷，謳吟下招遣巫陽(八八)。犦牲雞卜羞我觴(八九)，於粲荔丹與蕉黃(九〇)，公不少留我涕滂(九一)，翩然被髮下大荒(九二)。

【解題】

本文選自《經進東坡文集事略》卷五十五，題目一作〈韓文公廟碑〉，或〈潮州修韓文公廟記〉。潮州，今屬廣東省潮安縣。韓文公，即韓愈，韓愈諡號「文」，故世稱「韓文公」。韓愈曾因諫迎佛骨而被貶爲潮州刺史，因爲有德於民，潮人建廟祀之。宋哲宗元祐七年（西元一〇九二年）三月潮州知州王滌於重修潮州韓愈廟後，將潮州韓文公廟圖寄給蘇軾，請他寫廟碑文。不久，蘇軾手書碑樣，交付來价，送往潮州。本集中有〈與潮州守王朝請滌〉書札二首、〈與吳子序書〉一通，均談及此事，可參閱。

碑文是蘇軾作品中重要文體之一。碑，原是宮廟前立的石頭，後來在碑石上鐫刻文字，有的也叫「刻石文」。劉勰〈誄碑〉說：「後代用碑，以石代金，同乎不朽，自廟徂墳，猶封墓也。」這種文體，一般是記述或頌揚人物的生平、術業、政績、功德。其寫作標準是「標敘盛德，必見清風之華；昭紀鴻懿，必見峻偉之烈。」〈潮州韓文公廟碑〉正是這樣一篇情文並茂的作品。洪邁《容齋隨筆》卷八〈論韓文公〉條說：「劉夢得、李習之、皇甫持正、李漢皆有稱誦韓公之文，各極其摯。……及東坡之碑一出，而後衆說盡廢。」熟讀〈廟碑〉，一定會深深感到這篇散文，從內容到形式、從構思到運材、從篇章到詞句、從風格到修辭，都充滿著一種罕見的磅礴氣勢。這是評騭韓愈的一篇壓卷之作。

【注釋】

㈠ **匹夫而爲百世師**　是說一個普通的人卻能成爲百代的師表。匹夫，普通人。師，師表、師法、楷模。《史記・孔子世家贊》：「孔子布衣，傳十餘世，學者宗之。」《孟子・盡心下》：「聖人百世之師也。」

㈡ **一言而爲天下法**　是說一句話而能成爲天下人的準則。法，準繩、準則。《禮記・中庸》：「是故君子動而世爲天下道，行而世爲天下法，言而世爲天下則。」《新唐書・韓愈傳》：「自愈沒，其言大行，學者師之如泰山北斗云。」

㈢ **參天地之化**　是說參與了天地化育之功。參，參與、參合、贊助。化，化育。《禮記・中庸》：「可以贊天地之化育，則可以與天地參矣。」

㈣ **關盛衰之運**　是說關係到國家盛衰的命運。

㈤ **其生也有自來**　言他的出生自有來歷。生，出生。自來，由來。

㈥ **其逝也有所爲**　言他去世後有所作爲。逝，逝世。有所爲，有所作爲。

㈦ **申呂自嶽降**　此論證古來聖賢「生也有自來」。言如周宣王時的臣子申伯、呂侯（甫侯），傳說他們誕生時，有山嶽降神的吉兆。《詩經・大雅・崧高》：「崧高維嶽，駿極于天。維嶽降神，生甫及申。維申及甫，維周之翰。四國于蕃，四方于宣。」申伯、呂侯，均姜姓，堯時四岳的後代，周王朝的大臣。

⑧ **傳說爲列星** 這句話申述「逝也有所爲」。言如殷高宗武丁時的宰相傳說，他死後升天而與衆星並列。《莊子・大宗師》：「（傳說）相武丁奄有天下，乘東維（位於箕星、斗星之間，在天河之東），騎箕尾（星名），而比于列星。」列星，分布在天上的星。

⑨ **誣** 猶言欺騙、抹煞。

⑩ **浩然之氣** 即浩氣、正氣，形容盛大剛正的精神。語出《孟子・公孫丑上》。

⑪ **寓于尋常之中** 言寄託在平常生活之中。寓，寄託。尋常，平常。

⑫ **塞** 充塞、充滿。

⑬ **卒然** 突然，即出其不意時。卒，音ㄘㄨˋ，通猝。

⑭ **王公** 指在朝爲官的王公大人們。

⑮ **晉楚失其富** 言晉、楚兩國失去他們的富強。晉、楚，晉，在今山西省一帶，春秋時諸侯之國。楚，在今湖南、湖北、江蘇、浙江一帶，亦春秋時諸侯之國。《孟子・公孫丑下》：「曾子曰：晉楚之富，不可及也。」

⑯ **良平失其智** 言張良、陳平顯不出他們的智謀。張良、陳平，皆輔佐漢高祖劉邦的開國功臣，以足智多謀著稱。

⑰ **賁育失其勇** 言孟賁、夏育顯不出他們的勇力。孟賁、夏育，皆古代傳說中的勇士。

⑱ **儀秦失其辯** 言張儀、蘇秦失去了他們的能言善辯。儀、秦，即張儀、蘇秦，戰國時代的縱橫家，以「合縱」「連橫」的主張游說諸侯，以能言善辯著稱。

(一九) **其必有不依形而立四句** 刻劃了浩然正氣是不依附外在的形體而屹立，不仗恃外在的力量而運行，不靠著生命而存在，不隨著死亡而消失的啊！此處總在闡述古聖先賢的「浩然之氣」。《蘇長公合作》卷七引錢文登說：「復用四個『不』字，筆力過人。」

(二〇) **幽則爲鬼神** 指在陰間爲鬼神。幽，幽冥之處，陰間。語出《禮記・樂記》：「明則有禮樂，幽則有鬼神」。

(二一) **明** 指人世間。與「幽」相對。

(二二) **自東漢已來三句** 言自從東漢以來，儒道淪喪，文風凋弊，異端邪說，同時興起。道，指儒家孔孟思想。喪，衰危。文弊，文風凋弊。異端，指黃老之學與佛教。韓愈〈原道〉：「周道衰，孔子沒，火于秦，黃老于漢，佛於魏晉梁隋之間。其言道德仁義者，不入于楊，則入于墨；不入于老，則入于佛。」

(二三) **歷唐貞觀開元之盛** 歷經唐教貞觀、開元的興盛時期。歷，經歷。貞觀，唐太宗李世民的年號（西元六二七年至六四九年），是唐代政治昌明的時期，史稱「貞觀之治」。開元，唐玄宗李隆基的年號（西元七一三年至七四一年），是唐代的治平盛世，史稱「開元之治」。

(二四) **輔以房杜姚宋** 言依靠房玄齡、杜如晦、姚崇、宋璟等賢相的輔助。房、杜爲唐太宗時的賢相。房玄齡（西元五七九年至六四八年），名喬，齊州淄川（今山東淄博）人，唐太宗時宰相。杜如晦（西元五八五年至六三〇年），字克明，京兆杜陵（今陝西省西安東南）人，唐太宗時宰相。姚、宋爲唐玄宗開元前期的名相。姚崇（西元六五〇年至七二一年），陝州硤石（今河南省三門峽）人，歷任武則天、睿宗、玄宗三朝宰相。宋璟（西元六六三年至七三七年），邢州南和（今屬河南）人，睿宗、玄宗朝宰相。

㉕ **不能救**　不能挽救「道喪文弊」的局面。

㉖ **布衣**　平民百姓、庶人。韓愈出身於小康之家，其父兄雖都做官，但父兄早逝，家道中落，以後全憑個人苦讀，方才有成，故曰「起布衣」。

㉗ **麾之**　麾，指揮。之，代名詞，指「文弊」「異端」。是說韓愈指揮文壇，倡導儒學和古文運動，掃除異端邪說和凋弊的文風。

㉘ **靡然**　拜倒、敬佩的樣子。

㉙ **正**　正統。

㉚ **蓋三百年於此矣**　指從韓愈倡導古文，至蘇軾寫作本文之時，相距約三百年。

㉛ **文起八代之衰**　指韓愈提倡古文，蔚然成風，使八代以來衰敗的文風重新振興。八代，指東漢、魏、晉、宋、齊、梁、陳、隋。《舊唐書・韓愈傳》：韓愈「常以爲自魏、晉已還，爲文者多拘偶對，而經誥之指歸，遷、雄之氣格，不復振起矣。故愈所爲文，務反近體，抒意立言，自成一家新語。後學之士，取以師法。」

㉜ **道濟天下之溺**　言韓愈提倡儒道，拯救了天下陷溺於佛老的人。道，指儒家孔孟之道。濟，拯救。溺，沈湎、陷溺。

㉝ **忠犯人主之怒**　言韓愈的耿耿忠心，曾觸怒了憲宗皇帝。《新唐書・韓愈傳》：「憲宗遣使者往

鳳翔，迎佛骨入禁中，三日，乃送佛祠。王公大人奔走膜唄，至爲夷法灼體膚，委珍貝。騰沓係路，愈聞惡之，乃上表曰……。帝大怒，持示宰相，將抵以死。裴度、崔群曰：愈言訐牾，罪之誠宜。然非內懷至忠，安能及此？願少寬假，以來諫爭。……乃貶潮州刺史。」韓愈〈左遷至藍關示侄孫湘〉詩云：「一封朝奏九重天，夕貶潮州路八千。欲爲聖朝除弊事，肯將衰朽惜殘年！……」

㉞ **勇奪三軍之帥**　言韓愈一身是膽，勇敢過人，能夠折服三軍的統帥。奪，折服。語出《論語・子罕》：「三軍可奪帥也，匹夫不可奪志也。」此處特指韓愈奉詔宣撫王庭湊事。根據《新唐書・韓愈傳》：「（唐穆宗長慶元年（西元八二一年）鎮州（今河北省正定）亂，殺田弘正而立王庭湊。詔愈宣撫，既行，衆皆危之。元稹言，韓愈可惜，穆宗亦悔，詔愈度事從宜，無必入。愈至，庭湊嚴兵迓之，甲士陳庭。……」韓愈義正辭嚴，曉之以君臣大義，動之以逆順利害，說服了王庭湊。不動刀槍平息了這場叛亂。韓愈回京，穆宗大悅，遷爲吏部侍郎。

㉟ **天人之辨**　指天命與人事的區別。

㊱ **人無所不至**　是說某些人爲了達到爭權奪利的目的，不擇手段，無所不用其極。語出《論語・陽貨》：「鄙夫可與事君也與哉？其未得之，患得之（蘇軾解云：「患得之」當作「患不得之」），既得之，患失之，苟患失之，無所不至矣。」

㊲ **惟天不容僞**　但是上天不容許他們這種詐僞的作法。

㊳ **豚魚**　豚，小豬。豚魚，小豬及小魚，泛指天性純眞的小動物。語出《周易・中孚》：「豚、魚

吉，信及豚、魚也。」孔穎達疏：「釋所以得吉，由信及豚、魚故也。」信豚、魚則吉，自然「不可以欺豚、魚」了。此進一步申言「天不容僞」。

㊴ **力可以得天下二句**　是說用武力可以奪取天下，但不可以靠武力得到民心。力，武力、強力。匹夫匹婦，普通的男人女人。

㊵ **精誠**　眞心實意、忠誠專一。

㊶ **能開衡山之雲**　能掃開衡山上的烏雲。據說韓愈遭貶路經湖南衡山，適逢天氣陰晦，韓愈暗中祝禱，忽然雲散天晴，得以飽覽山景。韓愈〈謁衡岳廟遂宿岳寺題門樓〉詩記其事云：「噴雲泄霧藏半腹，雖爲絕頂誰能窮？我來正逢秋雨節，陰氣晦昧無清風。潛心默禱若有應，豈非正直能感通！須臾靜掃衆峰出，仰見突兀撐青空。」清代查愼行〈十二種詩評〉說：「四句所謂公（韓文公）之精誠能開衡山之雲也。」衡山，南嶽衡山，爲我國五嶽之一，在今湖南衡山縣西。

㊷ **不能回憲宗之惑**　指韓愈之精誠，卻不能使唐憲宗回心轉意，放棄佞佛的愚昧行爲。回，回心轉意。惑，愚昧、糊塗之事。

㊸ **能馴鱷魚之暴**　能制服鱷魚的兇暴爲患。此句是頌揚韓愈在潮的政績。事見《新唐書・韓愈傳》：「初，愈至潮州，問民疾苦，皆曰：惡溪有鱷魚，食民畜產且盡，民以是窮。數日，愈自往視之，令其屬秦濟，以一羊一豚，投谿水而祝之。……祝之夕，暴風震電起谿中，數日水盡涸，西徙六十里，自是潮無鱷魚患。」馴，馴服、制服。鱷魚，一種兇猛爬行類動物。

㊹ **不能弭皇甫鎛李逢吉之謗**　言不能消除皇甫鎛、李逢吉的誹謗。弭，消除。皇甫鎛，憲宗時宰相，

韓愈貶潮州後，作〈潮州刺史謝上表〉，帝得表，頗感悔，欲復用之，指示宰相。皇甫鎛素忌愈直，即奏言：「愈終狂疏，可且內移。」乃改袁州刺史。李逢吉，穆宗時宰相，曾運用手法製造韓愈和李紳的失和而兩貶抑之（詳情均見《新唐書‧韓愈傳》）。

㊺ **能信於南海之民**　能夠受到潮州人民的信仰。信，信奉、敬仰。南海之民，指潮州百姓。

㊻ **廟食**　廟祭，接受後世之人立廟祭祀。

㊼ **不能使其身一日安之于朝廷之上**　此句極言韓愈一生仕途坎坷。

㊽ **所能者天也**　言所能做到的，是遵從天道。

㊾ **所不能者人也**　言所不能做到的，是屈從人事。

㊿ **趙德**　潮州人，有才華，號天水先生，見解多與韓愈相近，頗得韓愈器重。韓愈在〈潮州請置鄉校牒〉中說：「趙德秀才，沈雅專靜，頗通經，有文章，能知先生之道，論說且排異端，而宗孔氏，可以爲師矣。請攝海陽縣尉，爲衙推官，專勾當州學，以督生徒，興愷悌之風。」趙德曾輯韓愈的文章爲《文錄》，並作序。又蘇軾〈與吳子野〉云：「〈文公廟碑〉近已寄去。潮州自文公未到，則已有文行之士如趙德者，蓋風俗之美久矣。」

(五一) **篤**　忠實。

(五二) **文行**　文章與德行。

(五三) **延及齊民**　指教化大行，普及到一般平民。延，延申、擴展。齊民，齊，等。無有貴賤，謂之齊民，猶今言平民。《莊子‧漁父》：「上以忠於世主，下以化於齊民。」

（五四）**易治**　容易治理。謂百姓知書達理，知識水準高，容易統治。

（五五）**孔子之言二句**　是說孔子之言，王公大人學習孔孟之道，則知道實行仁政，老百姓學習孔孟之道，則容易被差使。語出《論語・陽貨》。

（五六）**刺史公堂**　州官辦公的廳堂。刺史，唐代州的最高行政首長。公堂，處理公務的大堂。

（五七）**前守**　前任太守。漢魏時，州的長官稱太守，唐稱刺史，故此處即指前任潮州刺史。

（五八）**元祐五年**　元祐，宋哲宗年號。五年，即西元一〇九〇年。

（五九）**朝散郎王君滌**　朝散郎，官名，從七品，無定職的文官。王君滌，即王滌，生平不詳。

（六〇）**養士治民**　教育士子，治理百姓。

（六一）**新**　形容動詞，重新修建之意。

（六二）**聽**　聽從自便。

（六三）**卜地**　用占卜之法，選擇建廟的地基。

（六四）**期年**　一周年。

（六五）**不能一歲而歸**　不滿一年就回來了。按韓愈於唐憲宗元和十四年（西元八一九年）正月被貶爲潮州刺史，同年十月又量移至袁州（今江西省宜春縣），在潮州不到一年。

（六六）**其不眷戀于潮審矣**　言韓愈不留戀、懷念潮州，是很清楚的。不眷戀於潮，韓愈於〈潮州刺史謝上表〉中，曾極言潮州環境惡劣，希望「陛下哀而憐之」，期能回到皇帝身邊。審，清楚。

（六七）**焄蒿悽愴**　言潮州人懷著悲傷眞摯的感情來祭祀韓愈。語出《禮記・祭義》：「焄蒿悽愴，此百物之精也，神之著也。」孔穎達疏：「焄（音ㄒㄩㄣ），謂香臭也。言百物之氣，或香或臭。蒿，謂蒸出貌。言此香臭蒸而上出，其氣蒿然也。悽愴者，謂此等之氣，人聞之，情有悽有愴。」

(六八) **元豐七年**　元豐，宋神宗年號。七年，即西元一〇八四年。

(六九) **昌黎伯**　《續資治通鑑・宋紀神宗》，元豐七年「五月壬戌，詔自今春秋釋奠，以鄒國公孟軻配食文宣王，設位於兗國公之次。又追封荀況爲蘭陵伯，揚雄爲成都伯，韓愈爲昌黎伯，以此次從祀於二十一賢之間。」昌黎，韓愈常自稱「昌黎韓愈」，故世稱「韓昌黎」。伯，文章出衆，或擅長一技之人稱伯。

(七〇) **榜**　本作「匾額」解。這裡用動詞，指寫在匾額上。

(七一) **遺**　音ㄨㄟˋ，贈送。

(七二) **公昔騎龍白雲鄉**　是說韓愈原爲天上的仙人，騎着龍在仙鄉遨遊。白雲鄉，仙鄉。神仙居住的地方。

(七三) **手抉雲漢分天章**　是說韓愈親手挑選天河上星雲的文采。抉，音ㄐㄩㄝˊ，挑選。雲漢，天河、銀河。天章，天之文采，指分布於天上的日月星辰。

(七四) **天孫爲織雲錦裳**　言織女星替他織成漂亮的衣服。天孫，星名，即織女星。《史記・天官書》：「織女，天女孫也。」雲錦，高級的絲織品。裳，下身衣服，這裡泛指衣服。

(七五) **飄雲乘風來帝旁**　言飄飄然乘風而降，來到皇帝身旁。帝，此要指唐朝皇帝。

(七六) **下與濁世掃秕糠**　是說下降到人間，替污濁的社會，掃除異端邪說和凋弊的文風。下，降下。濁世，污濁的人世。粃糠，不成熟的穀粒爲粃，穀皮爲糠。這裡比喻異端邪說。

㈦西遊咸池略扶桑　言韓愈四處奔走，宣揚儒家孔孟思想學說。此處化用〈離騷〉：「飲余馬於咸池兮，總余轡乎扶桑。」咸池，古代神話中太陽沐浴的地方。略，行經。扶桑，神木名，傳說太陽由此處升起。

㈧草木衣被昭回光　比喻韓愈的道德文章，猶如日月光照大地，澤及草木一樣。草木衣被，即衣被草木。衣被，嘉惠、澤及之意。昭回光，光輝普照大地。

㈨追逐李杜參翱翔　言韓愈與李白、杜甫並駕齊驅，李，李白。杜，杜甫。參翱翔，並翼齊飛。韓愈在其〈調張籍〉詩中說：「李杜文章在，光芒萬丈長。……我願生兩翅，捕逐出八荒。」

㈩汗流籍湜走且僵　謂張籍、皇甫湜汗流浹背，也趕不上韓愈。籍，張籍，中唐詩人。韓愈好友。湜，皇甫湜，中唐古文家，韓愈弟子。走，跑。僵，仆倒。《新唐書．韓愈傳》：「至其徒李翺、李漢、皇甫湜從而效之，遽不及遠甚。」

㈪滅沒倒景不可望　是說韓愈的成就，光輝奪目，不可逼視；張籍、皇甫湜如水中的倒影，容易消失。滅沒，消失。景，同影。

㈫作書詆佛譏君王　言韓愈上書痛斥佛教，諷諫君王。作書，指韓愈於唐憲宗元和十四年（西元八一九年）上〈論佛骨表〉。詆，詆毀、抨擊。譏，譏諷。君王，指唐憲宗。

㈬要觀南海窺衡湘　指韓愈被貶潮州，一路之上可以遊覽南海的風景，觀看衡山湘江之優美。南海，潮州瀕臨南海。衡，衡山；湘，湘江。均在湖南，爲韓愈往返潮州必經之路。

(八四) **歷舜九疑弔英皇**　言韓愈經過埋葬帝舜的九疑山，並憑弔舜的二妃娥皇、女英。歷，經過。九疑，九嶷山，在今湖南省寧遠縣南，帝舜葬此。英皇，舜的二妃娥皇、女英，相傳死於湘江。韓愈路過湘江時，曾寫〈祭湘君夫人文〉，加以憑弔。

(八五) **祝融先驅海若藏**　言韓愈英靈在潮州，祝融爲他開道，海若因畏懼他而潛藏。祝融，南海之神。韓愈有〈南海神廟碑〉。海若，北海之神。

(八六) **約束鮫鱷如驅羊**　管束鮫龍和鱷魚，像驅趕羊群一樣容易。此指韓愈〈祭鱷魚文〉事。

(八七) **鈞天無人**　天官缺乏人才。鈞天，中天、九天、天之中央。

(八八) **謳吟下招遣巫陽**　是說上帝派遣巫陽下界，唱著召魂歌曲，召韓愈歸天。謳吟，歌唱。下招，到下界招魂。遣，派遣。巫陽，神巫名。

(八九) **犦牲雞卜羞我觴**　是說現在用牦牛和占卜的雞做祭品，並獻上一杯酒。犦牲，牦牛。雞卜，古代一種占卜方法（見《史記・孝武本紀》及張守節《正義》）。羞，即饈，食品。觴，酒器，指祭祀時獻酒。犦，音ㄅㄠˋ。

(九〇) **於粲荔丹與焦黃**　是說獻上色彩鮮明的果品，有殷紅的荔子和金黃的香蕉。於粲，音ㄨ ㄘㄢˋ，色彩鮮明，於，贊歎詞。荔，荔枝。蕉，香蕉。

(九一) **公不少留我涕滂**　言公之英靈降臨，旋即離去，令人傷心流淚。涕滂，淚水湧流。

(九二) **翩然被髮下大荒**　指韓愈的英靈翩然飛升，披髮凌風駕返仙境。翩然，輕快飄飛貌。被髮，即披髮。下大荒，神話中的山名，此處借指仙境。

【賞析】

文以氣爲主，韓愈在〈答李翊書〉說：「氣盛，則言之長短，與聲之高下者皆宜。」蘇軾這篇文章，正是「氣盛言宜」的具體呈現。所謂「氣」，指的是一種情感力量。蘇軾之寫此文，並非應酬故事，而是胸中早已積蓄一段爲理想獻身國事的願望，早已躍動著一股憤世嫉俗的心潮，如張滿的弓弦，滿壩的積水，只待脫手決堤，即可奔騰而出。然而這些壓抑已久的情感，卻被蘇軾以超然物外的人生態度所掩藏，一旦有了觸發的契機，便噴勃湧現，不可遏止了。韓愈的道德文章，正是引起蘇軾強烈共鳴的觸發點。同時由古文運動的勝利完成者蘇軾，來評價古文運動開山鼻祖韓愈的貢獻，其意義更非比尋常。

本文內容豐富，熱情洋溢，對韓愈及其功績作了高度的評價，且立論正確，文字鮮活，一向被譽爲碑文中的名篇。宋人洪邁於《容齋隨筆》曾說：「東坡之碑一出，而後衆說盡廢。」可見此文對當時及後世學術思想界影響之深遠。

通觀全文，可分五段。第一段、總起。起句「匹夫而爲百世師，一言而爲天下法」，要言警策，闢空突起。《蘇長公合作》卷七引朱熹之言曰：「東坡作《韓文廟碑》，不能得一起頭，起行百十遭，忽得『匹夫』兩句，下面只如此掃去。」可見這兩句正是蘇軾情感奔迸的突破口，有了這氣勢磅礴的兩句，不僅準確地評價了韓愈復興儒學和古文運動的歷史功績，同時，也爲全文的思想內容和藝術風格奠定了基調。自此以下，論傑出人物生則爲聖人，死則爲神仙，以虛帶實，暗示了韓愈是「百世師」，爲「天下法」。蘇軾的情感就像決堤之水，滾滾滔滔，傾瀉而出。孫奕稱宋朝僅有三人破題便道盡題意而盡善盡美：一是歐陽修〈縱囚論〉「信義行於君子，刑戮施於小人。」一是周必大〈三忠堂碑〉「文章天下之公器，萬世不可得而稱也；節義天下之大閑，萬世不可得而逾也。」另一即蘇軾「匹夫而爲萬世師，一言而爲天下法」兩句。「文章本天成，妙手偶得之」，正見「潤色取美」的修辭藝術。

第二段、論述韓愈在「文」「道」「忠」「勇」方面的成就。說明韓愈雖起於「布衣」，但面臨「道喪文弊，異端並起」的形勢，能力挽狂瀾，撥亂反正，宣揚儒家學說，拯救沈湎的人心，耿耿忠藎，敢於觸怒帝王，一身是膽，折服三軍的統帥，尤其「文起」「道濟」「忠犯」「勇奪」四句，以駢語舖陳，對仗精切，用語典重，概括了韓公一生勳業，最後，再以反詰句挽合首段，使敘議契合，可謂天衣無縫。

第三段、寫韓愈的精神合於天而乖於人，所以遭到貶斥。蘇軾逐漸由對韓的贊嘆，轉而對韓表示同情，從而抒發了自己內心的憤懣。他先說天不容僞，人事難期，以爲張本。而後又舉出韓愈所能者三事，所不能者三事。兩兩對照，以見出韓氏合於天道而乖於人事的平生大節，因而「能信于南海之民，廟食百世，而不能使其身一日安之于朝廷之上。」完全是借他人之酒杯，澆自己胸中的塊壘。這段中「可」與「不可」，「能」與「不能」兩組排比句，與前面五「失」字四「不」字四「爲」字相配合，文勢前呼後應，澎湃跌宕，感慨彌深。

第四段，寫韓愈在潮州興文教，化齊民的政績。由於遺澤之遠，引起潮人敬愛之深；由於敬愛之深，故民衆樂於建廟奉祀。順次寫來，環環遞進。但韓愈在潮，爲時不滿一年，除了興文教、祭鱷魚外，難說有其他惠政。因此，蘇軾以避實就虛之筆法，加以「或曰」一節對話，借放問再起波瀾。進一步闡述潮人對韓愈「信之深」「思之至」。如「水之在地中，無所往而不在」，與「譬如鑿井得泉，而曰水專在是，豈理也哉！」兩個貼切的比喻，不僅新奇生動，更從正反兩方面突顯了韓愈對潮州影響之廣，遺澤之深。

文末，點明廟額的來由，並綴以歌詞禮讚廟主。歌詞爲韓愈的七古而得其神髓，並「柏梁體」的形式，句句押韻。其內容主要是隱括正文而成，既吟歎韓愈生前的事功，又想像韓愈身後的靈異，對韓愈文學功業，人格精神，表達了無限嚮往之情。色彩斑斕，文筆奇瑰，滔厲發越，與碑文風格吻合一致。

綜觀全文，可說是一氣呵成，雖然不作過多曲折盤桓之勢，但是通篇均「以浩然之氣行之，故縱橫瀟灑，而不規規於聯絡照應之法」（見清沈德潛《唐宋八家文讀本》）。所以在寫作藝術上，這是蘇軾作品中最膾炙人口的文章，也是歷代碑文中別具一格的佳構。它的特點，一般說來，除了氣勢磅礴，感情充沛；旁徵博引，內涵豐富；格調多變，手法靈活；奇峰迭起，逸趣橫生之外，首先，在議政論史評人時，卻充滿一種奔放的豪情，說服的力量。例如：本文一開篇就要言不繁，筆力千鈞，爲全文言論定下了主調。主調既定，先從縱的歷史方面，反覆徵引史實和典故，說明聖賢君子「在天爲星辰，在地爲河嶽」，與山河同在，與日月共輝。表面上是談古論史，實際上是藉歷史人物的貢獻，將韓愈推向與古聖先賢地位相同的高度，並從德行、政績、文與道各方面，論述韓愈的功業，確能令人肅然起敬，穆然深思！其次，在行文措辭方面，妙用排比。爲第一段在論述「浩然之氣」不可遏止時，連用五個排比句，所謂「王公失其貴，晉楚失其富，良平失其智，賁育失其勇，儀秦失其辯」，咄咄逼人，鏗鏘有力。在論述韓愈的精誠時，借物喻理，以正反相較之法，進行排比。研說「公之精誠：能開衡山之雲，而不能回憲宗之惑；能馴鱷魚之暴，而不能弭皇甫鎛、李逢吉之謗；能信於南海之民，廟食百世，而不能使其身一日安之于朝廷之上。」增加了說理的氣勢，賦予感人的藝術魅力。他往往又在排偶之間，夾用散句，使文章的結構急中帶緩，弛張得宜。所謂「王公失其貴。……儀秦失其辯」，和「其必有不依形而立，……不隨死而亡者矣」之間，夾一散句「是孰使之然哉？」使排湧直前的文勢，得一緩衝，造成起伏跌宕與回復不絕的節奏與力度。前人說：「自始至末，無一懈怠，佳言格論，層見疊出。」（見《御選唐宋文醇》卷四十九）。《三蘇文藝》卷十五引黃震之言曰：「〈韓文公廟碑〉，非東坡不能爲此，非韓公不足以當此，千古奇觀也。」此論洵非溢美。

方山子傳

> 首段用順敘法，分少年、壯年、晚年三階段，概述方山子的生平，及得名的由來。

方山子㈠，光、黃間隱人也㈡。少時慕朱家、郭解㈢為人，閭里㈣之俠皆宗之㈤。稍壯，折節㈥讀書，欲以此馳騁當世㈦，然終不遇。晚乃遁于光、黃間曰岐亭㈧。庵居蔬食㈨，不與世相聞。棄車馬，毀冠服，徒步往來山中，人莫識也。見其所著帽，方屋而高㈩，曰：「此豈古方山冠⑪之遺像乎！」因謂之方山子。

> 次段用對比法，記敘作者和方山子岐亭相見時不同的心境。

余謫居于黃，過岐亭，適見⑫焉。曰：「嗚呼！此吾故人陳慥季常也，何為而在此？」方山子亦矍⑬然問余所以至此者。余告之故，俯而不答，仰而笑，呼余宿其家。環堵蕭然⑭，而妻子奴婢皆有自得之意。余既聳然⑮異之。

> 三段用追敘法，言方山子少時的豪俠氣概，表明他並非隱士，乃一代豪傑。

獨念方山子少時，使酒好劍⑯，用財如糞土。前十有九年，余在岐下⑰，見方山子從兩騎，挾二矢⑱，游西山⑲。鵲起于前，使騎逐而射之，不獲；方山子怒馬獨出⑳，一發得之㉑。因與余馬上論用兵及古今成敗，自謂一世豪士㉒。今幾日耳，精悍之色㉓，猶見于眉間，而豈山中之人哉？

> 末段用補敘之筆，寫方山子不取富

然方山子世有勛閥㉔，當得官，使從事于其間，今已顯聞㉕。而其家在洛陽，園宅壯麗與公侯等㉖。河北㉗有田，歲得帛千匹㉘，亦足以富樂。皆棄不取，獨來窮山中，此豈無得而然哉㉙？余聞光、黃間多異人㉚，往往陽狂垢污㉛，不可得而見，方山子儻見㉜之與！

貴，深居窮山的高趣，並含蓄作結。在蒼茫不盡的文字中，頗耐人尋味。

【解題】

本文寫於宋神宗元豐三年（西元一〇八〇年），當時蘇軾因「烏臺詩案」被貶黃州，偶遇方山子。此文為傳記體散文，作者攝取了方山子游俠、隱居等二、三事，概括了他的一生。刻劃出一位自甘淡泊，棄世絕俗的隱者形象，從而表現了作者政治上的失意情懷。

文章筆墨高絕，矯健含蓄。作者採取對比、倒敘、插敘的筆法，把兩種截然相反的生活和性格，集中於一人之身，突顯了人物不凡的形象而耐人尋味。

本文雖為記傳體，但與一般記傳不同。沈德潛曾說：「生前作傳，故別於尋常傳體，通篇止敘其游俠、隱逸，而不及世系與生平行事，此傳中之變調也。寫游俠鬚眉皆動，寫隱逸姓字俱沈，自是傳神能手。」方山子名陳慥，字季常，陳希亮之子，與蘇軾友善。

【注釋】

㈠ **方山子** 即陳慥。陳慥，字季常，自稱龍丘先生。四川眉山人，蘇軾好友。其少時喜游俠，愛談禪，好養生。隱居後，號方山子。洪邁《容齋三筆》卷三以為「陳慥，……公弼之子，居於黃州之岐亭，……好賓客，喜畜聲妓，然其妻柳氏絕凶妒，故東坡有詩云：『龍丘居士亦可憐，談空說有夜不眠。忽聞河東師（同獅）子吼，拄杖落手心茫然。』河東師子，指柳氏也。」

㈡**光黃間隱人也**　言方山子乃光、黃二州閒隱居不仕的人。光黃，即光州、黃州。光州在今河南省潢川縣，與湖北黃州相鄰。

㈢**朱家郭解**　二人皆西漢初年有名的俠客。朱家，魯人（今山東曲阜一帶），專門救人急難，曾藏匿營救豪士數百人。漢高帝劉邦即位，追捕原項羽部將季布，他曾用計使布脫險。郭解，字翁伯，河內軹（今河南濟源）人。其爲人以德報怨，救人不矜已功，後被朝廷殺害。事詳《史記・游俠列傳》。

㈣**閭里**　猶言鄉里。根據《周禮・天官・小宰》：「聽閭里以版圖」，孔穎達疏：「在六鄉則二十五家爲閭，在六遂則二十五家爲里。」後世即以之泛稱民間鄉里。

㈤**宗之**　崇拜他。

㈥**折節**　言痛改自己平日的志向和行爲。《後漢書・段熲（音ㄐㄩㄥˇ）傳》：「少便習弓馬，尙游俠，輕財賄，長乃折節好古學。」

㈦**馳騁當世**　指準備在當世施展才學抱負，做一番事業。

㈧**岐亭**　鎭名。位於湖北麻城縣西南。《元豐九域志》：「淮南西路黃州：麻城縣，在州北一百七十五里有岐亭鎭。」

㈨**庵居蔬食**　言住草屋，吃粗食。庵，小草屋。蔬，凡草菜之可食者曰蔬。蔬食，粗食。

㈩**方屋而高**　言戴的帽子方形爲屋而高聳。屋，帽頂。《晉書・輿服志》：「江左時野人已著帽，但頂圓耳，後乃高其屋云。」

(一一) **方山冠**　冠名。漢代祭祀宗廟時樂工、舞女所戴的帽子。宋代多為隱士戴用。《後漢書・輿服志下》：「進賢冠前高七寸，後高三寸，長八寸，方山冠似進賢（冠名），以五彩縠為之。」

(一二) **適見**　恰好遇見。蘇軾〈岐序五首敘〉云：「元豐三年正月，余始謫黃州。至岐亭北二十五里，山上有白馬青蓋來迎者，則余故人陳慥季常也。為留五日，賦詩一篇而去。」可供參考。

(一三) **矍然**　舉目驚視的樣子，矍，音ㄐㄩㄝˊ。

(一四) **環堵蕭然**　言室內四壁冷清，毫無陳設。暗喻其生活清貧。環堵，室內四周的牆壁。蕭然，清靜冷落。陶淵明〈五柳先生傳〉：「環堵蕭然，不蔽風日。」

(一五) **聳然**　吃驚的樣子。

(一六) **使酒好劍**　言方山子少時喜歡喝酒任性，弄刀舞劍。

(一七) **前十有九年二句**　即宋仁宗嘉祐八年（西元一〇六三年），蘇軾任鳳翔府簽書判官時，陳慥的父親陳希亮知鳳翔府，這時蘇軾已同其第四子陳慥訂交。至是年適為十九年。岐下，岐山下，今屬陝西鳳翔縣。

(一八) **從兩騎二句**　言帶著兩個隨從，挾掛兩支弓箭。

(一九) **西山**　指鳳翔府轄下的西山。

(二〇) **怒馬獨出**　是說用鞭猛抽坐騎，獨自躍馬而出。

(二一) **一發得之**　言一箭射中。

㉑ **一世豪士**　一代豪傑之士。

㉒ **精悍之色**　精明強幹的神氣。

㉓ **世有勛閥**　言世代對國家皆有功勛。勛，功勛。閥，累積功勞。《漢書・車千秋傳》：「千秋無伐閱功勞。」顏師古注：「閱，積功也。閱，經歷也。」伐，同閥。按陳慥之父陳希亮官至太常少卿，贈工部侍郎。蘇軾〈陳公弼傳〉言其「當蔭補子弟，輒先其族人，卒不及其子慥。」說明陳慥沒承襲官爵，而隱居山林。

㉔ **使從事于其間二句**　是說假若陳慥做官的話，現在已是地位顯貴而爲衆人所知了。顯聞，名聲顯著。

㉕ **等**　有等同、類似之意。

㉖ **河北**　此處指黃河以北。

㉗ **歲得帛千匹**　每年可以收得千匹絲帛的財物。

㉘ **此豈無得而然哉**　指這難道是對人生沒有獨到心得的人能做到的嗎？

㉙ **異人**　奇材異能之人。

㉚ **陽狂垢污**　即裝瘋賣傻，渾身污穢不堪。陽狂，即佯狂、裝瘋。垢污，骯髒，此指不修邊幅，《吳越春秋・王僚使方子光傳》：「子胥之吳，乃被（披）髮佯狂，跣足塗面。」

㉛ **儻見**　偶然得見，意外見到。儻，音ㄊㄤˇ，意外，偶然。

【賞析】

明人唐順之論文，認為「漢以前文，未嘗無法，未嘗有法，法寓於無法之中；故其為法也，密而不可窺。唐與近代之文，不能無法，而毫釐不失乎法；以有法為法，故其為法也，嚴而不可法。」（〈董中峰侍郎文集序〉），我以為這種觀點，未免失之偏頗。事實是文之「未嘗無法，未嘗有法。」古今同然。舉凡我國歷代名家之文，莫非「法寓於無法之中」者。豈止「漢以前文」乃爾！即如唐宋八大家，尤其是蘇軾之文，「法」究竟安在？

蘇東坡自論其散文云：「吾文如萬斛泉源，不擇地而出，在平地滔滔汩汩，雖一日千里無難；及其與山石曲折，隨物賦形，而不可知也。所可知者，常行於所當行，常止於不可不止。」（〈東坡題跋・自評文〉），這段話之所以重要，因為一者它是蘇東坡積數十年作文經驗的一個總結，二者它也是我們打開蘇東坡散文宮殿的大門，從而進入其堂奧的一把鑰匙。此由〈方山子傳〉為例，可略窺一斑。

就常規論：為熟悉的人作傳，當先敘其人的世系，然後再鋪寫其人的生平行狀。但東坡一反故常，別出心裁：他先概述方山子的生平，自其「少」而「壯」而「晚」，順敘其所以名「方山子」的原由，後略陳作者貶黃州，過岐亭，而與方山子邂逅，倒點「方山子」乃陳慥，字季常，原為自己的故友。接著追敘作者十九年前與陳慥的岐山之遇，列述陳慥飛騎射鵲和「馬上論兵」諸事，突出其豪俠氣度與「精悍之色」，以示方山子並非尋常的「山中之人」，逼出下文的「皆棄不取，獨來窮山中」，表明方山子確是一位欲「馳騁當世，然終不遇」，退而甘與山林爲伍的異人。

總之，全文既跌宕婉轉，又奔恣順勢，這樣的寫法，不能不說是出乎樊籬的羈絆，溢乎規矩之外者。〈方山子傳〉是一篇別具「風姿」的散文。我們看他首句以「隱」字伏案，次句以「俠」字點眼，「隱」「俠」二字既是通篇之綱，也是全文的宗趣所在。以後種種文字，或曲、或直、或斷、或續，縱橫捭闔，一路涉筆，無不與之發生關係。

所謂「能爲文，則無法如有法；不能爲文，則有法如無法。霍去病不學孫、吳，但能取勝，是即去病之有法也；房琯學古車戰，乃致大敗，是即琯之無法也。文之爲道，亦何異焉？」（袁枚〈書茅氏八家文選〉），不難看出，以上所論，只是〈方山子傳〉謀篇布局中明顯「有法」的幾個方面，至若其機杼變化，「無法如有法」者，又可舉出下面兩點加以說明。

其一、是善於用伏筆。伏筆即伏脈，猝然觀之，不見形跡，詳加考究，方知一脈相承。〈方山子傳〉行文方面的一個絕妙手法是欲寫彼處，先在此處著筆，以備後來接應。未寫到彼，此間已先埋伏。這樣到興會淋漓之際，就可回眸顧盼，從而使前面的伏脈畢現。小而言之，如欲寫方山子的使酒、好劍、輕財，先以「稍壯，折節讀書，欲以此馳騁當世，然終不遇。」設伏；爲寫作者與方山子的岐亭之晤，先用方山子「晚乃遁於光，黃間曰岐亭」安頓；想說明方山子不是普通的山中之人，先拿方山子「徒步往來山中」關鎖。大而言之，則開篇的「方山子，光、黃間隱人也。」就是一筆總的埋伏。中間數處發明，時時以此爲軸心，自不必說，即使是結句「余聞光、黃間多異人，往往佯狂垢污，不可得而見，方山子儻見之歟？」雖在說法上兜了一個圈子，也同樣是以此爲根據。

其二、是巧於用頓筆。頓筆，即停蓄。散文中的頓筆，不是筆力的衰竭，而是故作停頓，以便後來文勢的展開。〈方山子傳〉所以抑揚頓挫，一波三折，長短節奏，各極其致，其要妙就在於能在緊要處特作停蓄，使許多說不盡、道不完之意，包容在一頓之中。如「余」過岐亭，目睹了方山子其樂陶陶的隱居生活後，作者一筆收煞曰：「余既聳然異之」，一頓之下，不僅陡然掀起波瀾，且使下文的「獨念方山子少時使酒好劍，用財如糞土」，以及「前十有九年，余在岐下，見方山子」，如何爲何之句，有了著落。再如：一曰「方山子世有勳閥，當得官，使從事于其間，今已顯聞。」宕開一層，用假設推理，斷定方山子本可顯貴，二曰「而其家在洛陽，園宅壯麗，與公侯等；河北有田，歲得帛千匹，亦足富樂。」再推開一層，指出方山子原極富有。兩番頓筆，似有拖沓，殊不知前之言貴，後之言富，雖然雍容其態，鬆緩其詞，卻言外有意，筆外有神，恰恰起了兼綜「富」「貴」二者的作用。惟其如此，等到下面一筆轉折，即突然飛出「皆棄不取，獨來窮山中，此豈無得而然哉」一語，讀者才不僅不致駭怪，反而能心領神會，深悟其文勢如斗折蛇行之妙。

或問〈方山子傳〉有法乎？曰：「無」，其如「長江大河，渾浩流轉」，一瀉千里，不知所之，何「法」之有？又無法乎？曰：「有」，其「抑遏蔽掩，不使自露。」千回百折，終歸一旨，非「法」而何？要之，〈方山子傳〉似無法而實有法，唯其「法寓於無法之中」，故不易爲讀者覓得而已！

祭歐陽文忠公文

嗚呼哀哉！公之生于世，六十有六年。民有父母㊀，國有蓍龜㊁，斯文有傳㊂，學者有師㊃，君子有所恃而不恐，小人有所畏而不爲；譬如大川喬嶽㊄，不見其運動㊅，而功利之及於物者，蓋不可以數計而周知。

今公之沒也，赤子㊆無所仰芘㊇，朝廷無所稽疑㊈，斯文化爲異端㊉，而學者至于用夷⑪，君子以爲無爲爲善⑫，而小人沛然自以爲得時⑬，譬如深淵大澤，龍亡而虎逝，則變怪雜出⑭，舞鰌鱓而號狐狸⑮。

昔其未用⑯也，天下以爲病⑰；而其既用⑱也，則又以爲遲；及其釋位⑲而去也，莫不冀其復用；至其請老而歸⑳也，莫不惆悵失望，而猶庶幾於萬一㉒者，幸公之未衰，孰謂公無復有意於斯世㉓也，奄一去而莫予追！豈厭世溷濁㉔，絜身而逝乎？將民之無祿㉕，而天莫之遺？

昔我先君㉖懷寶遁世㉗，非公則莫能致㉘，而不肖無狀㉙，因緣出入㉚，受教於門下者，十有六年於茲。聞公之喪，義當匍匐往救㉛，而懷祿不去㉜，愧古人以忸怩㉝，緘詞㉞千里，以寓一哀而已矣！蓋上以爲天下慟㉟，而下以哭其私。嗚呼哀哉！尚享㊱！

首段肯定歐陽脩生前在政治、文化、學術上的卓越貢獻。

次段悼惜歐公去世，是人民、國家、文化、學術上的重大損失。

三段朝野人士對歐公一生出處進退幾個不同時期的心態反應，加以概述。

末段追懷父子兩代受歐公知遇之恩，並表示因公務羈身，未能親往祭奠，只得緘詞寓哀之意。

【解題】

本文選自《蘇軾文集》第六十三卷。宋神宗熙寧五年（西元一〇七二年）閏七月二十三日歐陽脩辭世，天下震驚，四海欲泣；蘇軾時任杭州通判，懷著深痛巨悲，寫下這篇祭文。歐陽脩是北宋著名政治家，文壇魁首，學界宗師，在道德、文章、學術、政績各方面均有顯著成就；同時對蘇洵、蘇軾、蘇轍有提攜獎掖之恩。蘇軾即從這兩方面分別著筆，而重點確放在前面。

他寫前者從大處落墨，用六個方面的變化和兩個比喻的說明，點出歐公生前對國家的貢獻及死後造成的損失。其中又從「生」「卒」「未用」「既用」「釋位而去」「請老而歸」，條分縷析，說明歐公的存沒，關係國家人民的治亂禍福。後者追敘蘇家兩代見知於歐公之事實，最後並以自責的口吻，表達自己懷祿不去，緘詞致哀的心情。情韻幽咽，悽惻動人。近人王文濡於《評校音注古文辭類纂》時有云：「大處落墨，勁氣直達，讀之想見古大臣之概。」

【注釋】

㈠ **民有父母**　此讚揚歐陽脩做官，人民如同有了父母般地愛護。語出《詩經・小雅・南山有臺》：「樂只（哉）君子，民之父母。」

㈡ **國有蓍龜**　謂國家有了歐陽脩，就如同有了決疑定策的大臣。蓍龜，蓍草和龜甲，此古人用爲占卜吉凶的工具。《史記・龜策列傳》：「五者決定諸疑，參以十筮，斷以蓍龜。」又見於《周易

・繫辭上》。

㈢ **斯文有傳** 此句推許歐陽脩對儒家學術思想的繼承和流傳。《論語・子罕》：「天之將喪斯文也，後死者不得與於斯文也！」斯文，指孔子刪訂的《六經》。

㈣ **學者有師** 言後之學者獲得了宗師。《宋史・歐陽脩傳》：「獎引後進，如恐不及。賞識之下，率爲聞人。曾鞏、王安石、蘇洵、洵子軾、轍，布衣屏處，未爲人知，脩即游其聲譽，謂必顯於世。」

㈤ **喬嶽** 高峻的山嶽。

㈥ **不見其運動以下三句** 言不見大河高山運動，但大河高山對其他事物的影響，是無法拿數字計算而爲衆人所盡知的。功利，功勞利益。及，影響。數計，數學計算。周知，盡知。

㈦ **赤子** 指百姓。

㈧ **仰芘** 依靠庇護。芘，同「比」。此承上句「民之父母」言。

㈨ **朝廷無所稽疑** 是說朝廷沒有可資決斷猶疑的人。稽疑，決斷猶疑之事。此句承上「國有蓍龜」言。

㈩ **斯文化爲異端** 指歐公沒後，儒家傳統文化轉向異端。異端，指儒家正統文化以外的學說。此句承上「斯文有傳」言。歐陽修有〈本論〉三篇，申斥佛教。

㈡ **學者至于用夷** 言學者以至于信奉外來的佛教。用夷，指信奉外來的佛教。此句承上「學者有師」言。

(二二) **君子以爲無爲爲善**　指學者與士大夫無人領導，以至思想發生偏差，以爲黃老的清靜無爲，是最佳境界。無爲，道家思想，即順應自然。《老子》六十三章：「爲無爲，事無事。」此句承上「君子有所恃而不恐」言。

(二三) **小人沛然自以爲得時**　言小人額手稱慶，自以爲得到升官發財的時機。沛然，充盛之意。得時，得到時機。《曉村精選八大家古文》引樓昉說：「此說章子厚、呂惠卿輩。」又說：「模寫小人情狀，極爲底蘊，介甫門下觀之，能無怒乎？」此處和下四句合觀，方才明白。

(二四) **變怪雜出**　指各種荒誕混亂的現象，猖獗橫行。

(二五) **舞鰌而號狐狸**　此承上句爲說，言小人得勢後，如泥鰍黃鱔狂舞，而狐狸肆意狂叫。鰌，同「鰍」，音ㄑㄧㄡ，俗稱泥鰍。鱓，同「鱔」，音ㄕㄢˋ，即黃鱔。

(二六) **未用**　未被朝廷重用。指宋仁宗嘉祐四年（西元一〇五九年）以前，《蘇長公合作》卷八云：「此下凡五轉，波洄曲折，一轉一淚。」

(二七) **病**　憂慮、遺憾。

(二八) **既用**　受到重用。指宋仁宗嘉祐五年（西元一〇六〇年），歐陽脩任樞密副使，次年轉參知政事，時年五十五歲。故下句有「則又以爲遲」之說。

(二九) **釋位**　即解除職務。指宋英宗治平四年（西元一〇六七年）三月，歐陽脩罷參知政事，出知亳州（今安徽亳縣），時年六十一歲。

(三〇) **請老而歸**　請求退休，歸家養老。指宋神宗熙寧四年（西元一〇七一年）六月，歐陽脩以觀文殿大學士太子少師致仕（退休），歸居潁州（今安徽阜陽），時年六十五歲。

（二一）**庶幾於萬一**　尚懷有一線希望。庶幾，也許可以，表示希望之詞。萬一，萬分之一。

（二二）**無復有意於斯世**　言不再留心於世事。

（二三）**奄一去而莫予追**　忽然去世使我不能追隨。奄，忽然。

（二四）**溷濁**　即混濁。

（二五）**將民之無祿二句**　言還是百姓沒有福祿，上天不願你留在人間呢。將，還是。無祿，無福。《左傳・哀公十六年》：「孔子卒，魯哀公誄詞云：『昊天不弔（憐憫之意），不憖（音ㄧㄣˋ，不願之意）遺一老。』」《曉村精選八大家古文》：「只言世之不可無公，而天不憖遺，以致其哀悼之意，依仿尼父誄，其尊歐陽脩也至矣。」

（二六）**先君**　稱已死的父親曰「先君」。這裡指蘇洵。

（二七）**懷寶遁世**　指滿懷才華，避世不用。指蘇洵在宋仁宗嘉祐元年（西元一〇五六）以前的十年間，隱居鄉野，不肯求仕。

（二八）**非公則莫能致**　言如非歐陽脩之提攜，不能使蘇洵入朝爲官。蘇洵於宋仁宗嘉祐元年五月，攜二子入京，曾獻二十餘篇文章給歐陽脩，歐大爲賞識，荐爲祕書省校書郎。

（二九）**不肖無狀**　言我平庸無禮。不肖，自謙之詞。無狀，沒有善狀、沒有禮貌。

（三〇）**因緣出入**　謂借此機緣進入歐陽公門下。因緣，靠著機緣。出入，偏義複詞，即進入。按：蘇軾於宋仁宗嘉祐二年（西元一〇五七年）因進士及第得識主考官歐陽脩，至此時已十六年。

㉑ **匍匐往救** 謂竭力前往護持。匍匐，竭力。《詩經・邶風・谷風》：「凡民有喪，匍匐救之。」

㉒ **懷祿不去** 是說在杭州任官，無法脫身奔喪。懷祿，留戀官位。

㉓ **忸怩** 音ㄋㄡˇ ㄋㄧˊ，慚愧。《尚書・五子之歌》：「顏厚有忸怩。」孔穎達疏：「忸怩，羞不能言，心慚之狀。」古人有棄官奔師喪之例。

㉔ **緘詞** 封寄祭文。緘，音ㄐㄧㄢ。

㉕ **蓋上以為天下慟二句** 言在上為天下蒼生而悲，在下為自己私情而哭。慟，悲哀而痛苦。沈德潛《唐宋八家文讀本》卷二十四：「朝無君子，斯文失傳，為天下慟也，敘兩世見知於世，哭其私也。末語收拾通體，而情韻幽咽，自然惻惻感人。」

㉖ **尚享** 即請享用祭品之意。古時哀祭文的套語。

【賞析】

宋神宗熙寧五年（一〇七二）閏七月廿三日歐陽脩辭世，天下震驚，四方飲泣。蘇軾滿懷深痛巨悲，在杭州通判任上寫下這篇祭文。來歌頌歐陽脩生前進退有據的高風亮節，抒發無限感激懷念之情。

文章以「嗚呼哀哉」發端，又用此語收束，無限悲痛，不盡哀思，皆從肺腑中傾吐而出。中間可分四層：前兩層分別從「生前」和「死後」著筆，寫歐公存亡，關係朝廷、國家否泰盛衰的命運，讚頌他愛護百姓、決斷國策、宏揚文化、傳播學術的巨大貢獻。所用排比的句式、對比的手法、形象的比喻，均與內容相契合，增強了感人的力量。第三層、用倒說的技巧，轉來敘寫歐公的出處大節。由

「未用」到「既用」，由「釋位」到「請老」，直到去世，五次遞轉，充分宣染出歐公在天下人心目中的崇高地位，和對當世的重大影響。接著、再用兩個反問句，直抒痛快哀悼之情。「將民之無祿」兩句，仿哀公誄孔子之語，肅穆典重，推尊歐公達到極至。第四層、又用追敘法，言兩世通家之好，和自身受教之恩。最後、用「上以爲天下慟」結本文前兩層，「下以哭其私」，結後一層，並以未能聞唁奔赴爲憾。私誼深摯，悲惻動人！

王安石亦有〈祭歐陽文忠公文〉，兩文相較，都能從大處落筆，勁氣直達，讀之想見古大臣之概。」（見王文濡《評校音注古文辭類纂》卷四十七），本文文筆老練、哀思沉贄、對仗工穩、墨濃筆重，具有一氣奔湧貫注之勢，是一篇情辭並茂的祭文。

伍、附　錄

附錄一：蘇軾史傳、年譜

蘇軾傳（宋史卷三百三十八，列傳第九十七）

蘇軾字子瞻，眉州眉山人。生十年，父洵游學四方，母程氏親授以書。聞古今成敗，輒能語其要。程氏讀東漢《范滂傳》，慨然太息。軾請曰：「軾若為滂，母許之否乎？」程氏曰：「汝能為滂，吾顧不能為滂母邪？」

比冠，博通經史。屬文日數千言。好賈誼、陸贄書。既而讀《莊子》歎曰：「吾昔有見，口未能言。今見是書，得吾心矣。」嘉祐二年試禮部，方時文磔裂詭異之弊勝，主司歐陽脩思有以救之。得軾《刑賞忠厚論》，驚喜，欲擢冠多士，猶疑其客曾鞏所為，但置第二。復以《春秋》對義居第一。殿試中乙科。後以書見脩，脩語梅聖俞曰：「吾當避此人出一頭地。」聞者始譁不厭，久乃信服。

丁母憂。五年調福昌主簿。歐陽脩以才識兼茂，薦之秘閣。試六論，舊不起草，以故文多不工。軾始具草，文義粲然。復對制策，入三等。自宋初以來，制策入三等，惟吳育與軾而已。除大理評事，簽書鳳翔府判官。關中自元昊叛，民貧役重。岐下歲輸南山木栰，自渭入河，經砥柱之險，衙吏踵破家。軾訪其利害，爲修循規，使自擇水工，以時進止。自是害減半。

治平二年，入判登聞鼓院。英宗自藩邸聞其名，欲以唐故事召入翰林，知制誥。宰相韓琦曰：「軾之才，遠大器也。他日自當爲天下用。要在朝廷培養之，使天下之士莫不畏慕降伏，皆欲朝廷進用，然後取而用之，則人人無復異辭矣。今驟用之，則天下之士未必以爲然，適足以累之也。」英宗曰：「且與修注如何？」琦曰：「記注與制誥爲鄰，未可遽授。不若於館閣中近上帖職與之。且請召試。」英宗曰：「試之未知其能否，如軾有不能邪？」琦猶不可。及試二論，復入三等，得直史館。軾聞琦語，曰：「公可謂愛人以德矣。」會洵卒，賻以金帛，辭之。求贈一官，於是贈光祿丞。洵將終，以兄太白早亡，子孫未立。妹嫁杜氏，卒未葬，屬軾。軾既除喪，即葬姑。後官可蔭，推與太白曾孫彭。

熙寧二年還朝，王安石執政，素惡其議論異己，以判官告院。四年，安石欲變科舉，興學校，詔兩制、三館議。軾上議曰：「得人之道，在於知人。知人之法，在於責實。使君相有知人之明，朝廷有責實之政，則胥史皁隸，未嘗無人，而況於學校貢舉乎？雖因今之法，臣以爲有餘。使君相不知人，朝廷不責實，則公卿侍從常患無人，而況學校貢舉乎？雖復古之制，臣以爲不足。夫時有可否，物有廢興。方其所安，雖暴君不能廢。及其既厭，雖聖人不能復。故風俗之變，法制隨之。譬如江河之徙移，彊而復之，則難爲力。慶曆固嘗立學矣，至于今日，惟有空名僅存。今將變今之禮，易今之俗，又當發民力以治宮室，斂民財以食游士。百里之內，置官立師。獄訟聽于是，軍旅謀于是。又簡不率教者，屛之遠方，則無乃徒爲紛亂，以患苦天下邪？若乃無大更革，而望有益於時，則與慶曆之際何異？故臣謂今之學校，特可因仍舊制，使先王之舊物，不廢於吾世足矣。至於貢舉之法，行之百年。

治亂盛衰，初不由此。陛下視祖宗之世，貢舉之法，與今爲孰精？言語文章，與今爲孰優？所得人才，與今爲孰多？天下之士，與今爲孰辨？較此四者之長短，其議決矣。今所欲變改，不過數端。或曰鄉舉德行而略文詞，或曰專取策論而罷詩賦，或欲兼采譽望而罷封彌，或欲經生不帖墨而考大義。此皆知其一，不知其二者也。願陛下留意於遠者大者。區區之法何預焉？臣又切有私憂過計者。夫性命之說，自子貢不得聞。而今之學者，恥不言性命。讀其文，浩然無當而不可窮；觀其貌，超然無著而不可挹。此豈眞能然哉？蓋中人之性，安於放而樂於誕耳。陛下亦安用之？」議上，神宗悟曰：「吾固疑此，得軾議，意釋然矣。」即日召見，問：「方今政令得失安在？雖朕過失，指陳可也。」對曰：「陛下生知之性，天縱文武。不患不明，不患不勤，不患不斷，但患求治太急，聽言太廣，進人太銳。願鎭以安靜，待物之來，然後應之。」神宗悚然曰：「卿三言，朕當熟思之。凡在館閣，皆當爲朕深思治亂，無有所隱。」軾退，言於同列。安石不悅，命權開封府推官，將困之以事。軾決斷精敏，聲聞益遠。會上元敕府市浙燈，且令損價。軾疏言：「陛下豈以燈爲悅？此不過以奉二宮之歡耳。然百姓不可戶曉，皆謂以耳目不急之玩，奪其口體必用之資。此事至小，體則甚大，願追還前命。」即詔罷之。

時安石創行新法，軾上書論其不便曰：「臣之所欲言者，三言而已。願陛下結人心，厚風俗，存紀綱。人主之所恃者，人心而已。如木之有根，燈之有膏，魚之有水，農夫之有田，商賈之有財，失之則亡，此理之必然也。自古及今，未有和易同衆而不安，剛果自用而不危者。陛下亦知人心之不悅矣。祖宗以來，治財用者不過三司。今陛下不以財用付三司，無故又創制置三司條例一司，使六七少年，日夜講求於內，使者四十餘輩，分行營幹於外。夫制置三司條例司，求利之名也。六七少年與使者四十餘輩，求利之器也。造端宏大，民實驚疑。創法新奇，吏皆惶惑。以萬乘之主而言利，以天子之宰而治財。論說百端，喧傳萬口。然而莫之顧者，徒曰『我無其事，何恤於人言』？操網罟而入江海，語人曰『我非漁也』，不如捐網罟而人自信。驅鷹犬而赴林藪，語人曰『我非獵也』，不如放鷹犬而獸自馴。故臣以為欲消讒慝而召和氣，則莫若罷條例司。今君臣宵旰，幾一年矣，而富國之功，茫如捕風。徒聞內帑出數百萬緡，祠部度五千餘人耳。以此為術，其誰不能？而所行之事，道路皆知其難。汴水濁流，自生民以來，不以種稻。今欲陂而清之。萬頃之稻，必用千頃之陂。一歲一淤，三歲而滿矣。陛下遂信其說，即使相視地形，所在鑿空，訪尋水利，妄庸輕剽，率意爭言。官司雖知其疎，不敢便行抑退。追集老少，相視可否，若非灼然難行，必須且為興役。官吏苟且順從，眞謂陛下有意興作，上糜帑廩，下奪農時。隄防一開，水失故道。雖食議者之肉，何補於民？臣不知朝廷何苦而為此哉？自古役人，必用鄉戶。今者徒聞江浙之間，數郡顧役，而欲措之天下。單丁女戶，蓋天民之窮者也，而陛下首欲役之。富有四海，忍不加恤！自楊炎為兩稅，租調與庸既兼之矣。奈何復欲取庸？萬一後世不幸，有聚斂之臣，庸錢不除，差役仍舊。推所從來，則必有任其咎者矣。青苗放錢，自昔有禁。今陛下始立成法，每歲常行。雖云不許抑配。而數世之後，暴君汙吏，陛下能保之與？計願請之戶，必皆孤貧不濟之人。鞭撻已急，則繼之逃亡。不還則均及鄰保，勢有必至。異日天下恨之，國史記之，曰：『青苗錢自陛下始。』豈不惜哉？且常平之法，可謂至矣。今欲變為青苗。壞彼成此，所喪逾多。虧官害民，雖悔何及？昔漢武帝以財力匱竭，用賈人桑羊之說，買賤賣貴，謂之均輸。于時商賈不行，盜賊滋熾，幾至於亂。孝昭既立，霍光順民所欲而與之，天下歸心，遂以無事。不意今日此論復興。立法之初，其費已厚。縱使薄有所獲，而征商之額，所損必多。譬之有人爲其主畜牧，以一牛易五羊。一牛之失，則隱而不言；五羊之獲，則指爲勞績。今壞常平而言青苗之功，虧商稅而取均輸之利，何以異此？臣竊以爲過矣。議必謂民可與樂成，難與慮始。故陛下堅執不顧，期於必行。此乃戰國貪功之人，行險僥倖之說，未及樂成，而怨已起矣。臣之所願陛下結人心者，此也。國家之所以存亡者，在道德之淺深，不在乎強與弱。曆數之所以長短者，在風俗之薄厚，不在乎富與貧。人主知此，則知所輕重矣。故臣願陛下務崇道德而厚風俗，不願陛下急於有功而貪富強。愛惜風俗，如護元氣。聖人非不知深刻之法，可以齊衆，勇悍之夫，可以集事，忠厚近於迂闊，老成初若遲鈍，然終不肯以彼易此者，知其所得小而所喪大也。仁祖持法至寬，用人有敘。專務掩覆過失，未嘗輕改舊章。考其成功，則曰未至。以言乎用兵，則十出而九敗；以言乎府庫，則僅足而無餘。徒以德澤在人，風俗知義，故升遐之日，天下歸仁焉。議者見其末年，吏多因循，事不振舉，乃欲矯之以苛察，齊之以智能，招來新進勇銳之人，以圖一切速成之效。未享其利，澆風已成。多開驟進之門，使有意外之得。公卿侍從，跬步可圖。俾常調之人，舉生非望。欲望風俗之厚，豈可得哉？近歲樸拙之人愈少，巧進之士益多。惟陛下哀之救之，以簡易爲法，以清淨爲心，而民德歸厚。臣之所願陛下厚風俗者，此也。祖宗委任臺諫，未嘗罪一言者。縱有薄責，旋即超升。許以風聞，而無官長。言及乘輿，則天子改容；事關廊廟，則宰相待罪。臺諫固未必皆賢，所言亦未必皆是。然須養其銳氣，而借之重權者，豈徒然哉？將以折姦臣之萌也。今法令嚴密，朝廷清明。所謂姦臣，萬無此理。然養貓以去鼠，不可以無鼠，而養不捕之貓。畜狗以防盜，不可以無盜，而畜不吠之狗。陛下得不上念祖宗設此官之意，下爲子孫萬世之防。臣聞長老之談。皆謂臺諫所言，常隨天下公議。公議所與，臺諫亦與之。公議所擊，臺諫亦擊之。今者物論沸騰，怨讟交至。公議所在，亦知之矣。臣恐自茲以往，習慣成風，盡爲執政私人，以致人主孤立。紀綱一廢，何事不生？臣之所願陛下存紀綱者，此也。」

軾見安石贊神宗以獨斷專任。因試進士發策，以「晉武平吳以獨斷而克；苻堅伐晉以獨斷而亡。齊桓專任管仲而霸，燕噲專任子之而敗。事同而功異」爲問。安石滋怒，使御史謝景溫論奏其過，窮治無所得。軾遂請外，通判杭州。高麗入貢使者，發幣於官吏，書稱甲子。軾卻之曰：「高麗於本朝稱臣，而不稟正朔，吾安敢受？」使者易書稱熙寧，然後受之。

時新政日下，軾於其間，每因法以便民，民賴以安。徙知密州，司農行手實法，不時施行者以違制論。軾謂提舉官曰：「違制之坐，若自朝廷，誰敢不從。今出於司農，是擅造律也。」提舉官驚曰：「公姑徐之。」未幾，朝廷知法害民，罷之。有盜竊發，安撫司遣三班使臣領悍卒來捕。卒凶暴恣行，至以禁物誣民，入其家爭鬥殺人，且畏罪驚潰，將爲亂。

民奔訴軾，軾投其書不視，曰：「必不至此。」散卒聞之，少安。徐使人招出戮之。徙知徐州。河決曹村，泛于梁山泊，溢于南清河，匯于城下。漲不時洩，城將敗。富民爭出避水。軾曰：「富民出，民皆動搖，吾誰與守？吾在是，水決不能敗城。」驅使復入。軾詣武衛營呼卒長曰：「河將害城，事急矣，雖禁軍且爲我盡力。」卒長曰：「太守猶不避塗潦，吾儕小人，當效命。」率其徒持畚鍤以出，築東南長堤，首起戲馬臺，尾屬于城。雨日夜不止，城不沈者三版。軾廬於其上，過家不入。使官吏分堵以守，卒全其城。復請調來歲夫，增築故城爲木岸，以虞水之再至。朝廷從之。徙知湖州，上表以謝。

又以事不便民者不敢言，以詩託諷，庶有補於國。御史李定、舒亶、何正言，摭其表語，並媒蘖所爲詩，以爲訕謗，逮赴臺獄，欲寘之死。鍛鍊久之不決。神宗獨憐之，以黃州團練副使安置。軾與田父野老，相從溪山間，築室於東坡，自號「東坡居士」。

三年，神宗數有意復用，輒爲當路者沮之。神宗嘗語宰相王珪、蔡確曰：「國史至重，可命蘇軾成之。」珪有難色。神宗曰：「軾不可，姑用曾鞏。」鞏進《太祖總論》，神宗意不允。遂手札移軾汝州。有曰：「蘇軾黜居思咎，閱歲滋深。人材實難，不忍終棄」。軾未至汝，上書自言饑寒，有田在常，願得居之。朝奏入，夕報可。

道過金陵，見王安石，曰：「大兵大獄，漢唐滅亡之兆。祖宗以仁厚治天下，正欲革此。今西方用兵，連年不解。東南數起大獄，公獨無一言以救之乎？」安石曰：「二事皆惠卿啓之，安石在外，安敢言？」軾曰：「在朝則言，在外則不言，事君之常禮耳。上所以待公者非常禮。公所以待上者，豈可以常禮乎？」安石厲聲曰：「安石須說。」又曰：「出在安石口，入在子瞻耳。」又曰：「人須是知，行一不義，殺一不辜，得天下弗爲，乃可。」軾戲曰：「今之君子，爭減半年磨勘，雖殺人亦爲之。」安石笑而不言。

至常，神宗崩，哲宗立，復朝奉郎，知登州。召爲禮部郎中。軾舊善司馬光、章惇。時光爲門下侍郎，惇知樞密院，二人不相合。惇每以謔侮困光，光苦之。軾謂惇曰：「司馬君實時望甚重。昔許靖以虛名無實，見鄙於蜀先主。法正曰：『靖之浮譽，播流四海。若不加禮，必以賤賢爲累。』先主納之，乃以靖爲司徒。許靖且不可慢，況君實乎？」惇以爲然，光賴以少安。遷起居舍人。軾起於憂患，不欲驟履要地，辭於宰相蔡確。確曰：「公迴翔久矣，朝中無出公右者。」軾曰：「昔林希同在館中，年且長。」確曰：「希固當先公邪？」卒不許。元祐元年，軾以七品服，入侍延和，即賜銀緋，遷中書舍人。

初祖宗時，差役行久生弊。編戶充役者不習其役。又虐使之，多致破產。狹鄉民至有終歲不得息者。王安石相神宗，改爲免役，使戶差高下，出錢雇役。行法者過取以爲民病。司馬光爲相，知免役之害，不知其利，欲復差役。差官置局，軾與其選。軾曰：「差役、免役，各有利害。免役之害，掊斂民財，十室九空。斂聚於上，而下有錢荒之患。差役之害，民常在官，不得專力於農。而貪吏猾胥，得緣爲姦。此二害輕重蓋略等矣。」光曰：「於君何如？」軾曰：「法相因則事易成，事有漸則民不驚。三代之法，兵農爲一。至秦始分爲二。及唐中葉，盡變府兵爲長征之卒。自爾以來，民不知兵，兵不知農。農出穀帛以養兵，兵出性命以衛農，天下便之。雖聖人復起，不能易也。今免役之法，實大類此。公欲驟罷免役而行差役，正如罷長征而復民兵，蓋未易也。」光不以爲然。軾又陳於政事堂。光忿然。軾曰：「昔韓魏公刺陝西義勇，公爲諫官，爭之甚力。韓公不樂，公亦不顧。軾昔聞公道其詳。豈今日作相，不許軾盡言耶？」光笑之。尋除翰林學士。二年，兼侍讀。每進讀至治亂興衰，邪正得失之際，未嘗不反覆開導，覬有所啓悟。哲宗雖恭默不言，輒首肯之。嘗讀祖宗寶訓，因及時事。軾歷言：「今賞罰不明，善惡無所勸沮。又黃河勢方北流，而彊之使東。夏人入鎮戎，殺掠數萬人。

帥臣不以聞。每事如此，恐寖成衰亂之漸。」軾嘗鎖宿禁中，召入對便殿。宣仁后問曰：「卿前年爲何官？」曰：「臣爲常州團練副使。」曰：「今爲何官？」曰：「臣今待罪翰林學士。」曰：「何以遽至此？」曰：「遭遇太皇太后皇帝陛下。」曰：「非也。」曰：「豈大臣論薦乎？」曰：「亦非也。」軾驚曰：「臣雖無狀，不敢自他途以進。」曰：「此先帝意也。先帝每誦卿文章，必嘆曰『奇才奇才！』但未及進用卿耳。」軾不覺哭失聲。宣仁后與哲宗亦泣，左右皆感涕。已而命坐賜茶，徹御前金蓮燭送歸院。三年權知禮部貢舉。會大雪苦寒，士坐庭中，噤未能言。軾寬其禁約，使得盡技。巡捕內侍，每摧辱舉子，且持曖昧單詞，誣以爲罪。軾盡奏逐之。

四年，積以論事，爲當軸者所恨。軾恐不見容，請外。拜龍圖閣學士，知杭州。未行，諫官言前相蔡確知安州，作詩借郝處俊事以譏太皇太后，大臣議遷之嶺南。軾密疏：「朝廷若薄確之罪，則於皇帝孝治爲不足。若深罪確，則於太皇太后仁政爲小累。謂宜皇帝敕置獄逮治，太皇太后出手詔赦之，則於仁孝兩得矣。」宣仁后心善軾言，而不能用。軾出郊，用前執政恩例，遣內侍賜龍茶、銀合，慰勞甚厚。

既至杭，大旱，饑疫並作。軾請於朝，免本路上供米三之一，復得賜度僧牒，易米以救饑者。明年春，又減價糶常平米，多作饘粥藥劑，遣使挾醫，分坊治病，活者甚衆。軾曰：「杭水陸之會，疫死比他處常多。」乃裒羨緡得二千，復發橐中黃金五十兩，以作病坊，稍蓄錢糧待之。杭本近海，地泉鹹苦，居民稀少。唐刺史李泌，始引西湖水作六井，民足於水。白居易又浚西湖水入漕河，自河入田，所溉至千頃，民以殷富。湖水多葑，自唐及錢氏，歲輒浚治。宋興，廢之，葑積爲田，水無幾矣。

漕河失利，取給江潮。舟行市中，潮又多淤，三年一淘，爲民大患。六井亦幾於廢。軾見茅山一河，專受江潮。鹽橋一河，專受湖水。遂浚二河以通漕，復造堰牐，以爲湖水畜洩之限。江潮不復入市。以餘力復完六井。又取葑田積湖中。南北徑三十里，爲長堤以通行者。吳人種菱，春輒芟除，不遺寸草。且募人種菱湖中。葑不復生，收其利以備修湖。取救荒餘錢萬緡，糧萬石，及請得百僧度牒，以募役者。堤成，植芙蓉、楊柳其上，望之如畫圖；杭人名爲「蘇公堤」。

杭僧淨源，舊居海濱，與舶客交通。舶至高麗，交譽之。元豐末，其王子義天來朝，因往拜焉。至是，淨源死，其徒竊持其像附舶往告，義天亦使其徒來祭，因持其國母二金塔，云祝兩宮壽。軾不納，奏之曰：「高麗久不入貢，失賜予厚利。意欲求朝，未測吾所以待之厚薄，故因祭亡僧而行祝壽之禮。若受而不答，將生怨心。受而厚賜之，正墮其計。今宜勿與知，從州郡自以理卻之。彼庸僧猾商，爲國生事，漸不可長。宜痛加懲創。」朝廷皆從之。未幾，貢使果至。舊例使所至，吳、越七州，費二萬四千餘緡。軾乃令諸州，量事裁損，民獲交易之利，無復侵撓之害矣。

浙江潮自海門東來，勢如雷霆。而浮山峙於江中，與漁浦諸山，犬牙相錯，洄洑激射，歲敗公私船不可勝計。軾議自浙江上流地名石門，並山而東，鑿爲漕河。引浙江及谿谷諸水，二十餘里以達于江。又並山爲岸，不能十里，以達龍山大慈浦。自浦北折，折小嶺，鑿嶺六十五丈以達嶺東古河。浚古河數里，達于龍山漕河，以避浮山之險，人以爲便。奏聞，有惡軾者力沮之，功以故不成。軾復言：「三吳之水，瀦爲太湖，太湖之水，溢爲松江以入海。海日兩潮。潮濁而江清，潮水常欲淤塞江路，而江水清駛，隨輒滌去。海口常通，則吳中少水患。昔蘇州以東，公私船皆以篙行，無陸挽者。自慶曆以來，松江大築挽路，建長橋以扼塞江路，故今三吳多水。欲鑿挽路，爲千橋，以迅江勢。」亦不果用。人皆以爲恨。軾二十年間再蒞杭。有德於民，家有畫像，飲食必祝，又作生祠以報。

六年，召爲吏部尚書。未至，以弟轍除右丞改翰林承旨。轍辭右丞，欲與兄同備從官，不聽。軾在翰林數月，復以讒請外。乃以龍圖閣學士，出知潁州。先是開封諸縣多水患。吏不究本末，決其陂澤，注之惠民河。河不能勝，致陳亦多水。又將鑿鄧艾溝與潁河並，且鑿黃堆欲注之於淮。軾始至潁，遣吏以水平準之，淮之漲水，高於新溝幾一丈。若鑿黃堆，淮水顧流潁地爲患。軾言於朝，從之。郡有宿賊尹遇等，數劫殺人，又殺捕盜吏兵。朝廷以名捕不獲，被殺家復懼其害，匿不敢言。軾召汝陰尉李直方曰：「君能禽此，當力言於朝，乞行優賞。不獲，亦以不職奏免君矣。」直方有母且老，與母訣而後行。迺緝知盜所，分捕其黨與，手戟刺遇，獲之。朝廷以小不應格，推賞不及。軾請以己之年勞，當改朝散郎階，爲直方賞，不從。其後吏部爲軾當遷，以符合其考，軾謂已許直方，又不報。七年，徙揚州。舊發運司主東南漕法，聽操舟者私載物貨，征商不得留難。故操舟者輒富厚。以官舟爲家，補其弊漏，且周船夫之乏。故所載率皆速達無虞。近歲一切禁而不許，故舟敝人困，多盜所載以濟饑寒，公私皆病。軾請復舊，從之。未閱歲，以兵部尚書召，兼侍讀。

是歲哲宗親祀南郊，軾爲鹵薄使，導駕入太廟。有赭繖犢車，并青蓋犢車十餘爭道，不避儀仗。軾使御營巡檢使問之，乃皇后及大長公主。時御史中丞李之純爲儀仗使。軾曰：「中丞職當肅政，不可不以聞之。」純不敢言。軾於車中奏之。哲宗遣使齎疏馳白太皇太后。明日，詔整肅儀衛，自皇后而下，皆毋得迎謁。尋遷禮部，兼端明殿翰林侍讀兩學士，爲禮部尚書。高麗遣使請書，朝廷以故事，盡許之。軾曰：「漢東平王請諸子及《太史公書》，猶不肯予。今高麗所請，有甚於此。其可予乎？」不聽。

八年，宣仁后崩，哲宗親政。軾乞補外，以兩學士出知定州。時國是將變，軾不得入辭。既行，上書言：「天下治亂，出於下情之通塞。至治之極，小民皆能自通。迨於大亂，雖近臣不能自達。陛下臨御九年，除執政、臺諫外，未嘗與群臣接。今聽政之初，當以通下情，除壅蔽爲急務。臣日侍帷幄，方當戍邊，顧不得一見而行。況疏遠小臣，欲求自通，難矣！然臣不敢以不得對之故，不效愚忠。古之聖人，將有爲也，必先處晦而觀明，處靜而觀動，則萬物之情，畢陳于前。陛下聖智絕人，春秋鼎盛。臣願虛心循理，一切未有所爲，默觀庶事之利害，與群臣之邪正，以三年爲期。俟得其實，然後應物而作。使既作之後，天下無恨，陛下亦無悔。由此觀之，陛下之有爲，惟憂太早，不患稍遲，亦已明矣。臣恐急進好利之臣，輒勸陛下輕有改變，故進此說。敢望陛下留神社稷、宗廟之福，天下幸甚！」

定州軍政壞弛，諸衛卒驕惰不教，軍校蠶食其廩賜，前守不敢誰何。軾取貪汙者，配隸遠惡。繕修營房，禁止飲博，軍中衣食稍足。乃部勒戰法，衆皆畏伏。然諸校業業不安，有卒史以贓訴其長。軾曰：「此事吾自治則可。聽汝告，軍中亂矣。」立決配之，衆乃定。會春大閱，將吏久廢上下之分。軾命舉舊典，帥常服出帳中，將吏戎服執事。副總管王光祖自謂老將，恥之，稱疾不至。軾召書吏使爲奏，光祖懼而出。訖事，無不一者。定人言：「自韓琦去後，不見此禮至今矣。」契丹久和，邊兵不可用。惟沿邊弓箭社與寇爲鄰，以戰社自衛，猶號精銳。故相龐籍守邊，因俗立法。歲久法弛，又爲保甲所撓。軾奏免保甲及兩稅折變科配，不報。

紹聖初，御史論軾掌內外制日，所作詞命，以爲譏斥先朝，遂以本官知英州。尋降一官，未至，貶寧遠軍節度副使，惠州安置。居三年，泊然無所蔕芥。人無賢愚，皆得其歡心。又貶瓊州別駕，居昌化。昌化，故儋耳地，非人所居，藥餌皆無有。初僦官屋以居，有司猶謂不可。軾遂買地築室，儋人運甓畚土以助之。獨與幼子過處，著書以爲樂。時時從其父老游，若將終身。徽宗立，移廉州，改舒州團練副使，徙永州。更三大赦，還提舉玉局觀，復朝奉郎。軾自元祐以來，未嘗以歲課乞遷，故官止於此。建中靖國元年卒于常州，年六十六。

軾與弟轍，師父洵爲文。既而得之於天。嘗自謂作文如行雲流水，初無定質，但常行於所當行，止於所不可不止。雖嬉笑怒罵之辭，皆可書而誦之。其體渾涵光芒，雄視百代。有文章以來，蓋亦鮮矣。洵晚讀《易》，作《易傳》未究，命軾述其志。軾成《易傳》，復作《論語說》。後居海南作《書傳》。又有《東坡集》四十卷，《後集》二十卷，《奏議》十五卷，《內制》十卷，《外制》三卷，《和陶詩》四卷。一時文人如黃庭堅、晁補之、秦觀、張耒、陳師道，舉世未之識，軾待之如朋儔，未嘗以師資自予也。

自爲舉子，至出入侍從，必以愛君爲本。忠規讜論，挺挺大節，群臣無出其右。但爲小人忌惡擠排，不使安於朝廷之上。高宗即位，贈資政殿學士，以其孫符爲禮部尚書。又以其文寘左右，讀之終日忘倦，謂爲文章之宗，親製集贊，賜其曾孫嶠。遂崇贈太師，謚文忠。軾三子，邁、迨、過俱善爲文。邁，駕部員外郎，迨，承務郎。

過字叔黨。軾知杭州，過年十九，以詩賦解兩浙路，禮部試下。及軾爲兵部尚書，任右承務郎。軾帥定武，謫知英州，貶惠州，遷儋耳，漸徙廉、永，獨過侍之。凡生理晝夜寒暑所須者，一身百爲，不知其難。初至海上，爲文曰《志隱》。軾覽之曰：「吾可以安於島夷矣。」因命作孔子弟子別傳。軾卒于常州，過葬軾汝州郟城小峨眉山，遂家潁昌。營湖陰水竹數畝，名曰小斜川，自號斜川居士。卒年五十二。初監太原府稅，次知潁昌府郎城縣，皆以法令罷。晚權通判中山府。有《斜川集》二十卷。其〈思子臺賦〉、〈颶風賦〉，早行於世。時稱小坡，蓋以軾爲大坡也。其叔轍，每稱過孝，以訓宗族。且言：「吾兄遠居海上，惟成就此兒能文也。」七子：籥、籍、節、笈、箪、篴、箾。

論曰：蘇軾自爲童子時，士有傳石介《慶曆聖德詩》至蜀中者，軾歷舉詩中所言韓、富、杜、范諸賢，以問其師。師怪而語之，則曰：「正欲識是諸人耳。」蓋已有頡頏當世賢哲之意。弱冠，父子兄弟至京師，一日而聲名赫然，動於四方。既而登上第，擢詞科，入掌書命，出典方州。器識之閎偉，議論之卓犖，文章之雄雋，政事之精明，四者皆能以特立之志爲之主，而以邁往之氣輔之。故意之所向，言足以達其有猷，行足以遂其有爲。至於禍患之來，節義足以固其有守，皆志與氣所爲也。仁宗初讀軾、轍制策，退而喜曰：「朕今日爲子孫得兩宰相矣。」神宗尤愛其文，宮中讀之，膳進忘食，稱爲天下奇才。二君皆有以知軾，而軾卒不得大用。一歐陽脩先識之，其名遂與之齊。豈非軾之所長不可掩抑者，天下之至公也。相不相有命焉。嗚呼，軾不得相，又豈非幸歟？或謂：「軾稍自韜戢，雖不獲柄用，亦當免禍。」雖然，假令軾以是而易其所爲，尚得爲軾哉？

東坡先生年譜

五羊　王宗稷編

王宗稷字伯言，五羊人。其自記稱：「紹興庚申（更生案：即南宋高宗紹興十年，西元一一四〇年，去東坡先生於宋徽宗建中靖國元年，西元一一〇一年辭世，適三十九年），隨外祖守黃州。到郡首訪東坡先生遺蹟。甲子一周矣，思諸家皆有年譜，獨此尚闕。謹編次先生出處大略，敘其歲月先生爲年譜。」從自記「甲子一周矣」推知，此譜作於南宋光宗紹熙元年庚戌（西元一一九〇年）。又據《宋史・藝文志》：「蘇軾《前後集》七十卷」後云：「《年譜》一卷，王宗稷編，則知此編在宋時已附蘇集行世。雖然清朝查愼行補注蘇詩時，對此譜多所駁正，皆中其失；蓋創始者難工，踵事者易密，此理之自然，無足怪哉！然其稽考東坡出處大略，文簡事明，援引有據，故列爲附錄，用備知人論世之參考。

仁宗皇帝景祐三年丙子。

先生生於是年十二月十九日乙卯時，按先生〈送沈逵〉詩云：「嗟我與君皆丙子」。又有〈贈長蘆長老〉詩云：「與公同丙子，三萬六千日」。又按《玉局》文云：「十二月十九日，東坡生日，置酒赤壁磯上」。又按《志林》云：「退之以磨蝎爲身宮，而僕以磨蝎爲命」，若以磨蝎爲命推之，則爲卯時生。議者以先生十二月爲辛丑，十九日爲癸亥日。丙子癸亥，水向東流，故才汗漫而澄清。子卯相刑，晚年多難。

四年丁丑。

寶元元年戊寅。

二年己卯。

康定元年庚辰。

慶曆元年辛巳。

二年壬午。

是年先生七歲，已知讀書。按先生〈上韓魏公梅直講書〉云：「自七、八歲知讀書。」又按先生長短句集〈洞仙歌〉自序云：「僕七歲時，見眉州老尼，姓朱，年九十餘，能知孟昶宮中事」。又考《冷齋夜話》載先生云：「某七、八歲時，嘗夢遊陝右」。

三年癸未。

是年先生八歲，入小學。按《志林》云：「吾八歲入小學，以道士張易簡爲師，師獨稱吾與陳太初者。」又按先生作〈范文正公文集序〉云：「慶曆三年，某始入鄉校，士有自京師來，以魯人石守道〈慶曆聖德詩〉示鄉先生。某從旁竊觀，問先生十一人何人也？先生曰：童子何用知之。某曰：此天人也耶，則不敢知，若亦人耳，何爲其不可」。

四年甲申。

五年乙酉。

按子由作〈先生墓誌〉云：「公生十年而先君宦學四方，太夫人親授以書，問古今成敗，輒能語其要，太夫人讀《東漢史》，至〈范滂傳〉慨然太息，公侍側曰：「某若爲滂，夫人亦許之否乎？」夫人曰：「汝能爲滂，吾顧不能爲滂母耶！」公亦奮厲有當世志，太夫人喜曰：「吾有子矣」。又按大全集載東坡少時語云：「秦少章言：東坡十來歲，老蘇曾令作〈夏侯太初論〉：有『人能碎千金之璧，不能失聲於破釜；能搏猛虎，不能無變色於蜂蠆』之語。老蘇愛此論，年少所作故不傳」。又按趙德麟所編《侯鯖錄》云：「東坡年十歲，在鄉里見老蘇誦歐公〈謝宣召赴學士院仍謝賜對衣金帶及馬表〉，老蘇令坡擬之，其間有『匪伊垂之帶有餘，非敢後也，馬不進。』」老蘇喜曰：「此子他日當自用之」。

六年丙戌。

七年丁亥。

先生年十二。按先生所作〈天石硯銘〉曰：「某年十二時，於所居紗縠行宅隙地中，與群兒鑿地爲戲，得異石鏗然，扣之有聲。」又按先生作〈鍾子翼哀詞〉云：「某年十二，先君宮師，歸自江南」。又按先生〈與曾子固書〉云：「祖父之沒，某年十二矣。」

八年戊子。

皇祐元年己丑。

二年庚寅。

三年辛卯。

四年壬辰。

先生年十七。按長短句〈滿庭芳〉序云：「余年十七，始與劉仲達往來於眉山」。

五年癸巳。

至和元年甲午。

先生年十九，始娶眉州青神王方女。按先生作〈王氏墓誌〉云：「生十有六歲，而歸于某。至治平二年，王氏卒，年二十有七。」以王氏年數考之，則甲午年歸于先生明矣。

二年乙未。

是歲先生年二十，游成都，謁張安道。按先生作〈樂全先生文集序〉云：「某年二十，以諸生見公成都，一見待以國士。」有晁美叔，是年求交於先生。按〈送美叔詩〉云：「我生二十無朋儔，當時四海一子由。君來扣門若有求。」

嘉祐元年丙申。

先生年二十一，舉進士。按〈鳳鳴驛記〉云：「始余丙申歲舉進士，過扶風，求舍於館人，不可而出，次於逆旅。」又有寫老蘇〈送石舍人序〉。

二年丁酉。

先生年二十二，赴試禮部，館於興國寺浴室院。按先生作〈興國六祖畫贊〉云：「余嘉祐初舉進士，館於興國浴室院。」時歐陽文忠公考試，得先生〈刑賞忠厚之至論〉，以為異人，欲冠多士，疑曾子固所為；子固，文忠門下士也，乃置先生第二。復以《春秋》對義居第一。及殿試章衡牓中進士乙科，始見知于歐陽公及韓魏公、富鄭公，皆待以國士。又按先生作〈太息〉一篇，〈送秦少章歸京〉云：「昔吾舉進士，試名於禮部，歐陽文忠公見吾文，且曰：『此我輩人也，吾當避之。』是時士以剽裂為文，詘公者成市。又有〈上韓太尉書〉云：「某年二十有二矣。」及有〈上梅直講書〉。是年先生登第之後，四月丁太夫人武陽君程氏憂。按司馬溫公作〈程夫人墓誌〉云：「夫人以嘉祐二年四月癸丑終於鄉里。」又按老蘇寄〈文忠公書〉云：「二子不免丁憂，今已到家。」

三年戊戌。

四年己亥。

是歲先生年二十四，服除，十二月侍老蘇舟行適楚。按先生〈南行前集序〉云：「己亥之歲，侍行適楚，舟中無事，雜然有觸於中，而發於詠嘆。蓋家君之作，與弟轍之文皆在焉，謂之《南行集》。」

五年庚子。

是歲先生年二十五，授河南府福昌縣主簿。有〈新渠詩〉，其序云：「庚子正月，予過唐州，太守趙侯始復三陂，疏召渠，為〈新渠詩〉五章，以告於道路，致侯之意」。

六年辛丑。

是年先生二十六，應中制科，入第三等，有〈應制科上兩制書〉，及〈上富丞相書〉，又有〈謝應中制科啓〉，授大理評事鳳翔府簽判。按先生有〈感舊詩序〉云：「嘉祐中，予與子由奉制策，寓居懷遠驛，時年二十六，子由年二十三耳。」是年十二月赴鳳翔任，與子由別，馬上賦詩，到任有〈石鼓詩〉云：「冬十二月歲辛丑，我初入政見魯叟。」及有〈鳳翔八觀〉，及〈鳳鳴驛記〉。

七年壬寅。

先生年二十七，官于鳳翔，二月有〈詔郡吏分往屬縣決囚作詩五百言寄子由〉，又有〈壬寅重九不預會遊普門寺僧閣有〈懷子由〉詩，及按《志林》有〈論太白山舊封公爵為文記之〉。是歲嘉祐七年也。又有〈記歲暮鄉俗〉三首，以子由〈和守歲詩〉考之，云：「顧兔追龍蛇」，子由注云：「是歲壬寅。」乃知〈記歲暮鄉俗〉三詩，作於壬寅歲矣。

八年癸卯。

先生年二十八，官于鳳翔，作〈思治論〉。

英宗皇帝治平元年甲辰。

先生年二十九，官於鳳翔。

二年乙巳。

先生年三十，自鳳翔罷任。按子由作〈先生墓誌〉云：「治平二年罷還，判登聞鼓院，英宗皇帝在藩邸，聞先生名，欲以唐故事召入翰林，宰相限以近例，召試秘閣，皆入三等，得直史館。是年通義郡君王氏卒於京師」。

三年丙午。

先生年三十一，在京師直史館，丁老蘇憂，扶護歸蜀。按歐陽文忠公作〈老蘇墓誌〉云：「明允《太常因革禮書》一百卷，書成方奏未報，君以疾卒，實治平三年四月戊申也。」又按張安道作

〈老蘇文安先生墓表〉云：「太常禮書成未報，以疾卒，實治平三年四月也。」英宗皇帝聞而傷之，命有司具舟載其喪，歸葬于蜀。

四年丁未。

先生年三十二，居服制中，以八月壬辰葬老蘇于眉州。

神宗皇帝熙寧元年戊申。

先生年三十三，免喪。按《四菩薩閣記》云：「載四菩薩版以歸，既免喪，嘗與往來浮屠人，勸某爲先君捨施，爲大閣以藏之。」作記乃熙寧元年十月。

二年乙酉。

先生年三十四，還朝，監官告院。按《烏臺詩話》云：「熙寧二年，某在京授差遣，與王詵寫詩賦及《蓮華經》」。

三年庚戌。

先生年三十五，監官告院，有〈送章子平詩〉，其序云：「熙寧三年，子平自右司諫直集賢院，出牧鄭州，賦詩餞之。」又有〈送錢藻知婺州詩分韻得英字〉、〈送曾子固倅越詩分韻得燕字〉。《烏臺詩話》云：「舊例館閣補外，同舍餞送，必分韻。」又有〈寄劉貢甫詩〉。是年范景仁嘗舉先生充諫官。

四年辛亥。

先生年三十六，任監官告院，兼判尚書祠部。王荊公欲變科舉，上疑焉，使兩制三館議之。先生獻三言，荊公之黨不悅，命攝開封府推官，有〈奏罷買燈疏〉。御史以雜事誣奏先生過失，未嘗一言以自辯，乞外任避之，除通判杭州。有赴任過揚州，與劉貢甫、孫巨源、劉莘老相聚數月，用逐人字作詩。十一月到任，有〈初到杭州寄子由〉兩絕。除夕先生以通判職事直都廳，日暮返舍，題一詩於壁。

五年壬子。

先生年三十七，在杭州通判任。是歲有〈牡丹記〉，其序云：「熙寧五年三月二十三日，余從太守沈公觀花於吉祥寺。」是年科場先生監試，有〈呈試官詩〉及〈試院煎茶詩〉、〈催試官考較戲作〉。八月十七日登望湖樓，是日榜出，與試官兩人復留，有五絕句。又有〈送杭州進士詩序〉云：「熙寧五年，錢塘之士貢於禮部者九人。十月乙酉，宴於中和堂，作是詩以勉之。」十二日運司差先生往湖州相度堤岸利害，與湖州太守孫莘老相見，有〈贈莘老七絕〉及作〈山村五絕〉。是歲又作〈送杜子方詩〉。及臘月遊孤山訪惠勤、惠思二僧，有詩。

六年癸丑。

先生年三十八，在杭州通判任。有〈八月十五觀潮詩〉，寫於安濟亭上。及作〈仁宗皇帝飛白記〉，其略云：「熙寧六年冬，以事至姑蘇，安簡王公子誨出所賜公端敏二字。」又有作〈錢塘六井記〉，其略云：「熙寧五年太守陳公述古至，問民之利病。明年春，六井畢修，故詳其語，以告後人。」運司又差先生往潤州，道出秀州，錢安道送茶，和詩。是歲有〈次韻章傳道詩〉、〈和劉貢甫秦字韻詩〉、〈寄劉道源詩〉及〈和陳述古冬日牡丹詩〉四絕，又有〈題贈法惠師小童思聰〉。

七年甲寅。

先生年三十九，在杭州通判任。正月遊風水洞，推官李泌先行三日，留風水洞相待，有詩題壁。是年納侍妾朝雲。墓誌云：「朝雲姓王氏，錢塘人，事先生二十有三年。紹聖三年卒于惠州，年三十四。」以歲月考之，熙寧之甲寅至紹聖之丙子，恰二十三年，乃知納朝雲在是年明矣。朝雲年三十四，是爲癸卯生，來事先生方十二云。先生以子由在濟南，求爲東州守。按子由〈超然臺賦〉序云：「子瞻通守餘杭，三年不得代。以轍之在濟南也，求爲東州守。既得請高密，五月乃有移知密州之命。」按先生作〈勤上人詩集序〉云：「熙寧七年，余自錢塘赴高密。」又按先生辛未〈別天竺觀音詩〉序云：「余昔通守錢塘，移蒞膠西，以九月二十日，來別南北山道友。」乃知先生以秋末去杭。按先生〈記游松江說〉云：「吾昔自杭移高密，與楊元素同舟，而陳令舉、張子野皆從余過李公擇於湖，遂與劉孝叔俱至松江。夜半月出，置酒垂虹亭上。子野年八十五，以歌詞聞於天下，作〈定風波〉令。」及道過常州，爲錢公輔作哀辭。又有〈與段屯田詩〉云：「龍鍾三十九，勞生已強半。歲暮日斜時，還爲昔人嘆。」是年又作〈鳧繹先生文集序〉，又有〈師子屛風贊〉云：「潤州甘露寺，有唐李衛公所留陸探微畫師子版，余自錢塘移守膠西，過而觀焉。」是年先生在潤州道上過除夜，則〈師子贊〉必在是年矣。又有〈潤州道上過除夜詩〉兩絕。

八年乙卯。

先生年四十，到密州任。有〈上韓丞相論災傷書〉，其到郡二十餘日矣。又論密州鹽稅，又作〈後杞菊賦〉，其序云：「予仕宦十有九年，家日益貧，移守膠西，而齋廚索然。」按先生丁酉年登第，至是恰十九年矣。是年有〈送劉孝叔吏部〉詩，及〈和李公擇來字韻詩〉及常山祈雨感應，立雩泉。

九年丙辰。

先生年四十一，在密州任。作〈刻奏篆記〉云：「熙寧九年丙辰，蜀人蘇某來守高密。」是年中秋，歡飲達旦，作〈水調歌頭〉懷子由，及作〈薄薄酒〉二章，又寫〈超然臺記〉寄李清臣，又〈祭常山神文〉、〈書膠西蓋公堂照壁畫贊〉，及作〈山堂銘〉，作〈表忠觀碑〉。

十年丁巳。

先生年四十二，在密州任，就差知河中府，已而改知徐州。四月赴徐州任，有〈留別釋迦院牡丹呈趙倅詩〉。按子由作〈先生墓誌〉云：「自密徙徐，是歲河決曹村。」乃知是丁巳自密改東徐，又與子由相會於澶濮之間，相約赴彭城，留百餘日，宿於逍遙堂，子由有兩絕，先生和之。徐州水患大作，七月十七日河決澶州曹村埽，八月二十一日及徐州城下，先生治水有功，至十月五日，水漸退，城以全，朝廷降詔獎諭，作〈河復詩〉、〈韓幹畫馬歌〉、〈司馬君實獨樂園詩〉及〈送范蜀公往西京〉詩，又有和子由〈水調歌頭〉詞，又有〈與王定國顏長道泛舟詩〉，有「回頭四十二年非」之句。

元豐元年戊午。

先生年四十三，在徐州任。適值春旱，徐州城東二十里有石潭，置虎頭其中，可致雷雨，作〈起伏龍行〉。是年三月，始識王迥子高，聞與仙人周瑤英遊，作〈芙蓉城〉詩。二月有旨賜錢二千四百一十萬，起夫四千二十三人，及發常平錢米，改築徐州外小城，創木岸四，以〈獎諭勑記〉併刻諸石。爲〈熙寧防河錄〉云：「迺即徐州城之東門爲大樓，堊以黃土，名之曰黃樓，以土實勝水故也。」子由作〈黃樓賦〉，先生跋云：「元豐元年八月癸丑樓成，九月庚辰大合樂以落之。」又有〈中秋月〉三首云：「六年逢此月，五年照離別。」先生注云：「中秋有月凡六年矣，惟去歲與子由會於此。」去歲之會，乃逍遙堂和詩之時也。又有〈九日黃樓作〉古詩一首云：「去年重陽不可說，南城夜半千漚發」之句。以去年九月大水未退，故有是語。又作〈放鶴亭記〉、〈滕縣公堂記〉、〈鹿鳴燕詩序〉、〈和魯直古風二首〉及〈次韻潛師放魚〉、〈和舒堯文祈雪詩〉、〈祭文與可〉及作〈石炭〉詩，又作〈日喻〉一篇。

二年乙未。

先生年四十四，在徐州任，正月己亥，同畢仲孫、舒煥八人游泗之上，登石室，使道士戴日祥鼓雷氏琴，先生有記。按《玉局》文云：「僕在徐州，王子立子欽皆館於官舍，而蜀人張師厚來過。二王方年少，吹洞簫飲酒杏花下。」三月自徐州移知湖州，按先生作〈張氏園亭記〉云：「余自彭城移守吳興，由宋登舟，三宿而至。」其記乃三月二十七日所作，乃知三月移湖州明矣。是年以四月二十九日到湖州任，作〈送通教大師還杭州序〉。及爲章質夫作〈思堂記〉、王定國作〈三槐堂記〉、〈跋歐陽文忠公家書〉。後在湖州，王子立、子敏皆從先生，作〈子立墓誌〉云：「子立、子敏皆從余學於吳興，學道日進，東南之士稱之。」有〈與王郎昆仲及兒子邁，遶城觀荷花，登峴山亭，晚入飛英寺，分韻得明月星稀〉四首，又有〈泛舟城西，會者五人，分韻得人皆苦炎字〉四首，又作〈文與可畫篔簹谷偃竹記〉其末云：「元豐二年七月七日，予在湖州曝書見畫，廢卷而哭失聲。」是歲言事者以先生〈湖州到任謝表〉以爲謗。七月二十八日，中使皇甫遵到湖追攝，按〈子立墓誌〉云：「予得罪於吳興，親戚故人皆驚散，獨兩王子不去，送予出郊曰：『死生禍福，天也，公其如天何！』返取予家致之南都。」又按先生〈上文潞公書〉云：「某始就逮赴獄，有一子稍長，徒步相隨，其餘守舍皆婦女幼稚。至宿州，御史符下，就家取書，州郡望風，遣吏發卒圍船搜取，長幼幾怖死。既去，婦女恚罵曰：『是好著書，書成何所得，而怖我如此！』悉取焚之。」八月十八日赴臺，獄中有〈寄子由詩〉二首，及賦〈檜〉、〈槐〉、〈竹〉、〈柏〉四詩，又有〈十二月二十日，恭聞太皇太后升遐，吏以某罪人不許成服。欲哭則不可，欲泣則不敢，作挽詩二首〉。已而獄具。十二月二十九日責授黃州團練副使本州安置。是年子由聞先生下獄，上書乞以見任官職贖先生罪，責筠州酒官。出獄，〈再次寄子由二詩韻〉，有「百日歸期恰及春」之句。先生自八月坐獄，至是踰百日矣。

三年庚申。

先生年四十五，責黃州。自京師道出陳州，子由自南都來陳相見，三日而別，先生有古詩，有「便爲齊安民」之句。又與文逸民飲別，攜手河堤上，作詩與子由別，乃正月十有四日也。至十八日，蔡州道上遇雪，有〈次子由韻〉古詩二首。過新息縣，有〈示鄉人任師中〉一首。任伋，字師中，眉州人，嘗倅黃州，卜居新息，先生以詩示之。又有〈過淮〉詩、〈游淨居寺〉詩。至岐亭，訪故人陳慥季常，爲留五日，賦詩一首而去。乃以二月一日至黃州，寓居定惠院，有〈初到黃州〉詩。按先生〈別王文甫子辯〉云：「僕以元豐三年二月一日到黃州，家在南都，獨與兒子邁來。」是年五月，子由來齊安，先生有詩迎之。又有〈曉至巴河迎子由〉詩。乃與子由同遊武昌西山寒溪寺，有古詩一首。定惠顒師爲先生竹下開嘯軒，作詩記其事。又作〈五禽言〉，又有〈定惠寺寓居月夜偶出〉詩云：「去年花落在徐州，對月酣歌美清夜。今年黃州見花發，小院閉門風露下。」蓋懷在徐州與張師厚、王子立、子敏飲酒杏花下時也。定惠有海棠一株，土人不知其貴，先生作詩，有「也知造物有深意，故遣佳人在幽谷」之句。按近日《黃州東坡圖》云：「先生寓居定惠未久，以是春遷臨皋亭，乃舊日之回車院也。」又有〈遷居臨皋亭〉詩。先生就臨皋亭立南堂，有詩五絕。又有〈讀戰國策〉，及作〈石芝〉詩。先生是歲又有〈答秦太虛書〉。借得本州天慶觀道士堂，冬至後坐四十九日。先生乳母王氏八月卒於臨皋亭。按先生〈上文潞公書〉云：「到黃州無所用心，覃思《易》、《論語》，若有所得。」由是言之，先生到黃定居之後，即作《易傳》九卷，《論語》五卷，必始於是歲矣。

四年辛酉。

先生年四十六，在黃州，寓居臨皋亭。正月往岐亭，訪陳季常。以〈岐亭五首〉考之，云：「元豐三年正月岐亭爲留五日，明年正月，復往見之。過古黃州，獲一鑑，周尺有二寸。」有《鑑銘》云：「元豐四年正月，余自齊安往岐亭，泛舟而還，過古黃州，獲一鑑，周尺有二寸。」是年先生請故營地之東，名之以東坡。考〈東坡八首〉序云：「余至黃二年，日以困匱，故人馬正卿哀予乏食，於郡請故營地，使躬耕其中。」蓋先生庚申來黃，至辛酉為二年矣。以《東坡圖》考之，辛酉方營東坡。次年始築雪堂。以〈贈孔毅甫〉詩觀之：「去年東坡拾瓦礫，今年刈草蓋雪堂」，則雪堂作於壬戌歲明矣。又有〈中秋日飲酒江亭上〉，有〈贈鄭君求字〉，及〈記游松江說〉、〈聞捷說〉。按大全集〈雜說〉云：「元豐辛酉冬至，僕在黃州，姪安節遠來，飲酒樂甚，以識一時盛事。」又有〈冬至贈安節〉詩云：「平生幾冬至，少小如昨日。」又有〈與安節夜坐賦繫字韻詩〉三首及正月過岐亭，作〈應夢羅漢記〉。

五年壬戌。

先生年四十七，在黃州。寓居臨皋亭，就東坡築雪堂，自號東坡居士。以《東坡圖》考之，自黃州門南至雪堂四百三十步，《雪堂問》云：「蘇子得廢圃於東坡之脅，號其正曰雪堂，以大雪中為之，因繪雪於四壁之間，無容隙，其名蓋起於此。先生自書東坡雪堂四字以榜之。」試以《東坡圖》考雪堂之景，堂之前則有細柳，前有浚井，西有微泉。堂之下則有大冶長老桃花、茶、巢元脩菜、何氏叢橘，種秔稌，蒔棗栗。有松期為可斲，種麥以為奇事，作陂塘，植黃桑，皆足以供先生之歲用，而為雪堂之勝景云耳。以長短句〈擬斜川〉觀之，元豐壬戌之春，予躬耕東坡，築雪堂以居之，南挹四望亭之後，西控北山之微泉，慨然而嘆，此亦斜川之遊也，作〈江城子〉詞。是年三月，先生以事至蘄水，觀〈悼徐德占詩〉序云：「元豐五年三月，余以事至蘄水，德占惠然見訪。」又有春夜行蘄水，過酒家飲酒，乘月至一橋上，曲肱少休，作〈西江月〉詞。又遊蘄水清泉寺，作〈浣溪沙〉詞。又作〈寒食〉詩二首云：「自我來黃州，已見三寒食。」先生庚申二月來黃，至是三寒食矣。太守徐君猷分新火，先生有詩謝之，有「臨皋亭中一危坐，三見清明改新火」之句。七月遊赤壁，有〈赤壁賦〉云：「壬戌之秋，七月既望，蘇子與客泛舟遊於赤壁之下。」十月又遊之，有〈後赤壁賦〉。以《東坡圖》考之，〈後赤壁賦〉云：「十月既望，蘇子步自雪堂，將歸于臨皋。」則壬戌之冬未遷，而先生以甲子六月過汝，則居雪堂止年餘。由是推之，先生自臨皋遷雪堂，必在壬戌十月之後明矣。又有〈和孔毅甫久旱已其雨〉三首云：「去年太歲空在酉」，乃知指去年辛酉而言之也。又按長短句有「飲王文甫家集古句，作墨竹」，定風波〉及夢扁舟，望棲霞，作〈鼓笛慢〉及記單驤、孫兆事跡，作〈怪石供〉及重九作〈醉蓬萊〉示黃守徐君猷，有「羈旅三年」之句。先生庚申來黃，至是恰三年矣。

六年癸亥。

先生年四十八，在黃州。爲通判孟亨之〈跋子由君子泉銘〉，又有〈題唐林父筆文〉。閏八月有詩與武昌主簿吳亮工。又有〈記承天夜遊〉云：「十月十二月夜至承天寺，尋張懷民，相與步於中庭。庭中如積水空明，水中藻荇，蓋竹柏影也。」及作一絕送曹煥往筠州，序云：「明年余過圓通，始得其詳。」先生甲子歲自黃之江遊廬山，則送曹煥詩必在是年矣。又夢中作〈祭春牛文〉云：「元豐六年十二月二十七日，天欲明，夢數吏人持紙，請〈祭春牛文〉，予取筆疾書其上。」

七年甲子。

生年四十九，在黃州。二月與徐得之、參寥子步自雪堂，至乾明寺，有師中庵題名。又有〈記定惠寺海棠說〉。四月，乃有量移汝州之命。按先生長短句〈滿庭芳〉序云：「四月一日，予將自黃移汝，留別雪堂鄰里二三君子，李仲覽來書以遺之。」詞中有：「坐見黃州再閏」之句。按《東坡圖》云：「郡人潘邠老及弟大觀，俱以詩知名，多從先生游。先生去，以雪堂付之，邠老因以居焉。四月六日又作〈安國寺記〉，有〈別黃州〉詩，有〈過江夜行武昌山上，聞黃州鼓角〉詩。黃州送先生者，皆至於慈湖，陳季常獨至九江。既到江州和李太白潯陽宮詩，其序云：「今予亦四十九，感之次其韻。」因遊廬山有〈記遊廬山說〉云：「僕初入廬山，山谷奇秀，平生所欲見，應接不暇，不欲作詩。已而山中僧俗皆曰：『蘇子瞻來矣』，不覺作一絕。入開元寺，主僧求詩，作〈瀑布〉一絕。往來十餘日，作〈漱玉亭〉、〈三峽橋〉詩。與總老同遊西林，有〈贈總老〉及〈題西林寺壁〉，皆絕句也。」又有寫〈寶蓋頌與僊長老〉其序云：「圓通禪院，先君舊遊也。四月二十四日晚至宿焉，明日先君忌日，寫〈寶蓋頌〉以贈長老僊公。」蓋先生端午已在筠州，計程必作宮師忌日之後，即爲高安之行矣，途中又有〈題李公擇山房〉，及〈過建昌李野夫公擇故居〉，有古詩一首。按〈跋李志中文〉云：「元豐七年，某舟行赴汝，乃自富川陸走高安，別家弟子由。」以《冷齋夜話》考之，子由在筠州，雲庵居洞山，聰禪師亦蜀人，居壽聖寺。一夕三人同夢迎五祖戒和尚，拊手大笑曰：「世間果有同夢者，異哉。」久之東坡書至，曰：「已至奉新旦夕相見。」三人同出二十里建山寺而東坡至，各追繹所夢。坡曰：「某年七八歲時，嘗夢某身是僧，往來陝右。」雲庵驚曰：「戒，陝右人也。暮年棄五祖來遊高安，終於大愚。」逆數蓋五十年，而坡時年四十九矣。又以先生古詩考之，有〈自興國往筠宿石田驛〉詩，及〈將至筠州，先寄遲适遠三猶子詩〉、〈端午遊眞如寺〉，及〈別子由三首〉。在筠州爲留十日，又有〈初別子由至奉新作〉，皆先生筠州之作也。七月過金陵，有與葉致遠唱和詩。途中又有〈送沈逵赴廣南〉詩云：「嗟我與君皆丙子，四十九年窮不死。」又云：「我方北渡脫重江，君復南行輕萬里。」逼歲到泗州，十二月十八日，浴雍熙塔下，作〈如夢令〉兩闋，又作〈滿庭芳〉與劉元達，序云：「余年十七與仲達往來於眉山，四十九相逢於泗上，晦日同遊南山，話舊感嘆。」又有〈跋李志中文〉、〈天石硯銘〉。又作〈水龍吟〉及有〈謝黃師是除夜送酥酒〉詩。先生上表乞於常州居住，其略云：「今雖已至泗洲，而貲用罄竭，見一面前去南京聽候朝旨。」又考〈騾駄驛試筆〉云：「正月四日，離泗州。」則是除夜在泗州明矣。

八年乙丑。

先生年五十，按大全集〈雜說〉、〈騾駄驛試筆〉云：「今日離泗州，然吾方上書求居常州。」乃正月四日書。及到南京，有放歸陽羨之命，遂居常州。五月內復朝奉郎，知登州。再過密州，有〈贈太守霍翔詩〉云：「十年不赴竹馬約。」蓋先生丁巳歲去密，至是以成數爲十年矣。過海州，嘆高麗館壯麗，作一絕。到郡五日，以禮部郎官召。到省半月，除起居舍人。在登州有〈海市〉詩。又有〈別登州舉人〉詩，有「休嫌五日怱怱守」之句。又有〈贈杜介〉詩及〈題楞伽跋〉、〈多寶院文〉。又有〈題登州蓬萊閣〉，及〈跋起居錢公文後〉。

哲宗皇帝元祐元年丙寅。

先生年五十一，以七品服入侍延和，改賜銀緋，尋除中書舍人。按《志林》云：「元祐元年，余爲中書舍人，復遷翰林學士知制誥。」是年有〈法雲寺鐘銘〉，又作〈眞相院釋迦舍利塔銘〉，及作〈元祐元年九月六日明堂赦文〉，又有〈內中告遷神御於新添修殿奉安祝文〉，及〈奉告天地、社稷、宗廟、宮觀、寺院祈雪祝文〉、〈五嶽四瀆祈雪祝文〉。及任中書舍人日，舉江寧府司理周穜充學官。及除內翰，又有〈舉魯直自代狀〉。

二年丁卯。

先生年五十二，爲翰林學士，復除侍讀。有〈書石舍人北使序後〉。及有〈與喬同寄賀君〉詩，其序云：「元祐二年同來京師十數日，予留之不可。」又有〈二月八日朝退起居院，感中公故事作一絕〉，又有〈書子由日本扇後〉及作〈祭王宜甫文〉，又作〈興國寺六祖畫贊〉：「至嘉祐初舉進士，館於興國浴室院，予去三十一年，而中書舍人彭器資亦館於是，余往見之。」按先生嘉祐丁酉舉進士，至元祐丁卯，恰三十一年矣。是年又作〈西京應天院修神御畢告遷諸神祝文〉，及〈奉安神宗皇帝神御祝文〉，及〈景靈宮宣光殿奉安神宗皇帝御容祝文〉、〈五嶽四瀆祈雨祝文〉、〈天地宗廟社稷祈雨祝文〉、〈景靈宮天興殿開淘井眼祭告里域眞官祝文〉。

三年戊辰。

先生年五十三，任翰林學士，有〈和子由元日省宿致齋〉，有「白髮蒼顏五十三」之句。是年省試，先生知貢舉，開院日，有〈與李方叔詩〉序云：「僕與李廌方叔相知久矣，僕領貢舉事，李不得第，愧甚，作詩謝之。」又〈和錢穆父雪中見及〉，有「行避門生時小飲」之句。又充館伴北使，按先生〈與陳傳道書〉云：「某頃伴虜使，頗能誦某文。」乃知先生高文大册，傳播夷夏，又豈止及於雞林行賈而已哉。是年作〈呂大防、范純仁左右相制〉、〈端午帖子詞〉、〈元祐三年六月德音赦文。及作〈西路闕雨祈雨祝文〉。按趙德麟《侯鯖錄》云：「東坡云：『元祐三年二月二十一日，與魯直、蔡天啓會於伯時舍，錄鬼仙詩文。』有議論作詩付過，又有〈論樂〉等說。及與王晉卿論雪堂義墨，及爲文驥作〈字說〉。又十二月二十一日，立延和殿中，論盛度誥詞。

四年己巳。

先生年五十四，任翰林學士。有〈東太一宮修殿告十神太一眞君祝文〉。三月內累章請郡，除龍圖閣學士知杭州。按子由作〈先生墓誌〉云：「宣仁心善，先生辯蔡持正之謗，出郊，遣內侍賜龍茶、銀合，用前執政恩例。」先生以七月三日到杭州任，謝表云：「江山故國，所至如歸。父老遺民，與臣相問。」以先生去杭州十六年，故有是語爾。到任有〈謁文宣王廟祝文〉云：「昔自太史，通守是邦，今由禁林出使浙右。」又有〈謁諸廟祝文〉，先生之帥杭也，替林子中，先生有〈和子中詩〉，有「江邊遺愛啼斑白」之句。是年過吳興，又作〈定風波〉爲〈六客詞〉，作〈范文正公文集序〉，及〈跋邢惇夫賦〉書米元章。又有己巳重九和蘇伯固〈點絳唇〉。是歲子由使契丹，先生有詩送之，有：「單于若問君家世，莫道中朝第一人」之句。先生出牧餘杭，子由代先生爲學士。

五年庚午。

先生年五十五，在杭州任。有〈論西湖狀〉及論高麗公案，有〈謝元祐五年曆日表〉，有〈與劉景文、蘇伯固遊七寶寺，題竹上絕句〉。又有庚午重九〈點絳唇〉。十月二十六日，與晦老、全翁、元之、敦夫〈遊南屏寺記〉、〈點茶試墨說〉，十二月遊小靈隱，聽林道人彈琴。及有〈乞僧子珪師號狀〉。除夜有〈和熙寧中題都廳詩〉序云：「熙寧中，某通守此邦，除夜題一詩於壁，今二十年矣。」蓋熙寧辛亥至元祐庚午，恰二十年。是年又有〈書朱象先畫後〉及〈問淵明說〉。

六年辛未。

先生五十六，在杭州任，被召。按先生作〈別天竺觀音三絕〉序云：「以三月九日，被旨赴闕。」又按先生作〈參寥泉銘〉云：「予以寒食去郡。」又上元作會，有獻翦綵花者，作〈浣溪沙〉寄袁公濟。先生之去杭也，林子中復來替先生，是以先生〈與子中啓〉有「適相先後」之說。過潤州作〈臨江仙〉別張秉道。既到京師，除翰林承旨，復侍邇英。按子由所作〈潁濱遺老傳〉云：「先生召還，本除吏部尚書，復以臣故，改翰林承旨。臣之私意元不遑安，乞寢臣新命，與兄同備從官。不報。」六月作〈上清儲祥宮碑〉，其略云：「元祐六年六月丙午，制詔臣某上清儲祥宮成，當書之石。臣待罪北門，記事之成職也。」按趙德麟《侯鯖錄》云：「先生元祐中，再召入院，作承旨，乃益舊擬作〈衣帶馬表〉云：『枯羸之質，匪伊垂之，帶有餘，斂退之心，非敢後也，馬不進』。」數月以弟嫌請郡，復以舊職，知潁州。按先生〈懷舊別子由〉詩云：「元祐六年，予自杭州召還，寓居子由東府，數月復出領汝陰，時予年五十六矣。」到任有〈謁文宣王及諸廟文〉，有〈祭歐陽文忠文〉。及有「到潁未幾，公帑已竭，齋廚索然，戲作數句。」按趙德麟《侯鯖錄》云：「元祐六年冬，汝陰久雪人飢，一日天未明，東坡先生簡召議事曰：『某一夕不寐，念潁人之饑，欲出百餘千，造炊餅救之。老妻謂某曰，子昨過陳，見傅欽之，言簽判在陳，賑濟有功，不問其賑濟之法？某遂相招。』令時面議曰：『已備之矣。今細民之困，不過食與火耳。義倉之積穀數千石，便可支散，以救下民，作院有炭數萬秤，酒務有柴數十萬秤，依元價賣之，可濟中民。』先生曰：『吾事濟矣。』遂草放積欠賑濟奏。陳履常有詩，先生次韻，有『可憐擾擾雪中人』之句，爲是故也。由此觀之，先生善政，救民之饑，眞得循吏之體矣。」又有〈聚星堂雪詩〉、〈祭辯才文〉、〈跋張乖崖文後〉，及《志林》載〈夢中論左傳說〉，及〈論子厚瓶賦〉。又有〈十二月二日與歐陽叔弼季默夜坐記〉、〈道人問眞說〉。是年潁州災傷，先生奏乞罷黃河夫萬人，開本州溝瀆，從之。

七年壬申。

先生年五十七，在潁州任。按趙德麟《侯鯖錄》云：「元祐七年正月，東坡在汝陰，州堂前梅花大開，月色鮮霽。先生王夫人曰：『春月色勝如秋月色，秋月令人慘悽，春月令人和悅，何如召趙德麟輩來飲此花下。』先生大喜曰：『吾不知子亦能詩耶，此眞詩家語耳。』遂召與二歐飲。先生用是語作〈減字木蘭花〉，有『不似秋光，只與離人照斷腸』之句。已而改知揚州。」先生之在潁也，與趙德麟同治西湖，未幾有維揚之命。三月十六日，湖成，德麟有詩見懷，先生次韻，又再和之，及作〈雙石詩〉示僚友。按《冷齋夜話》云：「東坡鎮維揚，幕下皆奇豪。一日石塔長老求解院歸西湖，坡將僚佐袖中出疏，使晁無咎讀之，其詞有：『爲東坡而少留』之句。」已而，以兵部尚書召，有〈召還至都門先寄子由詩〉，有「一味豐年說淮潁」之句。復兼侍讀，是年南郊，先生爲鹵簿使，尋遷禮部尙書，遷端明侍讀學士。有〈讀朱暉傳〉、〈題文潛語後〉，及作〈醉翁操〉，任兵部尙書日，有〈薦趙德麟狀〉。

八年癸酉。

先生年五十八，任端明侍讀二學士。是年先生繼室同安郡君王氏卒於京師。按先生作〈西方阿彌陀贊〉序云：「蘇某之妻王氏，元祐八年八月一日卒於京師。」謹按：先生初娶通義郡君王氏，乃同安之堂姊也。先生〈祭王君錫丈人〉云：「某始婚姻，公之猶子。允有令德，夭閼莫遂，惟公幼女，嗣執罍篚。」由是推之，通義爲同安之堂姊明矣。但未能究先生再娶之歲月耳。又有〈八月二十七日建隆章淨館成〉一絕有「坐待宮人畫詔回」之句。復以二學士出知定州。〈九月十四日東府雨中作，示子由〉云：「去年秋雨時，我在廣陵歸。今年中山去，白首歸無期。」蓋定州之除，必在九月內矣。到定州任，有〈祭韓魏公文〉、〈書定州學士硯蓋〉。作〈中山松醪賦〉。是年又作〈杜輿子師字說〉，及〈論子方蟲〉，有〈夢南軒語〉。

紹聖元年甲戌。

先生年五十九，知定州。就任落兩職，追一官，知英州。有〈辭宣聖文〉。行至滑州，有〈乞舟行赴英州狀〉云：「帶家屬數人前去，汴泗之間，乘舟泛江，倍道而行。至南康軍，出陸赴任。」未到任間，再貶寧遠軍節度副使，惠州安置。過虔州，有〈記眞君籤說〉云：「八月二十一日過虔州，與王巖翁同謁祥符宮。」又有〈鬱孤臺游字韻〉詩，與霍守李倅更和數首，又有〈初入贛作〉，又有〈題天竺樂天石刻〉：「余年幼時，先君自虔州歸，言天竺有樂天詩。今四十七年矣。」蓋先生年十二，老蘇歸自江南，至是恰四十七年矣。是年以十月三日到惠州，寓居嘉祐寺，有〈初到惠州〉詩。當月十二日，與幼子過同遊白水佛跡，浴於湯池，有古詩。又按長短句〈浣溪沙〉序云：「紹聖元年十月十三日，與程鄉令侯晉叔、歸善簿譚汲游大雲寺，野飲松下，設松黃湯，作此闋。余家近釀酒，名曰萬家春。」時有虔州鶴田處士王原子直，不遠千里來訪先生，留七十日而去。至十一月，有〈戲贈朝雲詩〉。朝雲，先生侍妾也。又錄三十九歲潤州道上過除夜兩絕付過。及有〈跋朱表臣藏文忠公帖〉。又有〈與吳秀才書〉，吳乃子野之子，其書云：「過廣州買得檀香數斤，定居之後，杜門燒香，深念五十九年之非矣。」是年九月過廣州，訪道士何德順。又有〈記仙帖〉，又作〈雪浪石盆銘〉，又就嘉祐寺所居，立思無邪齋，有贊，乃紹聖元年十月二十日所作也。

二年乙亥。

先生年六十，在惠州。有〈惠州上元夜詩〉，詩云：「去年中山府，老病亦宵興。今年江海上，雲房寄山僧。」以歲月考之，去年甲戌上元，先生知定州。今年乙亥寓嘉祐僧舍，故有「雲房寄山僧」之句。是年遷居于合江亭。以先生別王子直語觀之，紹聖三年十月三日，始至惠州，寓於嘉祐寺。明年遷於合江之行館，得江樓豁徹之觀，忘幽谿窈窕之趣，乃知乙亥歲遷居合江樓明矣。仍有〈松江亭上賦梅花詩〉三首，及有先生「行年六十化」之句。三月四日，同太守詹範器之、柯常、林柞、王原、賴仙芝同遊白水山。又有與〈陳季常書〉云：「到惠州將半年矣。」先生以去年十月三日到惠州，三月恰半年矣。又有〈九月二十七日惠州星華館〉，〈思無邪齋〉、書〈記外祖程公逸事〉。又有〈朝斗記〉、〈讀管幼安傳〉、〈書魯直跋遠景圖〉、〈北齋校書圖後〉。又有〈爲幼子過書光明經後〉，及〈付僧惠誠遊吳中代書〉，及〈祭妹德化縣君文〉，有〈葬枯骨銘〉。時詹守議葬暴骨，先生詩有「江干白骨已銜恩」之句。

三年丙子。

先生年六十一，在惠州。有〈和陶淵明移居〉詩云：「余去歲三月，自水東嘉祐寺，遷去合江樓，迨今一年，得歸善後隙地數畝，父老云：『古白鶴觀也。』意欣然居之」，營白鶴新居，始於是矣。詩中乃有「葺思無邪齋」之句。先生申戌寓居嘉祐寺，已有〈思無邪齋贊〉矣。乙亥遷合江樓，先有〈書程公逸事〉于星華館思無邪齋。今丙子欲營新居，又曰葺思無邪齋。雖三年之間，遷居不常，意其思無邪齋之名，亦隨寓而安矣。當年惠州修東西新橋，先生助以犀帶，而子由亦以史夫人頃入內所賜金錢數千爲助。及橋落成日，先生有詩云：「嘆我捐腰犀」，及有：「探囊賴故侯，寶錢出金閨」之句。又有曇秀道人來訪先生，而先生題其詩卷云：「子在廣陵曇秀作詩，予和之，後五年曇秀來惠州見予。」且先生以壬申知揚州，至是恰五年矣。時吳遠遊、陸道士客於先生，歲暮以無酒爲嘆！先生〈和淵明和張常侍〉詩云：「我年六十一，頹景薄西山。」是年又有〈丙子重九詩〉二首，及〈書東皋子傳後〉、〈祭寶月大師文〉。七月朝雲卒，先生有詩悼之，及作墓誌。又於惠州栖禪寺，大聖塔葬處，作亭覆之，名之六如亭。又除夜前兩日，與吳遠遊有〈記食芋說〉。按先生〈和淵明時運〉詩，丁丑二月十四日，白鶴峰新居成，計其營新居之棟宇，必在丙子秋冬之交，有〈白鶴峰上梁文〉。

四年丁丑。

先生年六十二，在惠州。正月六日有〈題劉景文詩後〉。按先生〈和淵明時運〉詩云：「丁丑二月十四日，白鶴新居成。」又按：先生〈與林天和長官書〉云：「賤累閏月初可到。」又云：「承問賤累，正月末已到贛上矣，閏月上旬到此也。」又按：先生丙子年〈與毛澤民書〉云：「長子授韶州仁化令，中冬當挈家至此。某已買得數畝地在白鶴峰上，古白鶴觀基也。已令斫木陶瓦作屋二十間。」以此考之，先生長子自冬挈家，至閏二月方到惠州。按〈和時運〉詩序：「長子邁與予別三年矣，般挈諸孫，萬里遠來，不能無欣然。」先生長子挈家必於丁丑閏二月上旬到惠州明矣。所謂二月十四日新居成，必閏二月也。三月，先生作〈三馬圖〉，及作〈陸道士墓誌〉。五月，先生責授瓊州別駕昌化軍安置。按《志林》云：「余在惠州，忽被命責儋耳。太守方子容自攜告身來弔余曰：『此固前定。吾妻沈事僧伽甚誠，一夕夢和尙來辭云：當與蘇子瞻同行，後七十二日有命，今適七十二日矣，豈非前定乎？』遂寄家於惠州，獨與幼子過渡海。按子由作先生〈追和淵明詩序〉云：「東坡先生謫居儋耳，寘家羅浮之下，獨與幼子過負擔過海。」又至梧州，〈寄子由〉詩序云：「吾謫雷被命即行，了不相知，至梧乃聞其尙在藤也。旦夕當追及。」至五月間，果遇子由於藤州，有〈藤州城下夜起望月寄邵道士〉詩。自藤出陸，六月與子由相別。按先生〈和淵明移居〉詩序云：「丁丑歲，余謫海南，子由亦謫雷州，五月十一相遇於藤，同行至雷，六月十一日相別渡海。」有〈雷州詩〉八首，有〈行瓊州、儋耳，肩輿坐睡中得句，而遇清風急雨，故作是詩，有古詩一首。以七月十三日到儋州，有〈儋州謝表〉。按先生〈夜夢〉詩序云：「七月十三日至儋州十餘日矣。」按子由作〈先生墓誌〉云：「紹聖四年，先生安置昌化，初僦官屋以庇風雨，有司猶謂不可。則買地築室，昌化士人畚土運甓以助之，爲屋三間。」又按先生〈與程全父推官書〉云：「初至僦官屋數椽，近復遭迫逐，不免買地結茆。」又按先生〈與程儒書〉云：「近與兒子結茆數椽居之，勞費不貲矣。賴十數學者助作，躬泥水之役。」又云：「新居在軍城南，極湫隘。」以意測之，先生居在軍城——南，鄰於天慶觀。以先生〈天慶觀乳泉賦〉考之，「吾索居儋耳，卜築城南，鄰於司命之宮。」先生又有〈桄榔庵銘〉云：「東坡居士謫居儋耳，無地可居，偃息於桄榔林中，摘葉書銘，以記其處。」是歲又過海得子由書律詩一首。

元符元年戊寅。

先生年六十三，在儋州。有〈過子上元夜赴郡會守舍作違字韻詩〉，及有讀《晉書・隱逸傳》、〈嶺南氣候說〉、〈錄溫嶠問郭文語〉。又於九月四日，遊天慶觀，有〈信道法智說〉。是年吳子野來訪先生，而先生以詩贈之。其序云：「去歲與子野遊逍遙堂，因往西山，叩羅浮道院，宿於西堂。今歲索居儋耳。子野復來相見，作詩贈之。」又有〈記筮卦〉云：「戊寅十月五日，以久不得子由書，憂不去心，以周易筮之，得渙六三。」又有〈記藷說〉云：「海南以藷爲糧，幾米之十六，今歲藷菜不熟，以客舶方至，市有米也。」乃戊寅十月二十一日書。又有戊寅十一月一日〈記海漆說〉。

二年己卯。

先生年六十四，在儋州。有〈己卯正月十三日錄盧仝杜子美詩遺懣〉。是時久旱無雨，陰翳未快，至上元夜，老書生數人相過，曰：「良月佳夜，先生能一出乎？」先生欣然從之。步城西入僧舍，歷小巷，民夷雜揉，屠沽紛然，歸舍已三鼓矣。歸錄其事，爲〈己卯夜書〉。又有〈二月望日書蒼耳說〉。又有〈儋州詩〉二首，有「萬戶不禁酒，三年夷識翁」之句。先生丁丑來儋，至是將三年矣，是歲閏九月，有瓊州進士姜君弼、唐佐，自瓊州來儋耳從先生學。又有〈作墨說〉，及〈題程全父詩卷後〉，及有〈辟穀說〉，又有〈與姜唐佐簡〉云：「已取天慶觀乳泉，潑建茶之精者，念非君莫與共之。」又有〈十月十五日與姜君簡〉。

三年庚辰。

先生年六十五歲，在儋州。人日聞黃河復，作詩二首。至上元，又〈和戊寅違字韻〉詩，題後云：「戊寅上元，余在儋耳，過子夜，出守舍，作〈違字韻詩〉。今庚辰上元，已再期矣。家在惠州白鶴峰下，過子并婦從余來此。」又有〈五穀耗地說〉、〈記唐村老人言〉，及〈養黃中說〉。姜君弼去年閏九月，自瓊州來從先生學，三月還瓊州，有〈跋姜君弼課策〉，及有〈書柳子厚飲酒讀書〉二說，以贈姜君之行。按子由《欒城集》，有〈贈姜君詩〉序云：「子瞻嘗贈姜君弼兩句詩云：『滄海何曾斷地脈，白袍端爲破天荒。』它日登科，當爲子足之。」必是行以遺之也。五月大赦，量移廉州安置。且先生之在儋也，食芋飲水，箸書以爲樂。作《書傳》以推明上古之絕學，又且謙沖下士，情及疎賤，日與諸黎遊，無間也。嘗與軍使張中同訪黎子雲，欲釀錢作屋，名之曰載酒堂矣。又嘗上巳日，尋諸生皆出，獨與老符秀才飲矣。又嘗用過韻與諸生冬至飲酒，有「愁顏解符老，壽耳鬬吳公」之句矣。注云：「符、吳皆坐客。」必老符秀才與吳子野也。又嘗以詩紀春夢婆矣，據趙德麟《侯鯖錄》云：「東坡老人在昌化，嘗負大瓢行歌田畝間，所歌者蓋哨遍也，饁婦年七十云：『內翰昔日富貴，一場春夢。』坡然之，里人呼此媼為春夢婆。坡一日被酒獨行，遍至子雲諸黎之舍，作詩云：『符老風流可奈何，朱顏減盡鬢絲多。投梭每困東鄰女，換扇惟逢春夢婆』。」是日復見老符秀才，言此春夢婆之實也。凡此數事，皆先生海外之逸事也。雖三年居儋耳，未知在甚年中，今附於庚辰之歲，庶以備觀閱云耳。又有儋州〈與姜君弼書〉：「某已得合浦文字。」又有〈與少游書〉。自儋之瓊，作〈峻靈王廟碑〉云：「元符三年有詔徙廉州。」向西而解，六月過瓊州，作〈惠通泉記〉。遂渡海，有〈過海詩〉。又有〈烏喙詩〉序云：「余來儋耳，得犬曰烏喙，予遷合浦，過澄邁，泅而濟，戲作是詩。」渡海到廉州，謝表有「許承恩而內徙」之句。在廉州有〈廉州龍眼，質味殊絕，可敵荔枝詩〉。又有〈題少游學書〉乃云：「庚辰八月二十四日，書於合浦清樂軒。」及〈記蘇佛兒語〉、〈別廉守張左藏詩〉，此皆在廉州所作之詩也。又有〈瓶笙詩〉序云：「庚辰八月二十八日，劉幾仲餞別東坡，中觴聞笙簫聲。」又有〈與鄭靖老書〉云：「到廉，廉守云公已行矣。《志林》未成，草得《書傳》十三卷。某留此過中秋，或至月末乃行，作木栰下水，歷容、藤至梧，與邁約般家至梧相會，迨亦至惠矣。」是歲，又有移永州之命，按先生〈謝提舉成都府玉局觀表〉云：「先自昌化貶所移廉州，又自廉州移舒州節度副使，永州居住。行至英州，復朝奉郎，提舉成都府玉局觀，任便居住。」經由廣州，有〈將至廣州用過字韻寄迨邁二子詩〉。時朱行中舍人知廣州，先生有簡與朱行中云：「欲服帽請見，先令咨稟廣州少留而行。」考先生〈題廣慶寺〉云，東坡居士渡海北還，吳子野、何崇道、穎堂通三長老，黃明達、李公弼、林子中，自番禺追餞，至清遠峽，同游廣陵寺」，乃元符三年十一月十五日。自此舟行清遠，見顧秀才，談惠州之美，遂作詩。過英州，拜玉局之除，有〈何公橋〉詩。過韶州，有〈次韻狄守李倅〉詩。及作〈九成臺銘〉。是年過嶺，作詩二首寄子由，有「七年來往我何堪」之語，蓋先生甲戌責惠州，已而過海，至是爲七年矣。次年正月五日，過南安軍，計先生度嶺必已歲除。

徽宗皇帝建中靖國元年辛巳

先生年六十六，度嶺北歸，作〈南華長老題名記〉。按題中載〈石鍾山記〉云：「建中靖國元年正月五日，自南陵還，過南安軍，舊法掾吳君示舊所作〈石鍾山銘〉，爲題其末。」乃知先生首正過南安必矣。又有〈過嶺至南安作〉一首。正月到虔州，有〈與錢濟明書〉云：「某已到虔州，二月十日方離此。」又〈和舊所作鬱孤臺詩〉。有虔州士人孫志舉從先生游，先生有〈和遲韻贈志舉先輩〉云：「我從海外歸，喜及崆峒春。」又有〈和志舉見贈〉云：「灑掃古玉局，香火通帝閫。」又〈用前韻謝崔次之見過〉云：「自我遷嶺外，七見槐火春。」及發虔州，過吉州永和鎭清都觀，有謝道士自言丙子生，求詩，爲賦一首。及爲作贊，並寫清都臺三字。中途又爲南安軍作〈學記〉，寫海外所作〈天慶觀乳泉賦〉。四月舟行至豫章彭蠡之間，遇成國程夫人忌日，洒寫〈圓通偈〉云：「行當施廬山有道者。」又有〈與胡仁修書〉云：「旦夕到儀眞，暫令邁一至常。」五月行至眞州，瘴毒大作，病暴下，中止於常州。按先生〈寄朱行中〉詩，有「至今不貪寶，凜然照塵寰」之句。先生注云：「前一日夢中作此詩寄行中，覺而記之，自不曉。」按近日曾端伯《百家詩選》，至朱行中事跡云：「東坡夢中寄朱行中一篇，南遷絕筆也。」嗟乎，先生之文，如萬斛泉源，而乃止於夢中寄行中之作，此正絕筆獲麟之義，惜哉。六月上表請老，以本官致仕。七月丁亥卒於常州，實七月二十八日也。子由作〈先生墓誌〉云：「先生七月被病卒於毗陵。吳越之民，相與哭於市。其君子相與弔於家。訃聞於四方，無賢愚皆咨嗟出涕。大學之士數百人，相率飯僧惠林佛舍。」嗚呼，先生文章爲百世之師，而忠義尤爲天下大閑，加之好賢樂善，常若不及，是宜訃聞之日，士民惜哲人之萎，朝野嗟一鑑之逝，皆出於自然之誠，不可以強而致也。以次年閏六月，葬於汝州郟城縣鈞臺鄉上瑞里。

附錄二：蘇軾墓誌、祭文

宋贈蘇文忠公太師制

勑。朕承絕學於百聖之後，探微言於六籍之中，將興起於斯文，爰緬懷於故老；雖儀刑之莫覿，尙簡策之可求，揭爲儒者之宗，用錫帝師之寵。故禮部尙書端明殿學士贈資政殿學士謚文忠蘇軾，養其氣以剛大，尊所聞而高明。博觀載籍之傳。幾海涵而地負；遠追正始之作，殆玉振而金聲。知言自況於孟軻，論事肯卑於陸贄。方嘉祐全盛，嘗膺特起之招；至熙寧紛更，迺陳長治之筞。歎異人之間出，驚讒口之中傷；放浪嶺海，而如在朝廷；斟酌古今，而若斡造化。不可奪者嶤然之節，莫之致者自然之名。經綸不究於生前，議論常公於身後。人傳元祐之學，家有眉山之書。朕三復遺編，久欽高躅；王佐之才可大用，恨不同時；君子之道闇而彰，是以論世，讜九原之可作，庶千載以聞風。惟而英爽之靈，服我袞衣之命。可特贈太師，餘如故。

東坡先生言行

公名軾，字子瞻，一字和仲，老泉仲子也。生　仁宗景祐三年，中嘉祐二年進士第，再中制策優等，除大理評事，簽書鳳翔府判官，召試直史館，丁父憂，服除，判官告院，攝開封府推官。熙寧中，通判杭州，知密、徐、湖三州。言者論其詩文，語涉謗訕，遂赴詔獄，以黃州團練副使安置，移汝州。哲宗即位，復朝奉郎，知登州，召爲禮部郎中，起居舍人。元祐二年，遷中書舍人翰林學士兼侍讀，出知杭州。六年，召爲翰林承旨，出守潁州。復以兵部尚書召還，兼侍讀，尋遷禮部，兼端明殿翰林侍讀二學士，出知定州。紹聖元年，以本官知英州，貶寧遠軍節度副使，惠州安置，又貶瓊州別駕，昌化軍安置，徙廉州，再徙永州用。　徽宗登極，赦復官，監成都府玉局觀。建中靖國元年秋七月，卒於常州，年六十六。明年後六月癸酉，葬於汝州郟城縣。初謫黃州時，築室于東坡之下，自號東坡居士。靖康中，復故官。　高宗建炎初，贈資政殿學士。至尊壽皇聖帝乾道六年，謚曰文忠，從眉州守何耆仲之請也。未幾，御製文集序贊特贈太師。

亡兄子瞻端明墓誌銘

蘇　轍

予兄子瞻，謫居海南。四年春正月，今天子即位，推恩海內，澤及鳥獸。夏六月，公被命渡海北歸。明年，舟至淮浙。秋七月，被病卒於毗陵。吳、越之民，相與哭於市。其君子相弔於家。訃聞四方，無賢愚皆咨嗟出涕。太學之士數百人，相率飯僧惠林佛舍。嗚呼！斯文墜矣，後生安所復仰？公始病，以書屬轍曰：「即死，葬我嵩山下，子爲我銘。」轍執書哭曰：「小子忍銘吾兄！」

公諱軾，姓蘇，字子瞻，一字和仲，世家眉山。曾大父諱杲，贈太子太保；妣宋氏，追封昌國太夫人。大父諱序，贈太子太傅；妣史氏，追封嘉國太夫人。考諱洵，贈太子太師；妣程氏，追封成國太夫人。公生十年，而先君宦學四方。太夫人親授以書，聞古今成敗，輒能語其要。太夫人嘗讀東漢史至《范滂傳》，慨然太息。公侍側曰：「軾若爲滂，夫人亦許之否乎？」太夫人曰：「汝能爲滂，吾顧不能爲滂母耶！」公亦奮厲有當世志。太夫人喜曰：「吾有子矣。」

比冠，學通經史，屬文日數千言。嘉祐二年，歐陽文忠公考試禮部進士，疾時文之詭異，思有以救之。梅聖俞時與其事，得公〈論刑賞〉以示文忠。文忠驚喜，以爲異人；欲以冠多士，疑曾子固所爲。子固，文忠門下士也，乃寘公第二。復以《春秋》對義居第一。殿試中乙科，以書謝諸公。文忠見之，以書語聖俞曰：「老夫當避此人，放出一頭地。」士聞者始譁不厭，久乃信伏。

丁太夫人憂，終喪。五年，授河南福昌主簿。文忠以直言薦之。秘閣，試六論，舊不起草，以故文多不工。公始具草，文義粲然，時以爲難。比答制策，復入三等。除大理評事，簽書鳳翔府判官。長吏意公文人，不以吏事責之。公盡心其職，老吏畏伏。

關中自元昊叛命，人貧役重。岐下歲以南山木栰自渭入河，經砥柱之險，衙前以破產者相繼也。公遍問老校曰：「木栰之害，本不至此，若河渭未漲，操栰者以時進止，可無重費也。患其乘河渭之暴，多方害之耳。」公即修衙規，使衙前得自擇水工，栰行無虞，仍言於府，使得係籍，自是衙前之害減半。

治平二年罷，還判登聞鼓院。英宗在藩聞公名，欲以唐故事召入翰林。宰相限以近例，欲召試秘閣。上曰：「未知其能否，故試。如蘇軾有不能耶？」宰相猶不可。及試二論皆入三等，得直史館。丁先君憂。服除，時熙寧二年也。王介甫用事，多所建立。公與介甫議論素異。既還朝，寘之官告院。四年，介甫欲變更科舉，上疑焉，使兩制三館議之。公議上，上悟曰：「吾固疑此，得蘇軾議，意釋然矣。」即日召見，問何以助朕。公辭避久之，乃曰：「臣竊意陛下求治太急，聽言太廣，進人太銳。願陛下安靜以待物之來，然後應之。」上竦然聽受曰：「卿三言，朕當詳思之。」介甫之黨皆不悅。命攝開封推官，意以多事困之。公決斷精敏，聲聞益遠。會上元，有旨市浙燈。公密疏，舊例無有，不宜以玩好示人。即有旨罷。殿前初策進士，舉子希合，爭言祖宗法制非是。公爲考官，退擬答以進，深中其病。自是論事愈力，介甫愈恨。御史知雜事者，爲誣奏公過失，窮治無所得。公未嘗以一言自辨，乞外任避之，通判杭州。

是時四方行青苗、免役、市易，浙西兼行水利、鹽法。公於其間，常因法以便民，民賴以少安。高麗入貢使者，凌蔑州郡；押伴使臣，皆本路筦庫，乘勢驕橫，至與鈐轄亢禮。公使人謂之曰：「遠夷慕化而來，理必恭順。今乃爾暴恣，非汝導之，不至是也。不悛，當奏之。」押伴者懼，爲之小戢。使者發幣於官吏，書稱甲子。公卻之曰：「高麗於本朝稱臣，而不稟正朔，吾安敢受？」使者亟易書稱熙寧，然後受之。時以爲得體。吏民畏愛，及罷去，猶謂之學士而不言姓。自杭徙知密州，時方行手實法，使民自疏財產，以定戶等。又使人得告其不實。司農寺又下諸路，不時施行者，以違制論。公謂提舉常平官曰：「違制之坐，若自朝廷，唯敢不從。今出於司農，是擅造律也，若何？」使者驚曰：「公姑徐之。」未幾，朝廷亦知手實之害，罷之。密人私以爲幸。

郡嘗有盜竊，發而未獲。安撫轉運司憂之。遣一二班使臣，領悍卒數十人入境捕之。卒凶暴恣行，以禁物誣民，入其家爭鬥，至殺人，畏罪驚散，欲爲亂。民訴之。公投其書不視，曰：「必不至此。」潰卒聞之，少安，徐使人招出戮之。

自密徙徐。是時河決曹村，泛于梁山泊，溢于南清河，城南兩山環繞，呂梁百步扼之，匯于城下，漲不時洩，城將敗。富民爭出避水。公曰：「富民若出，民心動搖，吾誰與守？吾在是，水決不能敗城。」驅使復入。公履屨杖策，親入武衛營，呼其卒長，謂之曰：「河將害城，事急矣。雖禁軍宜爲我盡力。」卒長呼曰：「太守猶不避塗潦，吾儕小人效命之秋也。」執挺入火伍中，率其徒，短衣徒跣，持畚鍤以出。築東南長隄，首起戲馬臺，尾屬於城。隄成，水至隄下，害不及城，民心乃安。然雨日夜不止，河勢益暴，城不沈者三板。公廬於城上，過家不入。使官吏分堵而守，卒完城以聞。復請調來歲夫，增築故城爲木岸，以虞水之再至。朝廷從之。訖事，詔褒之，徐人至今思焉。

徙知湖州，以表謝上。言事者擿其語以爲謗，遣官逮赴御史獄。初公既補外，見事有不便於民者，不敢言，亦不敢默視也。緣詩人之義，託事以諷，庶幾有補於國。言者從而媒糵之。上初薄其過，而浸潤不止，是以不得已從其請。既付獄吏，必欲寘之死。鍛鍊久之不決。上終憐之，促具獄，以黃州團練副使安置。公幅巾芒屩，與田父野老相從溪谷之間，築室於東坡，自號東坡居士。五年，上有意復用，而言者沮之。上手札徙汝州。略曰：「蘇軾黜居思咎，閱歲滋深。人材實難，不忍終棄。」未至，上書自言有飢寒之憂。有田在常，願得居之。書朝入，夕報可。士大夫知上之卒喜公也。會晏駕，不果復用。

至常，以哲宗即位，復朝奉郎，知登州。至登，召爲禮部郎中。公舊善門下侍郎司馬君實及知樞密院章子厚，二人冰炭不相入。子厚每以謔侮困君實，君實苦之，求助於公。公見子厚曰：「司馬君實時望甚重。昔許靖以虛名無實，見鄙於蜀先主。法正曰：『靖之浮譽，播流四海，若不加禮，必以賤賢爲累。』先主納之，乃以靖爲司徒。許靖且不可慢，況君實乎？」子厚以爲然，君實賴以少安。既而朝廷緣先帝意，欲用公，除起居舍人。公起於憂患，不欲驟履要地，力辭之。見宰相蔡持正自言。持正曰：「公徊翔久矣，朝中無出公右者。」公固辭。持正曰：「今日誰當在公前者？」公曰：「昔林希同在館中，年且長。」持正曰：「希固當先公耶？」卒不許。然希亦由此繼補記注。

元祐元年，公以七品服入侍延和，即改賜銀緋。二年遷中書舍人。時君實方議改免役爲差役。差役行於祖宗之世，法久多弊。編戶充役，不習官府。吏虐使之，多以破產。而狹鄉之民，或有不得休息者。先帝知其然，故爲免役。使民以戶高下出錢，而無執役之苦。行法者不循上意，於雇役實費之外，取錢過多，民遂以病。若量出爲入，毋多取於民，則足矣。君實爲人，忠信有餘，而才智不足。知免役之害，而不知其利。欲一切以差役代之。方差官置局，公亦與其選，獨以實告。而君實始不悅矣。嘗見之政事堂，條陳不可。君實忿然。公曰：「昔韓魏公刺陝西義勇，公爲諫官，爭之甚力。魏公不樂，公亦不顧。軾昔聞公道其詳。豈今日作相，不許軾盡言耶？」君實笑而止。公知言不用，乞補外，不許。君實始怒，有逐公意矣。會其病卒，乃已。時臺諫官多君實之人，皆希合以求進。惡公以直形己，爭求公瑕疵。既不可得，則因緣熙寧謗訕之說以病公。公自是不安於朝矣。

尋除翰林學士。二年，復除侍讀。每進讀至治亂盛衰邪正得失之際，未嘗不反覆開導，覬上有所覺悟，上雖恭默不言，聞公所論說，輒首肯喜之。三年，權知禮部貢舉。會大雪苦寒，士坐庭中，噤不能言。公寬其禁約，使得盡其技。而巡鋪內臣，伺其坐起，過爲凌辱。公以其傷動士心，虧損國體，奏之。有旨送內侍省，撻而逐之，士皆悅服。嘗侍上讀祖宗寶訓，因及時事，公歷言今賞罰不明，善惡無所勸沮。又黃河勢方西流，而強之使東。夏人寇鎮戎，殺掠幾萬人，帥臣掩蔽不以聞，朝廷亦不問，事每如此，恐寖成衰亂之漸。當軸者恨之。公知不見容，乞外任。四年，以龍圖閣學士知杭州。時諫官言前宰相蔡持正知安州，作詩借郝處俊事以譏刺時事，大臣議逐之嶺南。公密疏，言朝廷若薄確之罪，則於皇帝孝治爲不足。若深罪確，則於太皇太后仁政爲小累。謂宜皇帝降敕，置獄逮治，而太皇太后內出手詔赦之，則仁孝兩得矣。宣仁后心善公言而不能用。

公出郊未發，遣內侍賜龍茶、銀合，用前執政恩例，所以慰勞甚厚。及至杭，吏民習公舊政，不勞而治。歲適大旱，飢疫並作。公請於朝，免本路上供米三之一，故米不翔貴。復得賜度僧牒百，易米以救飢者。明年方春，即減價糶常平米，民遂免大旱之苦。公又多作饘粥藥劑，遣吏挾醫，分坊治病，活者甚衆。公曰：「杭水陸之會，因疫病死，比他處常多。」乃裒羨緡得二千，復發私橐，得黃金五十兩，以作病坊，稍畜錢糧以待之，至於今不廢。是秋復大雨，太湖泛溢害稼。公度來歲必飢，復請于朝，乞免上供米半。又多乞度牒，以糴常平米，並義倉所有，皆以備來歲出糶，朝廷多從之。由是吳、越之民，復免流散。

杭本江海之地，水泉鹹苦，居民稀少。唐刺史李泌，始引西湖水作六井，民足於水，故井邑日富。及白居易復浚西湖，放水入運河。自河入田，所溉至千頃。然湖水多葑，自唐及錢氏，歲輒開治，故湖水足用。近歲廢而不理，至是湖中葑田積二十五萬餘丈，而水無幾矣。運河失湖水之利，則取給於江潮。潮渾濁多淤，河行闤闠中，三年一淘，爲市井大患，而六井亦幾廢。公始至，浚茅山、鹽橋二河。以茅山一河，專受江潮；以鹽橋一河，專受湖水。復造堰閘，以爲湖水畜洩之限。然後潮不入市。

且以餘力復完六井，民稍獲其利矣。公間至湖上，周視良久曰：「今欲去葑田，葑田如雲，將安所寘之？湖南北三十里，環湖往來，終日不達。若取葑田積之湖中，爲長堤以通南北，則葑田去而行者便矣。吳人種菱，春輒芟除，不遺寸草。葑田若去，募人種菱，收其利以備修湖，則湖當不復堙塞。」乃取救荒之餘，得錢糧以貫石數者萬。復請於朝，得百僧度牒以募役者。堤成，植芙蓉楊柳其上，望之如圖畫。杭人名之蘇公堤。

杭僧有淨源者，舊居海濱，與舶客交通牟利。舶至高麗交譽之。元豐末其王子義天來朝，因往拜焉。至是源死，其徒竊持其畫像附舶往告，義天亦使其徒附舶來祭。祭訖，乃言國母使以金塔二，祝皇帝太皇太后壽。公不納，而奏之曰：「高麗久不入貢，失賜予厚利，意欲來朝矣。未測朝廷所以待之薄厚，故因祭亡僧而行祝壽之禮。禮意尠薄，蓋可見矣。若受而不答，則遠夷或以怨怒。因而厚賜之，正墮其計。臣謂朝廷宜勿與知，而使州郡以理卻之。然庸僧猾商，敢擅招誘外夷，邀求厚利，爲國生事，其漸不可長，宜痛加懲創。」朝廷皆從之。未幾，高麗貢使果至，公按舊例，使之所至，吳、越七州，實費二萬四千餘緡，而民間之費不在內，乃令諸郡量事裁損，比至民獲交易之利，而無侵撓之害。

浙江潮自海門東來，勢如雷霆，而浮山峙於江中，與漁浦諸山，犬牙相錯，洄洑激射，歲敗公私船不可勝計。公議自浙江上流，地名石門，並山而東，鑿爲運河，引浙江及谿谷諸水二十餘里，以達于江。又並山爲岸，不能十里，以達於龍山之大慈浦。自浦北折，抵小嶺。鑿嶺六十五丈以達於嶺東古河、浚古河數里以達於龍山運河，以避浮山之險。人皆以爲便。奏聞，有惡公成功者，會公罷歸，使代者盡力排之，功以不成。公復言，三吳之水，豬爲太湖，太湖之水，溢爲松江以入海。海日兩潮，潮，潮濁而江清，潮水嘗欲淤塞江路，而江水清駛，隨輒滌去。海口常通，則吳中少水患。昔蘇州以東，公私船皆以篙行，無陸挽者。自慶曆以來，松江大築挽路，建長橋以扼塞江路。故今三吳多水。欲鑿挽路爲十橋，以迅江勢，亦不果用，人皆恨之。公二十年間再蒞此州，有德於其民，家有畫像，飲食必祝。又作生祠以報。

六年，召入爲翰林承旨，復侍邇英。當軸者不樂。風御史攻公。公之自汝移常也，授命於宋。會神考晏駕，哭於宋，而南至揚州，常人爲公買田，書至，公喜，作詩有「聞好語」之句。言者妄謂公聞諱而喜，乞加深譴。然詩刻石有時日。朝廷知言者之妄，皆逐之。公懼，請外補，乃以龍圖閣學士守潁。

先是，開封諸縣多水患，吏不究本末，決其陂澤，注之惠民河。河不能勝，則陳亦多水。至是又將鑿鄧艾溝與潁河並，且鑿黃堆，注之於淮。議者多欲從之。公適至，遣吏以水平準之。淮之漲水，高於新溝幾一丈。若鑿黃堆，淮水顧流浸州境，決不可爲。朝廷從之。

郡有宿賊尹遇等數人，群黨驚劫，殺變主及捕盜吏兵者非一。朝廷以名捕不獲，被殺者噤不敢言。公召汝陰尉李直方謂之曰：「君能禽此，當力言於朝，乞行優賞。不獲亦以不職，奏免君矣。」直方退，緝知群盜所在，分命弓手往捕其黨，而躬往捕遇。直方有母，年九十，母子泣別而行。手戟刺而獲之。然小不應格，推賞不及。公爲言於朝，請以年勞，改朝散郎階爲直方賞，朝廷不從。其後吏部以公當遷以符會考，公自謂已許直方，卒不報。

七年，徙揚州。發運司舊主東南漕法，聽操舟者私載物貨，征商不得留難。故操舟者富厚，以官舟爲家，補其敝漏，而周船夫之乏困，故其所載率無虞而速達。近歲不忍征商之小失，一切不許。故舟敝人困，多盜所載以濟饑寒，公私皆病。公奏乞復故，朝廷從之。未閱歲，以兵部尙書召還，兼侍讀。是歲，親祀南郊爲鹵簿使，導駕入太廟。有貴戚以其車從爭道，不避仗衛。公於車中，劾奏之。明日中使傳命申敕，有司嚴整仗衛。尋遷禮部，復兼端明殿翰林侍讀二學士。高麗遣使，請書於朝，朝廷以故事盡許之。公曰：「漢東平王請《諸子》及《太史公書》，猶不肯與。今高麗所請，有甚於此，其可予之乎？」不聽。

公臨事必以正，不能俯仰隨俗。乞守郡自效。八年，以二學士知定州。定久不治，軍政尤弛。武衛卒驕惰不教，軍校蠶食其廩賜，故不敢呵問。公取其貪汙甚者，配隸遠惡。然後繕修營房，禁止飲博，軍中衣食稍足。乃部勒以戰法，衆皆畏服。然諸校多不自安者，有卒史復以贓訴其長。公曰：「此事吾自治則可。汝若得告，軍中亂矣。」亦決配之，衆乃定。會春大閱，軍禮久廢。將吏不識上下之分，公命舉舊典，元帥常服坐帳中，將吏戎服奔走執事。副總管王光祖，自謂老將，恥之，稱疾不出。公召書吏作奏將上。光祖震恐而出，訖事無敢慢者。定人言：「自韓魏公去，不見此禮至今矣。」北戎久和，邊兵不試，臨事有不可用之憂。惟沿邊弓箭社兵，與寇爲鄰，以戰射自衛，猶號精銳。故相龐公守邊，因其故俗，立隊伍將校，出入賞罰，緩急可使。歲久法弛，復爲保甲所撓，漸不爲用。公奏爲免保甲及兩稅折變。科配長吏，以時訓勞，不報，議者惜之。

時方例廢舊人，公坐爲中書舍人日，草責降官制，直書其罪，誣以謗訕。紹聖元年，遂以本官知

英州。尋降一官。未至，復以寧遠軍節度副使，安置惠州。公以侍從齒嶺南編戶，獨以少子過自隨，

瘴癘所侵，蠻蜒所侮，胸中泊然無所蔕芥。人無賢愚，皆得其歡心。疾苦者畀之藥，殞斃者納之竁。

又率衆爲二橋，以濟病涉者。惠人愛敬之。居三年，大臣以流竄者爲未足也，四年，復以瓊州別駕，

安置昌化。昌化非人所居，食飲不具，藥石無有。初僦官屋，以庇風雨，有司猶謂不可；則買地築室。

昌化士人，畚土運甓以助之，爲屋三間。人不堪其憂，公食芋飲水，著書以爲樂。時從其父老遊，亦

無間也。

元符三年，大赦北還。初徙廉，再徙永，已乃復朝奉郎，提舉成都玉局觀，居從其便。公自元祐以來，未嘗以歲課乞遷，故官止於此。勳上輕車都尉，封武功縣開國伯，食邑九百戶。將居許，病暑暴下，中止於常。建中靖國元年六月請老，以本官致仕。遂以不起。未終旬日，獨以諸子侍側，曰：「吾生無惡，死必不墜。愼無哭泣以怛化。」問以後事，不答，湛然而逝，實七月丁亥也。

公娶王氏，追封通義郡君。繼室以其女弟，封同安郡君，亦先公而卒。子三人：長曰邁，雄州防禦推官，知河間縣事。次曰迨，次曰過，皆承務郎。孫男六人：簞、符、箕、籥、筌、籌。明年閏六月癸酉，葬於汝州郟城縣釣臺鄉上瑞里。

公之於文，得之於天。少與轍皆師先君。初好賈誼、陸贄書。論古今治亂，不爲空言。既而讀《莊子》，喟然歎息曰：「吾昔有見於中，口未能言。今見《莊子》，得吾心矣。」乃出《中庸論》，其言微妙，皆古人所未喻。嘗謂轍曰：「吾視今世學者，獨子可與我上下耳。」既而謫居於黃，杜門深居，馳騁翰墨。其文一變，如川之方至，而轍瞠然不能及矣。後讀釋氏書，深悟實相，參之孔，老，

博辯無礙，浩然不見其涯也。先君晚歲讀《易》，玩其爻象，得其剛柔遠近，喜怒逆順之情。以觀其詞，皆迎刃而解。作《易傳》未完疾革，命公述其志。公泣受命，卒以成書。然後千載之微言，煥然可知也。復作《論語說》，時發孔氏之秘。最後居海南，作《書傳》，推明上古之絕學，多先儒所未達。既成三書，撫之嘆曰：「今世要未能信，後有君子，當知我矣。」至其遇事所爲，詩騷銘記書檄論譔，率皆過人。有《東坡集》四十卷，《後集》二十卷，《奏議》十五卷，《內制》十卷，《外制》三卷。公詩本似李、杜。晚喜陶淵明，追和之者幾遍，凡四卷。幼而好書，老而不倦。自言不及晉人。至唐，褚、薛、顏、柳，髣髴近之。平生篤於孝友，輕財好施。伯父太白早亡，子孫未立。杜氏姑卒未葬。先君沒，有遺言。公既除喪，即以禮葬姑。及官可蔭補，復以奏伯父之曾孫彭。其於人善，稱之如恐不及。見不善，斥之如恐不盡。見義勇於敢爲，而不顧其害，用此數困於世，然終不以爲恨。孔子謂：「伯夷、叔齊，古之賢人。」曰：「求仁而得仁，又何怨？」公實有焉。銘曰：

蘇自欒城，西宅於眉。世有潛德，而人莫知。猗歟先君，名施四方。公幼師焉，其學以光。出而從君，道直言忠。行險如夷，不謀其躬。英祖擢之，神考試之。亦既知矣，而未克施。晚侍哲皇，進以詩書。誰實間之，一斥而疏。公心如玉，焚而不灰。不變生死，孰爲去來。古有微言，衆說所蒙。手發其樞，恃此以終。心之所涵，遇物則見。聲融金石，光溢雲漢。耳目同是，舉世畢知。欲造其淵，或眩以凝。絕學不繼，如已斷弦。百世之後，豈其無賢。我初從公，賴以有知。撫我則兄，誨我則師。皆遷于南，而不同歸。天實爲之，莫知我哀！

祭亡兄端明文

蘇轍

維建中靖國元年，歲次辛巳，九月己未朔、初五日癸亥，弟具官轍，謹遣男遠，以家饌酒果之奠，致祭于亡兄端明子瞻之靈。嗚呼！手足之愛，平生一人。幼學無師，受業先君。兄敏我愚，賴以有聞。寒暑相從，逮壯而分。涉世多艱，竟奚所爲。如鴻風飛，流落四維。渡嶺涉海，前後七朞。瘴氛所烝，颶風所吹。有來中原，人鮮克還。義氣外強，道心內全。百折不摧，如有待然。眞人龍翔，雷雨浹天。自儋而廉，自廉而永。道路數千，亦未出嶺。終止毗陵，有田數頃。逝將歸休，築室鑿井。嗚呼！天之難忱，命不可期。秩暑涉江，宿瘴乘之。上燥下寒，氣不能支。啓手無言，時惟我思。念我伯仲，我處其季。零落盡矣，形影無繼。嗟乎不淑，不見而逝。號呼不聞，泣血至地。兄之文章，今世第一。忠言嘉謀，古之遺直。名冠多士，義動蠻貊。流竄雖久，此聲不沒。遺文粲然，四海所傳。易書之祕，古所未聞。時無孔子，孰知其賢。以俟聖人，後則當然。喪來自東，病不克迎。卜葬嵩陽，既有治命。三子孝敬，罔留一行。陟岡望之，涕泗雨零。尚饗！

再祭亡兄端明文

蘇轍

維崇寧元年，歲次壬午，五月乙卯朔日，弟具官轍與新婦德陽郡夫人史氏，謹以家饌酒果之奠，致祭于亡兄子瞻端明尚書之靈。嗚呼！惟我與兄，出處昔同。幼學無師，先君是從。遊戲圖書，寤寐其中。曰予二人，要如是終。後迫寒飢，出仕于時。鄉舉制策，並驅而馳。猖狂妄行，誤爲世羈。始以是得，終以失之。兄遷于黃，我斥于筠。流落空山，友其野人。命不自知，還復簪紳。像仰幾何，寵祿湍臻。欲去未遑，禍來盈門。大庾之東，漲海之南。黎蜒雜居，非人所堪。不起襲帷，颸來掀簷。臥不得寐，食何暇甘。如是七年，雷雨一覃。兄歸晉陵，我還潁川。願一見之，乃有不然。瘴暑相尋，醫不能痊。嗟兄與我，再起再顚。未嘗不同，今乃獨先。嗚呼我兄，而止斯耶。昔始宦遊，誦韋氏詩。夜雨對床，後勿有違。進不知退，踐此禍機。欲復斯言，而天奪之。先壟在西，老泉之山。歸骨其旁，自昔有言。勢不克從，夫豈不懷。地雖郟鄏，山曰峨眉。天實命之，豈人也哉。我寓此邦，有田一廛。子孫安之，殆不復遷。兄來自西，於是盤桓。卜告孟秋，歸于其阡。潁川有蘇，肇自兄先。嗚呼尚饗！

祭端明蘇公文

晁補之

維年月日，門人具位晁補之，謹以清酌庶羞之奠，致祭於故端明尚書蘇公先生之靈。曰：孔子在位，獄訟文詞，可與人同，不獨有之，至所罕言，所不可聞，曰天道性與利命仁。莫大匪天，莫難匪利，若性命仁，皆深遠矣。夫惟道大，則知者希，有所卓爾，回猶病之。天下紛紛，皆以利往，吾豈難之。利不可長，凡是五者，皆微不傳，譬彼爲國，魚不脫淵。雖微不傳，然見其緒，千載一人，尚如旦莫。秦漢而還，輕失此學，徒既其文，謂爲廣博，聖言所罕，與不可聞，初莫之聞，矧尋厥根，匪根之出，其華易悴，易悴之華，惟文士愧。馬遷韓愈，好古而奇，六家原道，顧未知之。今其所作，匪道惟詞，後生如簧，談天與利，飾性命仁，以之賈世。篤生蘇公，干櫓聖門，跆韓躪馬，匪以其文，知孔子聖，文莫猶人，若大且難，以藏厥身。世無孔子，孰明其至，更百斯年，曰此文士。豈不炳蔚，鏗轟似之，至反說約，竅然過之，何以實斯，粤有自來，馳騁千古，經營九垓。破百家往，躐阜踰堆，竭其山立，送者自崖，曰此勤矣，乃人之開，反而湛思，道不在遠。罕言不聞，一以是貫。宅道之奧，眇其獨存，有不得已，文迺其藩，固嘗自謂，吾言如水，行所可行，止其當止，此但言語，聊以爲嬉。惟替人賢，事業若斯，遭時有用，從本出之，誠身有道，忠迺孝移，如麟如鳳，胡可僞爲。嗚呼哀哉！既曰仁賢，宜貴宜壽，亦貴壽矣，于德不究，間關嶺海，九死來歸。何嗟及矣！梁木其摧。嗚呼哀哉！補之童冠，拜公錢塘，見謂可教，剔垢求光。顧惟冥頑，汔未聞道，愧負公語，以無成老。窮秋訃至，沈痛刳腸，扁舟東泛，道哭公喪，作此鄙詞，惟公所喜，伸哀一慟，絕絃自此。嗚呼哀哉！尚饗。

東坡先生眞贊三首

黃庭堅

子瞻堂堂，出於峨眉，司馬班揚，金馬石渠。閱士如牆，上前論事，釋之馮唐，言語以爲階，而投諸雲夢之黃。東坡之酒，赤壁之笛，嬉笑怒罵，皆成文章；解羈而歸，紫微玉堂，子瞻之德，未變於初爾，而名之曰元祐之黨。放之珠厓儋耳，方其金馬石渠，不自知其東坡赤壁也。及其東坡赤壁，不自意其紫微玉堂也；及其紫微玉堂，不自知其珠厓儋耳也。九州四海，知有東坡，東坡歸矣，民笑且歌，一日不朝，其間容戈，至其一丘一壑，則無如此道人何！

岌岌堂堂，如山如河。其愛之也，引之上西掖鑾坡。是亦一東坡，非亦一東坡，槁項黃馘，觸時干戈。其惡之也，投之於鯤鯨之波。是亦一東坡，非亦一東坡，計東坡之在天下，如太倉之一稊米，至於臨大節而不可奪，則與天地相終始。

眉目雲開，月靜文章，豹蔚虎炳，逢世愛憎，怡怡立朝，公忠炯炯。

附錄三：蘇軾文集敘錄

蘇軾文集序

趙昚

成一代之文章，必能立天下之大節。立天下之大節，非其氣足以高天下者，未之能焉。孔子曰：「臨大節而不可奪，君子人歟？」孟子曰：「我善養吾浩然之氣，以直養而無害，則塞乎天地之間。」養存之於身，謂之氣，見之於事，謂之節。節也，氣也，合而言之，道也。以是成文，剛而無餒，故能參天地之化，關盛衰之運。不然，則雕蟲篆，刻童子之事耳，烏足與論一代之文章哉！故贈太師謚文忠蘇軾。忠言讜論，立朝大節，一時廷臣無出其右，負其豪氣，志在行其所學，放浪嶺海，文不少衰，力斡造化，元氣淋漓，窮理盡性，貫通天人，山川風雲，草木華實，千彙萬狀，可喜可愕，有感於中，一寓之於文。雄視百代，自作一家，渾涵光芒，至是而大成矣。朕萬幾餘暇，紬繹《詩》《書》，他人之文，或得或失，多所取舍：至於軾所著，讀之終日，亹亹忘倦，常寘左右，以爲矜式。可謂一代文章之宗也歟！乃作贊曰：

維古文章，言必己出，綴詞緝句，文之蟊賊。手扶雲漢，斡造化機。氣高天下，乃克爲之。猗嗟若人！冠冕百代。忠言讜論，不顧身害。凜凜大節，見於立朝。放浪嶺海，侶於漁樵。歲晚歸來，其文益偉。波瀾老成，無所附麗。昭晰無疑，優游有餘。跨唐越漢，自我師模。賈馬豪奇，韓柳雅健。

前哲典刑，未足多羨。敬想高風，恨不同時。掩卷三歎，播以聲詩。

乾道九年閏正月望，選德殿書賜蘇嶠。（見《經進東坡文集事略》卷首，四部叢刊本）

重刊蘇文忠公全集序

李紹

古今文章，作者非一人，其以之名天下者，惟唐昌黎韓氏、河東柳氏、宋廬陵歐陽氏、眉山二蘇氏及南豐曾氏、臨川王氏七家而已。然韓、柳、曾、王之全集，自李漢、劉禹錫、趙汝礪、危素之所編次，皆已傳刻，至今盛行於世。歐陽文惟歐所自選《居士集》，大蘇文惟呂東萊所編文選，與前數家並行，然僅十中之一二，求其全集，則宋時刻本雖存，而藏於內閣，仁廟亦嘗命工翻刻，而歐集止以賜二三大臣，蘇集以工未畢，而上升遐矣。故二集之傳於世也獨少，學者雖欲求之，蓋已不可易而得者矣。

海虞程侯自刑部郎來守吉，謂歐吉人，吉學古文者，以歐為之宗師也，嘗求歐公大全集刻之郡黌，以幸教吉之人矣。既以文忠蘇公學於歐者，又其全集世所未有，復遍求之，得宋時曹訓所刻舊本及仁廟所刻未完新本，重加校閱，仍依舊本卷帙，舊本無而新本有者，則為續集幷刻之，以與歐集並傳於世。既成，教授王君克脩請予序。

公為人英傑奇偉，善議論，有氣節。其為文章，才落筆，四海已皆傳誦。下至閭巷田里，外及夷狄，莫不知名。其盛蓋當時所未有，其文名蓋與韓、柳、歐、曾、王氏齊驅而並稱信，如天之星斗，地之山嶽，人所快睹而欽仰者，奚庸序為！獨推程侯今日所以傳刻之意，則不可不序以見之也。

蓋公文全集初有杭、蜀、吉本及建安麻沙諸本行於世，以歲既久，木朽紙弊，至於今，已不復全矣。茲幸程侯慕仰昔賢，思其箸述，亟爲尋訪，俾散亂亡逸者，悉收拾之，彙爲一集，傳刻於世，使吾郡九邑之士，得而觀之，皆知學古之作，而無浮靡之習。四方郡邑之廣，以至遐裔之地，亦必因以流布，而皆有以沾其賸馥。後之君子，將轉相摹刻以傳，又可及久遠，則侯之幸教學者之意，非獨止於一郡，而達之天下，垂之後世無窮焉，是其有功於蘇文，豈不亦大矣乎！予故樂而爲之序。

成化四年春二月朔，通議大夫禮部右侍郎國史副總裁前翰林學士兼經筵官郡人李紹序。（見《東坡七集》卷首，清宣統刊本）

宋蘇文忠公全集敘

茅維

自古文士之見道者，必推眉山蘇長公其人，讀其文而可概已。在昔論文者，咸以梁昭明《文選》爲指南，而長公獨非之。蓋其書出而士習益趨於文，而文日降，譬之曦薄虞淵，波洩尾閭，質喪旨淆，莫之能輓者。以隋煬之不君，特患文之無節，史氏嘉之，殆駸駸乎啓唐風之一變。五季承唐之靡，而宋復振之，以紹唐之元和。其間盧陵先鳴，而眉山、南豐爲輔。卒之士人所附，萃於長公，而盧陵不自功矣。然文之變也，變則創、創則離，離其章而壹其質，是謂唐、宋之復古。顧狗名之士，求其離而瑕之，曉曉然援古以自多，將謂越唐、宋而逼秦、漢，其合者直章焉爾，而質不唐、宋若也，奚其古？

先大夫患之，輯唐、宋八家行於世，而眉山氏居其三。則嘗授諸維曰：「吾以長公合八家，姑舉其要，要以長公成一家，必舉其贏，然吾已矣，小子維識之。」昔長公被逮於元豐間，文之祕者，朋游多棄去，家人恐怖而焚之者，殆無算。逮高宗嗜其文，彙集而陳諸左右，逸者不復收矣。迄今遍搜楚、越，並非善本，既嗟所缺，復憾其謁。丐諸秣陵焦太史所藏閣本《外集》。太史公該博而有專嗜，出示手板，甚覈。參之《志林》、《仇池筆記》等書，增益者十之二三，私加刊次，再歷寒燠而付之梓。即未能復南宋禁中之舊，而今之散見於世者，庶無挂漏。爲集總七十五卷，各以類從，是稱《蘇文忠公全集》云。

蓋長公之文，猶夫雲霞在天，江河在地，日遇之而日新，家取之而家足，若無意而意合，若無法而法隨，其亢不迫，其隱無諱，澹而腴，淺而蓄，奇不詭於正，激不乖於和，虛者有實功，汎者有專詣，殆無位而擄隆中之抱，無史而畢龍門之長，至乃羈愁瀕死之際，而居然樂香山之適，享黔婁之康，偕柴桑之隱也者，豈文士能乎哉！噫，世能窮長公於用，而不能窮長公於文，能不用長公，而不能不爲長公用。當其紛然而友，粲然而布，彌宇宙而亙今古，肖化工而完眞氣，無一不從文焉出之，而讀之澹乎若無文也，長公其有道者歟！又嘗語人以文之旨，第舉夫子所謂「辭達而已矣」。蓋文止乎達，而達外無文，原六藝而垂萬代，旨其蔽之哉！彼所指離不離者抑末耳。在昭明固云「老、莊、管、晏之書，以意爲宗，不以文爲本」者，無庸進退之也。若長公者，非其亞耶？藉令起昭明以進退其文，吾知難乎爲政矣。則不佞是役也，蓋不徒以先大夫之成命在。

萬曆丙午元日，吳興茅維譔。（見《蘇文忠公全集》卷首）

刻蘇長公集序

焦竑

古之立言者，皆卓然有所自見，不苟同於人，而惟道之合，故能成一家言，而有所託以不朽。夫道莫深於《易》，所謂洗心以退藏於密，而吉凶與民同患者也。聖人沒，其吉凶同民者故在，而退藏之義隱矣。學者不得其退藏者，而取已陳之芻狗當之，故識鑿之而賊，才蕩之而浮，學封之而塞，名錮之而死，其言語文章，非不工且博也，然械用中存神者不受，以眡夫妙解投機，精潛應感者，當異日談矣。

蘇子瞻氏少而能文，以賈誼、陸贄自命，已從武人王彭遊，得竺乾語而好之。久之，心凝神釋，悟無思、無爲之宗，慨然歎曰：「三藏十二部之文，皆《易》理也。」自是橫口所發，皆爲文章，肆筆而書，無非道妙，神奇出之淺易，纖穠寓於澹泊，讀者人人以爲己之所欲言，而人人之所不能言也。才美學識，方爲吾用之不暇，微獨不爲病而已。蓋其心遊乎六通四闢之塗，標的不立，而物無留鏃焉。迨感有衆至，文動形生，役使萬景而靡所窮盡，非形生有異，使形者異也。譬之嗜音者，必尊信古，始尋聲布爪，唯譜之歸，而又得碩師焉以指授之。乃成連於伯牙，猶必徙之岑寂之濱，及夫山林杳冥，海水洞涌，然後恍有得於絲桐之表，而《水仙》之操爲天下妙。若矇者偶觸於琴而有聲，輒曰「音在是矣」，遂以謂仰不必師於古，俯不必悟於心，而敖然可自信也，豈理也哉！

公著作凡幾所，所謂有所自見，而惟道之合者也，而於《易》、《論語》二傳，自喜爲甚，此公所以爲文者，而世未盡知也。《經解》余向刻於滄州。茅君孝若復取諸集，合爲此編，而屬余爲序。

爲書此簡端，令學者知循其本云。

萬曆丙午正月既望，瑯琊焦竑序。（見《蘇文忠公全集》卷首）

刻蘇長公外集序

焦竑

蘇長公集行世者，有洪熙御府本、江西本而已。頃學者崇尚蘇學，梓行寖多。或亂以他人之作，如老蘇《水官》、《九日上魏公》、《送僧智能》三詩，叔黨《颶風》、《思子臺》二賦，人知其謬；至《和陶擬古》九首、《大悲圓通閣記》本子由作，見《欒城遺言》；《虛飄飄》三首，公與黃、秦倡和，見少游集；《睡鄉記》擬無功《醉鄉記》而作：今並屬子瞻。代滕甫辨謗，王銍謂是其父作，《四六話》備載其文，與公集小異耳。此或小瞻所潤色，非盡出其手也。大率紀次無倫，眞贋相雜，如此類往往有之。蓋長公之存，嘗嘆息於此矣。

最後得《外集》讀之，多前所未載，既無舛誤，而卷帙有序，如題跋一部，遊行、詩、文、書、畫等，各以類相從，而盡去《志林》、《仇池筆記》之目，最爲精覈。其本傳自祕閣，世所罕睹。侍御康公以鹺使至，章紀肅法，敝革利興，以其暇銓敘藝文，嘉與士類，乃出是集，屬別駕毛君九苞校而傳之，而命余序於簡端。

孔子曰：「辭達而已矣。」世有心知之而不能傳之以言，口言之而不能應之以手，心能知之，口能傳之，而手又能應之，夫是之謂辭達。唐、宋以來，如韓、歐、曾之於法至矣，而中靡獨見，是非議論，或依傍前人，子厚、習之、子由乃有窺焉，於言有所鬱渤而未暢。獨長公洞覽流略於濠上、竺乾之趣，貫穿馳騁而得其精微，以故得心應手，落筆千言，坌然溢出，若有所相，至所忠國惠民，鑿鑿可見之實用，絕非詞人哆口無當者之所及，使竟其用，其功名當與韓、范諸公相競美，而卒中於讒以沒，何歟？豈其才太高、鋒太雋，而不能委蛇以至是歟？抑予角拔齒，天之賦材，亦有不能兩全者歟？然能錮其身，而不能揜抑其言，能遏於一時，而不能不彰顯於後世，至今姦邪謟諛，如蛆蟲糞壤，影響銷滅，而公文與日月爭光，令讀之者快然，如醉而醒、瘖而鳴、痿而起行，可謂盛矣。侍御公於是又表章其遺軼於後人見聞所不及，而令覽其文，慕其跡者，低徊仰思先賢之風聲氣烈，如親見其人，則侍御公之傳於世，亦豈有既乎！故余樂爲之書。別駕君博雅而文，校讎審諦，於此編尤勤，因得附著之。（見《澹園續集》卷一，在《金陵叢書・乙集》之九，又見《重編東坡先生外集》卷首）

附錄四：研究蘇軾散文參考資料類列

(一)蘇軾文集部分

東坡全集一百十二卷　明嘉靖十三年（西元一五三四年）江西刊本
東坡全集一百十五卷　四庫全書文淵閣本
東坡全集一百十卷　四部備要本　中華書局
蘇東坡全集　北京中國書店一九八六年影印
蘇東坡全集　湖南黃山書社一九九七年影印
蘇軾文選全六册　孔凡禮點校　北京中華書局一九八六年印
經進東坡全集事略　郎曄　台北商務印書館四部叢刊本
蘇軾選集　劉乃昌選注　齊魯書社一九八〇年印行
蘇軾選集　王水照選注　上海古籍出版社一九八四年印行
蘇軾蘇文選　劉乃昌、高洪奎注譯　香港三聯書店一九九一年發行
蘇軾及其作品　孫鑑、何大課編著　黑龍江人民出版社一九八四年印行
蘇軾及其作品選　王水照、王宜瑗撰　上海古籍出版社一九九八年印行

蘇軾散文賞析　吳子厚選析　廣西教育出版社一九八七年印行
蘇軾散文新賞　呂晴飛主編　台北地球出版社民國八十一年發行
蘇東坡小品　張毅、孫豔君選注　文化藝術出版社一九九七年發行
蘇軾東坡易傳　四庫全書文淵閣本　台北商務印書館一九八六年印行
蘇軾東坡志林　華東師範大學出版社一九八三年點校本
蘇軾仇池筆記　華東師範大學出版社一九八三年點校本
蘇軾廣成子解　函海本　台北宏業書局一九六八年印行
蘇黃尺牘合璧　台北學海出版社一九八〇年印行
東坡題跋　毛晉　台北廣文書局一九七一年印行
東坡賦譯注　孫民　四川巴蜀書社一九九五年發行
蘇軾散文賞析集　周光愼主編　四川巴蜀書社一九九四年印行
蘇軾散文選集　徐柏容、鄭法清主編　天津百花文藝出版社一九九五年發行
東坡文談錄　陳秀明　台北商務印書館叢書集成簡編本

(二)專門著作部分

東坡先生年譜一卷　宋王宗稷撰　東坡七集附
宋人所撰三蘇年譜彙刊　王水照　上海古籍出版社一九八九年發行

蘇軾年譜　孔凡禮　北京中華書局一九九八年發行
東坡紀年錄一卷　宋傅藻撰　四部叢刊初編東坡先生詩集注附
蘇軾　王水照撰　上海古籍出版社一九八一年發行
蘇東坡傳　林語堂著　台北風雲時代出版公司一九九三年印行
蘇軾評傳　劉維崇著　台北黎明文化公司一九七八年發行
蘇東坡新傳　李一冰著　台北聯經出版公司一九九六年印行
蘇東坡全傳　黃篤書撰　台北國際村文庫書店一九九五年印行
蘇東坡傳奇　李世俊、李學文撰　北京新華書店一九九八年發行
東坡事類二十二卷　梁廷枏　台北廣文書局一九九一年印行
三蘇傳　曾棗莊　台北學海出版社一九九六年印行
蘇軾評傳　曾棗莊　四川文藝出版社一九八六年發行
蘇東坡　顏中其撰　黑龍江人民出版社一九八三年印行
蘇東坡軼事匯編　顏中其編注　岳麓書社一九八四年印行
蘇東坡曠達人生　范軍　武漢長江文藝出版社一九九七年印行
放逐與回歸　洪亮撰　江西百化洲文藝出版社一九九三年印行
三蘇後代研究　舒大剛　四川巴蜀書社一九九五年印行
蘇軾資料彙編　四川大學中文系唐宋文學研究室編　北京中華書局一九九四年印行

蘇軾新論　朱靖華撰　齊魯書社一九八三年印行
蘇東坡別傳　陳香編著　台北國家書店一九八〇年印行
蘇東坡外傳　楊濤著　台北世界文物出版社一九八二年印行
千古風流蘇東坡　陳桂芳編著　台北莊嚴出版社一九七七年印行
蘇軾新評　朱靖華著　中國文學出版社一九九三年發行
蘇軾　鶴鳴編選　西南師範大學出版社一九九五年印行
蘇東坡演義　寧業高　北京東方出版社一九九六年印行
蘇軾論　朱靖華著　北京京華出版社一九九七年印行
蘇東坡研究　木齋　廣西師範大學出版社一九九八年印行
蘇軾著作版本論叢　劉尚榮著　四川巴蜀書社一九八八年印行
東坡研究論叢　蘇軾研究學會編　四川文藝出版社一九八六年印行
東坡文論叢　蘇軾研究學會編　四川文藝出版社一九八六年印行
論蘇軾的創作經驗　徐中玉著　華東師範大學出版社一九八一年印行
蘇軾文學論集　劉乃昌撰　齊魯書社一九八六年印行
蘇軾文藝理論研究　劉國珺撰　南開大學出版社一九八四年印行
蘇軾論文藝　顏中其編注　北京出版社一九八五年印行
三蘇文藝思想　曾棗莊撰　四川文藝出版社一九八五年印行

論蘇軾的文藝心理觀　黃鳴奮撰　海峽文藝出版社一九八七年印行
蘇軾思想研究　周偉民、唐玲玲著　台北文史哲出版社一九九六年印行
蘇軾與道家道教　鍾來因著　台北學生書局一九九〇年印行
蘇東坡的文學理論　游信利著　台北文史哲出版社一九八一年印行
蘇軾思想探討　凌琴如著　台灣中華書局一九七七年印行
蘇軾的莊子學　姜聲調著　台灣文津出版公司一九九九年印行
三蘇文選　葉玉麟選注　台灣華聯出版社一九八一年印行
三蘇文選　牛寶彤選注　四川人民出版社一九八三年印行
蘇東坡的立身與論文之道　游信利撰　台灣學生書局印行
三蘇文選校注評析　陳雄勳、范月嬌評注　台灣文史哲出版社一九九七年印行
三蘇及其散文之研究　陳雄勳　台北文史哲出版社一九九一年印行
三蘇選集　曾棗莊、曾遊選注　黑龍江人民出版社一九九三年印行
蘇軾記遊散文研究　高顯瑩撰、王更生指導　東吳大學一九九〇年碩士論文
蘇東坡生平及其作品述評　游國琛著　台灣商務印書館一九八二年印行
蘇軾考論稿　吳雪濤著　內蒙古教育出版社一九九四年印行
蘇軾傳記研究　費海璣著　台灣商務印書館一九七三年印行
蘇文繫年攷略　吳雪濤著　內蒙古教育出版社一九九〇年印行

蘇東坡文集導讀　徐中玉著　巴蜀書社一九九〇年印行
唐宋八大家　葛曉音著　中國文聯出版社一九九六年印行
唐宋八大家　張健編撰　台灣時報文化出版公司一九八五年印行
中國八大散文家　蔡義忠著　台灣漢威出版社一九八九年印行
唐宋八大家　張迅齊編譯　常春籐書坊出版社一九七五年印行
唐宋八大家　吳小林著　安徽人民出版社一九八四年印行
唐宋古文八大家概述　吳孟復著　安徽教育出版社一九八五年印行
唐宋八大家評傳　張樸民　台灣學生書局一九七四年印行
唐宋八大家散文技法　朱世英、郭景春著　長江文藝出版社一九八九年印行
唐宋八大家古文修辭偶疏舉偶　鄭子瑜　教育科學出版社一九九二年印行
唐宋八大家匯評　吳少林編　齊魯書社一九九一年印行
唐宋八大家談文集　李一之著　台灣正中書局印行
唐宋八大家散文　中央人民廣播電台文藝部編　百花文藝出版社一九八三年印行
唐宋八大家文說　陳祥耀著　福建教育出版社一九九五年印行
唐宋散文選　查猛濟　台灣正中書局一九七八年印行
唐宋文獻散見醫方證治集　馮漢鏞集　人民衛生出版社一九九三年印行
宋文六大家活動編年　洪本健著　華東師範大學出版社一九九三年印行

中國歷弋散文家　郇庵編著　香港上海書局有限公司一九七七年印行
北宋的古文運動　何寄澎撰、葉慶炳指導　台灣大學一九八四年博士論文
北宋古文運動發展史　祝尚書著　巴蜀書社一九九五年印行
韓柳歐蘇古文論　陳幼石著　上海文藝出版社一九八三年印行
唐宋古文運動　錢冬父　台灣國文天地雜誌社一九九一年印行
宋代散文賦研究　李瓊英撰、葉慶炳指導　台灣師大一九九一年碩士論文
中國文學講話㈦兩宋文學　國家文藝基金會主編　台灣巨流圖書公司一九八六年印行
宋代文學通論　王水照主編　河南大學出版社一九九七年印行
北宋文學批評資料彙編　黃啓方編輯　台灣成文出版社一九七八年印行
古文名篇寫作技巧　張慕勛著　文史出版社一九八四年印行
文學十家傳　梁容若著　台灣東海大學一九六七年出版
宋代文學研討會論文集　台灣成功大學主編　一九九五年印行
宋代文學研究叢刊第三期　張高評主編　台灣麗文文化公司一九九七年印行
宋文紀事上下册　鈿棗莊、李凱、彭恩華編　四川大學出版社一九九五年印行
中國散文史　陳柱著　台灣商務印書館印行
中國散文史　劉一沾著　台北文津出版社一九九五年印行
中國散文通史上下册　漆緒邦主編　杏林教育出版社印行

中國散文發展史　張夢新主編　杭州大學出版社一九九六年印行
中國散文史上中下三册　郭預衡著　上海古籍出版社二〇〇〇年印行
中國古代散文史　陳玉剛撰　人民日報出版社一九九八年印行

㈢單篇論文部分

蘇軾研究專集　四川大學學報叢刊　一九八〇年發行
（更生案：集中十九篇論文，與散文有關者共八篇，茲依序錄之於下）
東坡文講錄　錢基博講、吳忠匡記
從《毗陵易傳》看蘇軾的世界觀　曾棗莊
試論蘇軾的文藝思想　曾學偉
蘇軾美學思想管見　劉長久
論佛老思想對蘇軾文學的影響　劉乃昌
蘇軾論新法文字六篇年月考辨　黃任軻
蘇軾與儋縣文化　朱玉書　林冠群
蘇軾與醫學　魏啓鵬
眉山的蘇軾遺跡　劉少泉
中國第十屆蘇軾研討會論文集　中國蘇軾研究學會編　齊魯書社一九九九年印行

（更生案：集中四十八篇論文，茲揀其與散文有關者十五篇，依次錄之於後）

試論東坡精神及其成因　熊朝東

超然，蘇東坡思想的精髓　王啓鵬

略說蘇軾的傳神論　周先愼

關於東坡的「辭達」說　孫民

蘇軾文藝美學思想蠡測　湯岳輝

論東坡尺牘的文獻價值　王文龍

蘇軾小品文初探　郭雋傑

簡述蘇軾對韓歐古文成就的繼承與發展　曾子魯

蘇軾對晁補之散文創作的影響　劉煥陽

水月禪境、山鶴幽情——重讀蘇軾的前後〈赤壁賦〉　鄧紅梅

東坡書簡人物辨　張志烈

古文眞寶所載之蘇東坡詩文考　韓國　林東陽

析論元代陳秀明《東坡文談錄》之形式結構與價值　台灣　李慕如

寫在《蘇軾年譜》出版之際　孔凡禮

蘇軾的文學批評研究　張健　台大文史哲學報二十二期

論蘇軾散文的藝術特色　蘇利生　下關師專學報一期一九八二年出版

《東坡志林》初探　周先愼　北京大學學報二期一九八二年出版
蘇軾文學成就初探　吳子厚　廣西大學學報二期一九八三年出版
蘇軾在瓊州的生活及創作　陳繼明　中南民族學院學報三期一九八三年出版
蘇軾和〈石鐘山記〉　曾棗莊　四川師院學報一期一九八七年出版
蘇東坡年譜　周獻文　台灣四川文獻一七九期一八九一年出版
陳秀民及其《東坡文談錄》初探　林雪鈴撰　王更生指導　國立台灣師大出版之《朝霞集》第六集
從《後赤壁賦》看東坡被貶後內在心境之轉化　邱敏捷　《國文天地》第十六卷七期
〈記承天事夜遊〉的聲調技巧　方慶雲　《國文天地》第十六卷七期
蘇軾の文學思想性命自得と自然隨順　日本合山究　中國文藝座談會ノート十六期